憲政中國演講錄

憲政中國演講錄
下卷：政策改良

張千帆、黃韜 編

香港城市大學出版社
City University of Hong Kong Press

國際統一書號：978-962-937-578-2

出版

香港城市大學出版社
香港九龍達之路
香港城市大學
網址：www.cityu.edu.hk/upress
電郵：upress@cityu.edu.hk

Discussing Constitutionalism in China
Volume 3: Improving Policy Making
(in traditional Chinese characters)

ISBN: 978-962-937-578-2

Published by

City University of Hong Kong Press
Tat Chee Avenue
Kowloon, Hong Kong
Website: www.cityu.edu.hk/upress
E-mail: upress@cityu.edu.hk

Printed in Hong Kong

目錄

中卷 • 思想啟蒙

總序

　　本書的素材來自北京大學人大與議會中心在 2011 年至 2014 年之間舉辦的「憲政講壇」。第一期講壇於 2011 年 3 月 24 舉辦，由哈佛大學法學院傅傑瑞（Jerry Frug）教授主講「聯邦治理的憲法架構」，毛壽龍、任進、王建勛教授評論。可惜由於準備匆忙，這一期講座未能整理成文字。第二期講壇是在 2011 年 5 月 23 日，由中國政法大學原校長江平教授主講「中國法治的困境與突破」，梁治平、賀衛方教授評論。記得那一天盛況空前，剛開放的法學院凱原樓學術報告廳擠滿了人，連講台後面地上都圍坐了人。我們戲稱這是江老師為凱原樓「開光」。

　　此後，我們奉行寧缺毋濫的原則，每一兩個月不定期在北大舉辦「憲政講壇」。先後邀請了和江老師並稱中國「法治三老」的郭道暉與李步雲教授、張思之大律師、資中筠教授、袁偉時教授、杜光教授、高放教授、鄭振源司長等大陸思想界「元老」。我們也邀請了何光滬、張維迎、賀衛方、童之偉、蔡霞、雷頤、章立凡、張鳴、劉澎等大陸學術中堅談論各自研究領域最拿手的話題。75 歲高齡的夏威夷大學成中英教授剛摔傷不久，胳膊還纏着綳帶，給台下的年輕學子講了兩個多小時的《洪範》，場景令人感動。北京律協憲法與人權委員會原主任徐燦律師帶病評議張思之律師的講座，後來因癌症惡化而英年早逝，令人噓唏不已。前後兩年多近 30 場講座，留下了許多令人難忘的故事。

　　隨着 2013 年 5 月反憲政逆流的興起，「憲政講壇」的維持變得愈來愈艱難。有時候，校內場地也會出現問題。資中筠、許章潤教授講座的時候，我們就不得不「轉移」到中央黨校的《學習時報》所在地。最後一次講座是 2014 年 9 月 22 日，由中國政法大學原校長陳光中教授主講「司法改革的癥結與前景」，徐炳教授評議。但是隨

着言論環境的每況愈下，我們只好暫停「憲政講壇」，並期待在未來環境改善的時候再度開張。2015 年，北大博雅公法論壇曾舉辦兩次相關憲政問題的講座，分別由吳思、盛洪教授主講，也一併收錄本書。

本書按照講座主題，分為制度變革、思想啟蒙和政策改良上中下三卷。總體上說，所有講座都是圍繞憲政民主這個大的核心，因而三卷的主題不可避免存在一定的重合。但三卷的重心和特點也各有不同，有的側重理論與歷史敍述，有的則側重制度與政策實踐。合而言之，三卷對大陸思想界與實務界對中國憲政民主的思考提供了一個多維度的動態視角。

承蒙香港城市大學出版社出版本書。特別感謝社長朱國斌教授的大力支持，以及陳明慧編輯對本書的耐心校讀。是他們的努力使本書得以和廣大讀者見面，在中國憲政遭遇寒流之際維持憲政探索的溫度和生機。

張千帆

本卷引言

　　憲政的實現不可一蹴而就，也非一日之功。具體政策的漸進改良是必不可少的功課。本卷「政策改良」所關注的正是具體的政策領域，其收錄的演講涵蓋了中國司法政策、經濟體制、財政體制、土地管理、宗教管理、民族政策等領域的改革，以及對蘇聯改革教訓的反思。講者既有著名學者、律師，也有相關領域的實務工作者；他們都在各自領域深耕多年，有着深厚的理論積澱和實踐經驗。他們對現有體制的「診斷」和開出的「藥方」，無論對政府還是社會都有諸多有益啟發。

下卷 ● 政策改良

張千帆、黄韜 編

中國司法改革與律師成長

時間： 2013年12月17日

地點： 北京大學法學院

主講人

張思之： 國最資深大律師，北京市吳欒趙閻律師事務所高級顧問、北京市義派律師事務所名譽理事長、中華全國律師協會憲法與人權專業委員會顧問、中央財經大學法學院兼職教授。曾出任「江青四人幫兩案」辯護小組負責人。

李軒： 中央財經大學副教授、碩士生導師。兼任中華全國律師協會憲法與人權委員會秘書長、中國民主同盟中央社會法制委員會委員，因其在公益訴訟領域的成就而在中國律師界具有廣泛影響。

徐燦： 原北京市律師協會憲法專業委員會主任、中華全國
（已故） 律師協會憲法與人權專業委員會委員，曾代理多起具有全國影響的公益案件。2011年當選最高檢察院《方圓律政》唯一年度公益律師。

張千帆：今天我們很有幸，請來了「中國律師第一人」，張思之大律師。

思之老師經歷非常豐富，具有傳奇色彩。20 歲時「陰差陽錯」學了法律，去了著名的朝陽學院。後來參加了地方黨，用他自己的話講是「就這樣上了船」。不久為了躲避特務的追捕，離開了朝陽學院，據說是裹着毯子趁特務不注意，真的一點點「滾」出法院門口的，你們能想像嗎？看來當時特務的素質比現在的差多了，像這樣黨國能不丟在他們手裏嗎？

1949 年以後，思之先生懷着一腔熱情，但沒過幾年好日子。1954 年就被「光榮」地打成了「胡風分子」，過了兩年又被「光榮」地打成了「律師界的第一個右派」。這一來了不得，一下子 15 年勞改，出來已經 45 歲。1979 年發生了很多好事，思之先生過了知天命之年，才被平反。但是他不像很多人被平反時感激涕零的那個樣子，他似乎並不「感恩」，也沒喊「萬歲」，而是把所有精力投入了工作。

1949 之後的 30 年，中國律師界遭到了毀滅性打擊。直到 80 年代，我讀大學的時候，沒怎麼聽說過「律師」，更沒有見過一個律師，見過唯一的律師就是看老電影《夜半歌聲》，對其中金山扮演的「施洋大律師」印象很深，但給人的印象是「舊社會」的產物。咱們「新社會」不需要這樣的人，也沒有這樣的人。我在網上看到，思之先生這麼長的法律職業生涯，但 80 年代之前只打過「一個半」的訴訟。

1980 年，思之先生的「好日子」真的來了。他成了北京律協副會長。同時被任命為林彪、四人幫「兩案」的組長，擔任江青的辯護律師，但她不合作；後來擔任李作鵬的律師，幫他抹掉了好幾項罪名。當然，思之先生不僅為左派辯護，也為右派辯護，曾經擔任過王軍濤、鮑彤、魏京生、鄭恩寵的辯護律師。給鄭恩寵辯護時，他已經 76 歲。2005 年還代理了聶樹斌案，那一年已經 78 歲；直到現在，這起冤案還沒有解決，他還在為這個案子忙着。

　　思之先生代理的這些案件，從當時的環境來看都是必輸無疑的。用他自己的話講，他是「一生都沒有勝訴的敗者」。但在律師界、法律界看來，他又當之無愧是「中國最偉大的律師」「中國律師界的良心」。我想，這些讚譽是不過分的。近年來，思之先生志在千里、筆耕不輟，出版了不少文字，其中有《我的辯詞與夢想》，還有《我們律師》。這個標題自然讓我們聯想到美國憲法序言中的「我們人民」，氣場很強大，可以說是一部中國律師宣言。

　　今天還請來兩位評議人。第一位是中央財大法學院的李軒教授。他是法學界的新秀，對司法制度、律師制度、公益訴訟尤其有研究。他雖然很年輕，但資歷不簡單。1997 年就出版了《中國律師的當代命運》，比我出版的第一本書還早一年。2006 年，他率先發動了對國航、南航等航空公司欺詐內幕的公益訴訟，被評為挑戰壟斷行業的「十大維權人士」。

　　第二位評議人是北京市律協憲法專業委員會主任徐燦律師。其實他從事的領域跟憲法沒有直接關係，因為我們也知道，中國沒有憲法訴訟，在中國做律師不能把憲法當飯碗。徐律師的專業是房地產、著作權、刑事訴訟等領域。他做得都很成功，但偏偏對憲法非常投入，在任北京律協憲法專業委員會主任期間做了大量工作。近年來，他身體不好，但仍然非常關注中國法治和公益事業。從他身上，我看到中國新一代律師的「思之精神」。

　　下面讓我們先歡迎張思之大律師，他的題目是「中國司法改革與律師成長」。

　　張思之：奉千帆「之命」見見朋友們，做主講人不敢當，因為我不是一個有學問的人，講課也少。1947 年考北大沒有考取，現在經過六十多年混入北大坐在這裏，心情確實有點複雜。來到這裏就想跟朋友們一起聊天，聊聊所謂形勢。最近我們遇到一些情況，我覺得有些話該講，但考慮到時間，真的不能暢所欲言。有的地方會點一下，有的地方暫時忽略。

為什麼要講形勢問題？最近兩件事讓我非常激動：一個是在地球的西南；一個在我們的東北。地球西南那個地方，一個偉大黑人以他 95 歲的高齡走了，全世界一百九十多個國家，有九十多個國家的領導人去弔唁他。這九十多個國家裏，有的國家去了多位，美國去了 4 個，英國去了 3 個，德國去了 2 個。一個黑人受到圈內人的尊敬不是偶然的，因為曼德拉（Nelson Mandela, 1918–2013）的確有他的精神、品格、胸襟與氣度，是很了不起的一個人。我很少看電視，但我聽了全國哀悼他的新聞，如實地講，也許是我多情，我流了眼淚。他很了不起，很值得我們學習。在中國東北角有一個所謂的領袖級人物「金××」，以 4 天的時間用非常殘忍的手段殺了他們國家的第二把手，也就是他的姑父。我們某部的發言人當天表態「這是人家的內部事務，我們還是要健康地同他們發展貿易關係，希望我們的友誼能夠長存。」我真的不知道還有沒有「反人類罪」，可以這樣殺人的？！不管好與壞，我不認識也不了解，但他是一個人，不可以用這樣的手段消滅他。誰給金正恩這樣的權力？多少反人類罪都被所謂的花言巧語給掩蓋了，我有不平之氣，心情很複雜。從這裏看我們的世界是怎樣在墮落，當然我所看到的不僅僅是這些。

譬如我們有一個「順其自然」的律師，十幾年來向一個慈善機關捐獻了 650 萬元。我們手段那麼高明，15 年以來千方百計要挖出這個人是誰，但找不到他。他就說：我做了我自己應該做的事，不需要揚名，因此我的名字叫「順其自然」。滙款單上寫的是「順其」「自然」或者「順其自然」，這是一方面。但另一方面，我們有些人橫徵暴斂，卡車在馬路上出事故了，警察、公安局去救援，開口 8 萬元的救援費，如果半個月沒有來領這個車，再加 5 萬，滯納金 8 萬，這就是土匪，怎麼可以這樣敲詐？所以比較起來，我們這個世界五光十色，讓人眼花繚亂。我想說的話很多，之所以向朋友們提出這些，是因為覺得我們在思考問題特別是在觀察問題、做出決策時，應當從另外一個視角看這個世界，然後給我們提出問題：這個世界需要我們做什麼，我們也需要這個世界做什麼。我覺得我們自己應當不斷地提出這樣的問題，有可能會使我們清醒一些。

　　言歸正題講中國改革。首先說明一點，我下面所有的題目都不是完整地從學術角度去說明我的觀點，而是我覺得在這個題目裏，目前應當考慮什麼或者說缺點什麼，我提出來跟朋友們一起研究一下，如此而已。

　　中國改革我沒法講，因為我的確學習、研究不夠，但我想中國改革的目的性是否需要這樣界定：第一，限制公權力，讓一些人工作得更有效、更好；第二，擴展私權利，讓人民大眾生活得快樂一些、更好一些。我覺得我們從這兩個方面思考改革的目的，有些問題我們就有可能解決得更徹底一些或者更直接一些。我這種想法對不對，大家可以商量、可以研究，但我堅持覺得這兩條是重要的，絕對不是可有可無的，這是我想講的第一點。

　　第二點，改革構成中不管哪一個環節、哪一個領域，我覺得都需要有重點。譬如關於腐敗問題的改革，這是十八大以來執政當局治理的重點。好不好？反腐當然好。但是它忽略了一個重點，那就是官員的財產公示或者財產申報。這個問題解決了，腐敗問題迎刃而解。這個問題之所以不能夠解決，據說是因為它太複雜。但我認為不複雜，問題在哪裏？譬如縣級官員 700 萬，很多很複雜，地級多，省級也多，中央也不少。那好，政治局委員不多吧，20 幾個人，你們公示一下可不可以？如果這還多了，七位公示一下可不可以？七位還多了，第一把手公示一下可不可以？如果有這樣的氣魄，只要有一個人公示了，公示制度就解決了。世界各國有很多經驗，問題是我們沒有抓住這個重點。這是第一方面。

　　另一方面，我們在反對奢華、反對奢侈、反對浪費，鼓勵節約勤儉。這對不對、好不好？對，非常好。但依然有一個重點漏掉了，在這個領域裏、在這些方面沒有打掉「特」字。我講的「特」不是「特權」之「特」，而是「特需」之特。兩者不一樣，「特需」從種子開始就「特」了，花了老百姓多少錢，誰統計過，誰敢統計？但這話不能不講，因為的的確確是當前我們在這個領域、在這個環境上改革最需要抓住的重點。這個問題抓住了，別的問題都好解決了。

　　講了一般的改革，再講講司法改革。一個工人由於幹得好、技術好被提為技術廠長，現在要定人家一個受賄罪。受賄罪不行，就給一個侵佔罪。不能這樣欺負人！這個案子關了人家 7 年，現在還關着。我該不該去？真的該去，就是不能走，爬也要爬去。這次到唐山法院引起我對目前司法改革的謹慎考慮：司法改革必須從審判庭入手。憲法規定得很明確，法院是審判機關，而非別的機關。辦法院大學不是其應有工作，辦大學有教育部。問題是現在整個審判過程反映了我們審判制度上的嚴重缺陷，需要改革。

　　一是必須去衙門化。我們的審判衙門氣息太嚴重了，從立案開始就會剝奪你的訴權。我們小時候講「衙門口朝南開，有理無錢莫進來」；現在是「衙門口朝官開，沒錢沒勢莫進來」，不想給你訴權，你毫無辦法。

　　二是審理過程必須文明。有兩個問題很重要：第一，整個審理過程必須貫徹無罪推定，有兩個方面問題給我的印象很深：一是薄熙來沒有帶銬，前面說的那個小官是戴着銬的，多少年以來都是這樣。我在法庭上為這個事跟法官鬧得很不愉快，但我們就是這個制度。最嚴重的時候把腳鐐銬都帶上去了。如果按照無罪推定，憑什麼要帶上呢？二是法官訓被告真的讓人聽不下去。我想到了一個事情。前年在巴黎旁聽了一個案子，有一個場景通過翻譯我清清楚楚地看到了、聽到了：他們的女檢察官（儘管不是法官）在法庭上對當事人像對待兄弟、兒子一樣，那麼委婉、親切、溫柔，真的是諄諄教導，告訴他法律是怎麼規定的，怎麼做對他最有利。我很感動。現在的檢察官、法官的專業水平有大幅度地提高，水平比我高，但開口就訓人，實在是太惡劣了。

　　三是非法證據的排除強令當事者提出證據。譬如刑訊逼供，你說他刑訊逼供了，要求你拿出證據來。有幾個人能拿出證據來？除非碰到律師，如河南有一個律師叫李奎生，公檢法司四家聯合起來成立專案組，最多時一次給他加了 8 個罪名。他被打得一塌糊塗，到什麼程度？打到他在法庭上陳述他怎樣被刑訊逼供時，據說全場掉眼淚。他捧出被打的血痂說「法官這就是證據」。這個血痂拿上去法官就傻了，證據在那裏不好偽造啊。這是碰到了律師，一般人哪

有這樣的技巧和水平？我的當事人被關七年，被打得一塌糊塗。法院非得讓他去拿證據，很不文明。司法改革這一環應當作為重點。

四是判定文書的規範化、法律化。我們的判決書，説得不好聽，是「不講理的判決文書」。判決文書的製作應當規範，而且應當有法律的制約。從另一方面講，法院判決是代表國家的判決，也應當樹立起某種道德規範和某種社會行為準則。在這方面應當説缺陷十分嚴重，需要改。

五是要去政治化。我用9句話來説「去政治化」的內容：其一，徹底廢除審判機關就訴訟進行的請示報告制度。其二，上級審批不管是哪一類機關一律無效，而且審批入卷備查，口頭審批應做記錄。其三，審判委員會最好改為「判例委員會」或者「審判實務研究委員會」。現在把名字還保留着，用途改了，這是不夠的。譬如現在的審判委員會還有一個「司法解釋」的權力。問題是現在最高院司法解釋絕大部分是越權的，侵犯了立法權，為什麼還要這樣的審判委員會？那怎麼辦？很好辦，常委會的所有立法都要求同時制定實施細則。如《刑事訴訟法》出來了，應應制定《刑事訴訟法實施細則》；《民事訴訟法》修改了，同時修改《民事訴訟法實施細則》，這樣問題就解決了。其四，專家在審判中對訴訟的論證一律無效。其五，輿情輿論絕對不能影響或者指導審判和訴訟。其六，審與判不得分離。不能説這個案子在吉林審，結果判在北京。其七，審檢也要分離，這兩家不能穿一條褲，兩種職能應當互相制約、互相分離。其八，嚴禁專案組辦理訴訟。其九，不能用政治口號判案，譬如「三個至上」。

下面講律師怎麼改革，律師需要什麼。

第一點，改革需要一個理論基礎，應當明確提出建立中國律師法學。這兩天我加班擬草了一個框架，因時間關係不能多説，但我希望在座朋友們思考一下這個問題，中國的律師法學應當建立起來。與此相適應的是第二，要建立中國的律師學院，而不只是律師培訓班，律師培訓班是另外一回事。由全國律協出面辦一個中華全國律師學院，它一定是高於一般法院的，有專業性。譬如，是不是

應當考慮建立一門學科叫證據心理學，因為證據問題太複雜了，律師如何把心理學從靜態引向動態，與政治法學結合在一起加以研究，有助於很多問題的解決。而這應當是律師學院的工作，不可能要求每個法學院來都來考慮這個問題。第三是管理制度需要改革。我自始否定所謂「兩結合」的管理制度，按中國現實來講註定是大魚吃小魚，註定是以大欺小，也就是説註定是司法程序把律師協會吃掉。我不是搞特殊化，而是特權太厲害了，就容易打架。律師行業必須自治，只有自治才能搞得好。

第二點，關於分所的設立。分所設立應該有規則有制度，現在的分所有虛有假，很大部分就是為了賺錢，對此我極不欣賞。

第三點，合作管理需要研究。目前很多合夥人是不辦案子的，合夥人是老大，往那兒一坐，什麼都不做，將近千人養活他，而這些都是大律師、名律師、好律師，如果好律師都幹這個，我們的隊伍可能就完蛋了。

另外，律協黨委書記必須是律師，不能是其他人。這必須要改。

再是律協也應該有自己的 NGO，讓我們自己幹。律師協會的多元化有助於競賽、有助於互相之間的探討和提高，沒有壞處。我去了幾個地方，有幾個律協搞得很好，不同律協分批上來。

第四點，應當加強律師的職業倫理。有三個問題是突出重要的：一是要樹立正氣。我們律師特別是年輕律師千萬不要「跪着辦案」，要「站着辦案」。二是不圖名不逐利，不考慮狹隘的勝與負。關於名利問題，我昨天晚上想起當年於右任先生講的兩句話：「計利當計天下利，求名當求萬世名。」至於荀老夫子講的「先義而後利者榮，先義而後利者辱」大家都知道。名利不是不重要，不是不可以考慮，問題在於我們怎麼樣把握。根據目前環境，諸位寧守清貧，不比逐利，保持平凡，不應低俗。辦案可求進入人心，不求寫進歷史。三是要提高情操。這方面需要講的東西更多，限於時間，不再展開。但有一句話我很想説一下，我們一定要有我們的使命感，不要把這個使命感看得那樣高、那樣神聖，實際上就是根據我

的條件、我的可能，我能達到的最高成就，能夠盡到的最大責任，這就是我的使命。我們作為律師扎扎實實、老老實實地把案子辦好，那就是完成了我們的使命。

關於律師實務問題，我就講一個題目。在律師辦案過程中是否應當明確提升律師辯護的作用？律師辯護到底有什麼用？有些人說律師不就是在那兒說兩句、吼兩嗓子嗎？不對。經過這麼多年，通過實踐，我得出一條：我認為律師辯護的作用應當從三個層次上去思考：一是通過辯明是非、減少冤假錯案、實現辯護權的憲法目標，體現審判制度的民主性。從這個層次看，辯護是權利，因此它需要說服力。二是通過辯護處理好各種法律關係，重點是維護人權。從而提高法律的權威，同時提升公民守法的自覺性。在這個層次上，辯護是力量，因此它需要感染力。三是通過析理，傳達法律的浩然正氣，提高法律的魅力。與此同時提升人的情操，從而使相關的事務和所涉及的領域都能夠達到真善美統一的境界。從這個層次講，辯護是藝術，因此它需要穿透力。

概括講，辯護是權利，是力量，是藝術，需要有說服力、感染力、穿透力。怎麼達到，關鍵在於：第一，言其所因言，重點是求實，該說的話一定要講；第二，辯其所當辯，重點是必須具有高超的法庭應變能力；第三，止行不能不止，該打住的要打住，不要再往前邁半步，要有節制，要懂得妥協。妥協是重要的策略原則，但是不可以毫無原則地放棄立場。

在做這三條時，有一件事、一個問題是我們律師在當前必須給予特殊重視的，這也是常識，那就是加強我們的表達能力。表達無非是兩方面：一個方面是演說，口頭的。我們的律師在法庭上講話往往比較隨便，沒意識到自己是一個律師。在法庭上應當是一種演說，這就需要有豐富的知識、真胸懷，需要有詩的激情、執着的精神，需要優雅的言語和風姿，包括肢體語言。所以西方大師們講「演說是道德完美的藝術」。我承認天賦，有人天生是演說家。但是我們凡人怎麼辦？只有一個辦法──苦練。另一方面是書面表達。為了扼要地說明問題，我想以辯護詞為例。一個辯護詞的表達，應

當做到「以事（事實）為骨，以理（理由、理論）為肉，以情（情操）勝情，以情為筋，重要的是以語言作為血液流貫其中」。骨肉筋的接連需要血液的穿透，語言生動了，辯護詞就活了；語言豐富了，辯護詞就立住了，有可能傳世了。

辯詞確實應當有獨特的語言風格。上個月在蘇州開會，兩個歷史學家、一個作家同時給我提出了非常好的建議。他們說「我認為中國律師的辯詞應當形成為一種特殊的文體，類如魯迅的雜感最後形成文體一樣」。因為你們律師的辯護詞跟別的文體不一樣，如果一樣就不是律師的了。我醍醐灌頂，在這方面真的應該有我們的獨創。我們怎麼就不行？諸位 27 歲都不到，以 30 年為期創出新的文體：律師辯詞。

我再佔一點時間說幾句心裏話，這是我今天下午特別想到的：北大的學子需要什麼，時代對北大學子要求什麼？目前我們處在一個教育低迷、很不景氣的時代。在這個時代裏，作為北大的學子最應當考慮的，我認為是恢復光榮北大的優秀傳統，而不是別的。蔡元培、胡適之的北大，傅斯年、馬寅初的北大，應當說是中國教育的鮮艷旗幟。1938 年至 1945 年抗戰八年，在那樣的艱苦環境裏，北大是多麼出色，留給我們豐富的遺產。儘管我沒有考上，我不恨北大，因為它就是不簡單。那時北大真的精彩，因為北大出精神，北大出思想，北大有傳統，北大育人才。北大不僅有陳獨秀，還有林昭啊！五四的北大、六四的北大、紅樓的北大、新青年的北大，那樣的傳統，留給我們的財富，真的能夠讓幾個所謂的教育家毀掉嗎？我們能咽這口氣嗎？作為北大的學子，我們要不斷地思考問題，通過各種不同的方式去糾正它、扭轉它。前人的經驗很豐富，我沒有能力做總結，但我體會最深的是六個字：獨立、自由、勤奮。陳寅恪講「獨立之精神，自由之思想」，加上他們一行的勤奮讀書，我願意奉獻給在座的朋友、北大學子。如果你真的能夠掌握住這 6 個字，那請允許我說：過去的過去吧！試看今朝，千帆競發好！競發之日，就應是北大重升之時。我覺得北大一定會在在座朋友的手中重現光輝。

張千帆：這是一位 87 歲老人的肺腑之言啊！思之先生非常謙虛，一口一個「沒有研究」，但說出來句句擊中要害。他對司法改革提出了很多真知灼見：法院要去衙門化、去政治化，審判過程要文明化，裁判文書要規範化。中國司法問題太多了，每個環節都需要改，不僅是制度問題，還有人的問題，各種各樣的問題。對律師，思之先生提出了很高的要求。中國司法發展到這一步，律師是很重要的；如果沒有律師，我想中國司法連目前這點有限的成就都無法取得。其實今天講中國司法改革取得成就，很大一部分是指律師隊伍的成長。但這兩者又互相制約。思之先生講了律師界一些令人不恥的現象，跟我們的司法制度很有關係。剛入道一個小律師首先要考慮生存問題，不得不去做某些事或者違背某些規則，他們的現實生活壓力很大，所以這兩者存在相互牽制的關係。從何改起？司法改革的計劃還是有諸多亮點，還是有令人鼓舞的地方。但這個東西是我們可遇不可求的，是上面決定的。我們自己能做什麼？那就只能從律師做起，律師要提高自己的素質。所以思之先生不僅講了律師制度的完善，更是強調律師素養的提高，不僅是文學素養、辯護技巧，還有為人處事、道德素養。從中體現出思之先生自己的高尚人格，這讓我很感動。

我很有幸和思之先生成為忘年之交。我對他印象最深刻的就是他一生經過那麼多事，仍然保留着那一份純真和謙虛，那是一種傳統士大夫的風骨。他是眼裏容不下沙子的人，律師只顧掙錢他看不慣，有的律師有點「野心」、想當「總統」他也看不慣。思之先生自己的境界太高，他要求別人的境界也和他一樣高。在這點上，我跟他確實有點不同意見。他的人格是高貴的，但我們不能拿這個去要求每個律師。

然而，我們能否把他的話做這樣的理解：中國司法、中國律師發展到今天這一步，有時候不妨換個角度想想，就去做你該做的事，做一個好人，做一個稱職的律師，不要去搞烏七八糟的事，其實最後你發現這對你自己也是好事，因為你的名譽逐步建立起來了。我認為這在目前的中國社會是可以做到的。我剛才講的律師和

司法兩者之間相互牽制，因為我們的制度太糟糕，迫使我們去做壞人，但也許我們並不是這麼慘。如果我們真的像思之先生要求的那樣做一個完美的律師——即使現在中國最著名的律師，尤其是活躍在一線的中青年律師，離思之先生所要求的境界也差得很遠；如果能再進一步，相信他們的事業會發展得更好，接受的大案要案會更多，他們的團隊會更龐大。這對他們不也是好事嗎？

最後，思之老先生對北大也提出了很高的要求。這個境界也太高了，比陳寅恪先生提的還高——他只要求我們「獨立人格、自由思想」，思之先生還要再加上一個「勤奮」。他對我個人好像也提出了很高要求，「千帆競發」，讓我誠惶誠恐。我們只能是勉勵而為，不能保證做到。但我想我還是有資格說一句：當年北大沒有錄取思之先生，不僅是思之先生的損失，更是北大的損失！

下面有請徐燦律師點評。

徐燦：謝謝北大的邀請，我實際上跟大家一樣，也是來學習的。今天關於司法改革的話題我想留給專家李軒教授點評。我接着張思之先生的人生和律師成長點評一下關於律師成長的話題。但張先生的演講不單單是針對律師，也針對北大學子，針對整整一代中國青年。聽了張先生今天的講座，他給我們律師以下三點非常豐富的啟示：

第一，張先生啟示我們作為律師要保持法律人的法律人格。一是對於公平正義的本能追求，特別是對於程序正義的特殊偏好（職業偏好）。二是有專業的學識和素養，包括張老剛才所說的體現在出庭和寫辯詞中的專業的東西。三是嚴謹的邏輯實踐能力和表達能力。四是獨立思想與自由意志。剛才張老講到作為律師要能站着做案子，不要跪着做案子，保持獨立人格非常。五是良好的職業操守，剛才張先生花了很大的篇幅講這個問題。可惜我們現在很多律師只有西裝革履、誇誇其談的外表，內在的東西所剩無幾。

第二，張先生的執業生涯告訴我們：作為律師、法律人，應當有強烈的歷史使命感和社會責任感，這是我們今天聚在一起談司法

改革這個話題的原因。我們知道體制之內總有一股力量把體制外的律師排斥在官方主導和壟斷的「司法改革」之外，但我們律師必須在這個改革中有所擔當。

事實上，從我前面講到的法律人格可以看出：律師職業不同於其他職業。首先不同於商人，商人賺錢是天職，只要尊重合同、遵守法律，連道德都不需要考慮。這個合同你吃虧了，只要沒有欺詐、沒有脅迫和顯失公平，那是你活該。而律師不同，律師是社會矛盾的減壓閥，是社會公平正義這個天平上的另一端不可或缺的砝碼。即使一個人做律師代理案子的目的是掙錢，他所起的客觀作用也有利於利益平衡和公正。也就是說他也是主觀為自己，客觀為了別人和社會。同理，雖然律師事務所被稱做社會中介機構，但是律師也不同於會計或審計師事務所等中介機構中的從業人員。所以你在一個優秀的會計臉上看到的是數字，但在一個優秀律師臉上應當可以看到責任。但是，我們現在很多律師在對自己的職業定位方面價值觀迷失了，只想做一個專業的中介人員，只想做一個掙大錢的商人。很多院校的法科學生也是這樣，他們的第一選擇是做公務員，如果不得已做律師，他們只想做一個金融、併購、上市等所謂高端業務的非訴律師。他們認為訴訟業務掙錢不多而且職業風險巨大。所以，他們對司法改革不感興趣，他們壓根不想與公檢法等司法機構打交道。

不幸的是，我們所處的是一個艱難時世，如同狄更斯（Charles Dickens, 1812–1870）的一篇名著的書名一樣。如果中國 24 萬律師和我們的職業後繼者都對司法改革、對憲政人權不感興趣，那麼，這個國家這個社會會有起碼的法治和公正嗎？

所幸的是，在這個艱難時世，很多律師站了出來，為了憲政和人權，他們選擇堅守。這其中不光包括很多刑辯律師，還包括很多過去做非訴做得非常成功、掙大錢的律師。譬如深圳勞維律師事務所的段毅，他曾創辦了在改革開放最前沿的深圳第一家律師事務所，是當時官方支持的當地最大的所。但是他現在專注於維護勞工權益，推動勞資集體談判。現在，他不僅散盡家產，而且面臨着資

金和人生雙重風險。又如深圳衡平機構的黃雪濤律師，她曾是專業的國際金融律師，現在卻專注於精神衛生領域的人權保護，多次獲得南方報業集團的南方致敬年度人物獎。還有全國律協憲法與人權專業委員會主任吳革，是一位金融專業律師，卻將自己大多數精力用於憲政人權事業。還有我旁邊的這位點評嘉賓李軒教授，是我所在的全國律協憲法與人權專業委員會的秘書長、中財大前法學院副院長。他過去和我同在一個律師事務所當律師，他的業務做得非常好，現在他卻完全不做掙錢的業務，只專注於憲政人權事業。還有大家熟悉的斯偉江律師、丁家喜律師，也都曾是年收入近千萬的非訴律師。更不用說現在被稱做「死磕派」的律師和人權保障律師團中的律師們，他們的存在和波瀾壯闊的抗爭使中國的法治生態為之改觀。

所以，作為中國律師必須有使命感，我們縱觀張先生之所以成為今天為大家所景仰的張思之，就是因為他對我們國家、社會和人民時時刻刻有一種使命感和責任感。

第三，張思之先生的人生還告訴我們，律師應當具有人文情懷。律師與會計師、審計師、工程師這些同稱為專業工作者的不同就在於律師應當屬於人文知識分子，而我們常說知識分子代表着社會的良知，指的就是人文知識分子。律師的人文情懷不僅體現為抱着一種「家國天下」的積極入世的態度，對社會不公不平則鳴、始終追求社會公平正義，積極參與立法和司法改革等，還包括對人民的苦難應時刻抱有一種巨大的悲憫情懷。因此，優秀的律師應當首先是一個人文主義者或者人道主義者，要關心民瘼，要用自己的專業學識幫助弱勢群體。而我們現在很多律師對弱勢群體的苦難視而不見，一心只想掙錢，這是人生價值觀的迷失。

因此，優秀的律師是真正的愛國主義者，「愛國」的「國」不是指 state，也不是狹隘的 country，而是指 nation，也就是林語堂所言的吾土吾民。因此，不是在你的豐田轎車上貼個「誓死保衛釣魚島」的即時貼口號你就是愛國了，因為愛國不只是愛 country，更要愛生活在這方熱土上的人民，要關心他們是否幸福、自由，是否免於饑

饉、恐懼和不公。正如屈原所真愛的肯定不是楚懷王、王后鄭袖和公子子蘭所代表的楚國腐朽的政權，而是生活在楚國大地的同胞。當時，秦國的將領白起在長平之役後剛坑殺了趙國 20 萬降卒，屈原正是因為擔心楚國人民受秦國暴政的奴役，才在流放之路上奔走呼號，並在聽到楚國國都郢都淪陷、吾土吾民受暴政奴役的命運必不可免時自沉汨羅江！

因此，真正的愛國是指愛吾土吾民，愛與自己的祖輩父兄共同生活在這方土地上的同胞，深切地悲憫他們的苦難。張思之先生的人生告訴我們，中國律師應當有這樣的人文情懷。

綜上所述，一個優秀的中國律師應當保有法律人的法律人格，擁有強烈的歷史使命感和社會責任感，具有以愛國天下為己任的抱負和悲憫、惻隱為特質的博大的人文情懷，熱愛人民，關心人民或弱勢群體的苦難！這也是張思之先生身體力行所詮釋的積極有為的律師職業人生！

張千帆：感謝徐燦律師的精彩點評！下面有請李軒教授點評！

李軒：剛才徐燦律師說我有資格點評張思之大律師，我是自愧不如。最近十年我和張老走得比較近，可以說我是張思之先生的「忠實粉絲」，也可以說是「思之精神」的追隨者。「思之精神」是江平教授對張思之先生高貴人格的高度概括，剛才張老的演講就非常全面地體現了「思之精神」。在中國目前這種人格普遍逐漸低俗、法治不彰、民權不保的時代，張老以其高貴人格引領中國律師、引領中國社會健康向前發展，這是非常難能可貴的。

大家可以從張老的演講當中聽到思想、邏輯、理性、批判精神，事實上我們今天還特別體會到一種激情。整場演講「激情的理性」和「理性的激情」交相輝映，這實際上就是張老剛才演講中所提到的語言魅力。我曾在多個場合說過，法律人如果不應該是文學家，至少也應該是一個文字專家。張老剛才算是現身說法，給律師、法官、檢察官以及未來的法律人做了職業上的指引。

　　我個人感覺，這些年如果說中國律師還有一些作為的話，與「思之精神」的人格引領是分不開的。剛才徐燦律師特別提到「死磕派」律師，如周澤、斯偉江、蒲志強、遲夙生、楊金柱——我覺得「死磕派」律師命名為「先鋒派」律師可能會更好——也許很多人不知道，在這些「死磕派」律師之前，陳有西律師、莫少平律師甚至田文昌律師等人我個人以為也屬於「先鋒派」律師。而且大家可能還忽視了，過去我們說廣東訟師陳夢吉是訟師的傑出代表，是訟師中的「扭計」祖宗，而張思之老先生就是當今「死磕派」律師的宗師！在新中國，最先踐行死磕精神的是張思之先生。從上世紀70年代末80年代初一直持續至今，他一直是在和被濫用甚至是被私有化了的公權力、司法權力，和各種悖離法治不講程序的濫權行為做鬥爭而始終「站着辯護」的人。在這個意義上，現在所有「死磕派」律師、「先鋒派」律師都是在「思之精神」的人格引領下對律師獨立職業精神的發揚光大。這是我對「思之精神」的粗淺解讀。

　　其次，我想向大家介紹一下張思之先生最近幾年在中國一些影響性訴訟個案和重大法律事件中所起的特殊作用。剛才開場前，千帆老師介紹的主要是張老爺子在上世紀80年代、90年代的豐功偉績。但我特別看重的是自2009年重慶「打黑」或者「黑打」以來中國法律界對奮捍衞司法公正和助推法治進程的傑出貢獻。這其中以江平先生為代表的學者隊伍和以張思之先生為代表的律師隊伍起到了中流砥柱的作用。我個人感覺，如果沒有江平教授、張思之律師以組成「法律專家顧問團」的形式參與對李莊案[1]尤其是李莊案第二季的聲援，沒有顧問團對陳有西律師、斯偉江律師和楊學林律師的全力支持，就不會有最高檢通過地方檢察院叫停李莊案第二季，就不會有重慶帝國第一塊多米諾骨牌的倒下，也就不會有後來薄穀開來殺人事件的揭露、王立軍的叛逃以及薄熙來的鋃鐺入獄和重慶模式的摧枯拉朽！我認為這一點完全可以寫入歷史，載入中國法治史冊。在重慶事件中，張老爺子、江老爺子、賀衞方教授、何兵教授

---

1. 李莊案指中國重慶市黑社會性質團伙主要嫌疑人龔剛模在2009年被起訴，原辯護律師是李莊。當地檢察院懷疑李莊唆使嫌疑人及證人偽造證據，令嫌疑人謊稱被警方刑訊逼供。檢察院隨後以辯護人毀滅證據、偽造證據、妨害作證等罪名對其提起公訴。

包括陳有西律師等人表現出非常大的道德勇氣和法律擔當，使中國避免了重陷文革悲劇或者人治主義悲劇。

除了李莊案，張老參與聲援的另一起重要案件是前年發生的貴州所謂「第一黑社會大案」——黎慶洪案件。在這個案件中以周澤律師為代表的全國各地一百多名「死磕派」律師在貴陽小河法院做了長達一年多的可謂艱苦卓絕的辯護鬥爭，也有更多學者、律師組成專家顧問團和律師觀察團聲援一線辯護律師，支持他們依法抗爭。這些由律師和學者組成的群體，面對不講規則和不講程序的司法機關和司法人員甚至在所謂中央督導組直接干預審判時，表現出了非凡的勇氣、擔當和強大的精神力量。後來這個案件雖然還是最終被判決為「黑社會」案件，但我們事後的評價是「雖敗猶榮」。

還有正在進行的青島平度記者陳寶成因抗爭非法強拆維權而被構陷的所謂非法拘禁案。這個案件也是一些先鋒派律師如遲夙生、蒲志強、斯偉江、周澤、王甫等站在維權第一線，同樣是由江平教授、張思之律師、賀衛方教授包括張千帆教授組成專家顧問團提供道義聲援和法律幫助。

從這一系列的大案要案和法律事件中，我們看到愈來愈來多的中國法律人，包括律師、法學家、法制記者挺身而出，衛捍衛中國法治底線，並且在關鍵時刻或者勉力支撐，或者力挽狂瀾，這才使得從今年上半年到下半年各種混亂的政治思潮甚至反法治的思潮，如「七不講」「反憲政」「反普世價值」，最後在年底前能夠得以無疾而終，被執政黨十八屆三中全會徹底否定。這些成果的取得和法律界的死磕和努力顯然是密不可分的。所以從這個角度而言，中國法律人是值得慶幸的。不僅應該慶幸終於等到了重張法治大旗的四中全會《中共中央關於全面推進依法治國若干重大問題的決定》，還應該慶幸正是因為有了江平、張思之這樣一批中國法律界的良心和脊梁，才有我們來之不易的今天。

最後我還想展望一下未來。從剛才張思之老師的演講中我們也看到了他對中國法治未來懷有着的深深憂慮。雖然目前從官方文件中，從十八屆四中全會的《決定》和最高法有關司法解釋或者司

法政策性文件規定中，我們看到了司法改革的強烈信號，包括強調審判獨立、檢察獨立和法院、檢察院去地方化、去行政化，但所有這一切恐怕還需要更多的立法努力和配套措施予以跟進，這個過程本身就很難、很費時間。但我更加擔心的是制度建設之外的問題，也就是公安司法人員人性的缺失和人格的缺陷。例如，現在我們一方面在大張旗鼓地平反冤假錯案，但一方面冤假錯案還在持續不斷地發生。這說明什麼問題？說明僅僅只有制度的完善還是遠遠不夠的，法治社會的建成不是輕而易舉的。如果公安司法人員喪失人性、缺乏獨立人格，只唯領導意志是問，只看自己身邊親戚朋友或者本人的利益所在，而不是秉諸事實、法律和良心去辦案，則即便有了司法獨立，也不可能有司法的公正，這正是我們所深刻擔憂的。法治中國的建成不是張思之先生一個人的事，不是張千帆教授幾個人的事，也不是「死磕派」律師一群人的事，而是全體中國人的事！而現在中國人普遍缺乏的就是公民人格，這一點在張千帆教授為紀念辛亥革命一百年所做的北大演講中曾深刻指出和一再重申：如果每個國民都是充滿着奴性而不是充滿人性，每個國民在其行為中考慮的都是自己的個人利益得失而從不考慮社會公益，甚至從不考慮自己合法權益的伸張、自己獨立思想和自由意志的表達，那這個社會必然是非常可悲的。這就提出了一個重大命題——法治社會呼喚公民人格。這個問題看似很宏大，實際很具體。譬如今天在座的各位出門過馬路能否做到紅燈停、綠燈行？在座的法科學生畢業後能否拒絕第一筆黑金交易？我們能否做到真正的人格獨立？我們是否具有理性的維權意識、自由思想和社會批判精神？這涉及每一個人、每一個中國國民。所以借此機會我想再次呼籲，讓我們在「思之精神」引領下，每一個中國人——不僅僅包括死磕派律師或者有良心有擔當的學者——都能夠做到獨立思想，依法主張自己的權利，做一個有勇氣、有擔當的理性公民，使我們法治進程中的每一步、改革措施中的每一項都能夠得到全體公民的積極響應，從而在較短的時期內實現公民社會的培育和法治社會的養成。剛才思之老師對北大師生提出了期望，在此我算是畫蛇添足，提出我個人的一些想法，期待引起大家的共鳴。

張千帆：下面有幾分鐘時間留給大家和幾位老師互動。

> **提問：** 我是一名新律師，剛剛到律所工作，現在看到很多北大、清華、政法大學優秀學生進入律所後，從事的都是非訴訟業務，譬如股票、證券發行工作，大家對刑事這一塊避而遠之。我非常擔心以後中國律師怎麼接手這樣的擔子，像你一樣去衛捍衛法律的正義。不知道張思之老師對於這樣的變化有什麼擔心或者怎樣看待？

　　張思之： 不擔心，這很正常，但我也願意說刑事辯護這一塊畢竟是我們律師實務的窗口，非常之重要。作為律師我願意說得絕一點，不管他做哪方面的實務，如果不參與刑事辯護，會有重大缺陷。我今天之所以特意在律師實務裏把律師的作為提出來，說我一些個人的想法，也是基於這一點。問題在於我們很多老律師沒有意識去引領我們這些年輕律師往這方面走，只是跟他們講辦這個案子掙多少錢，養不了家，糊不了口，這當然不行，但還是應該回過頭來把刑事辯護抓一抓，回應老百姓的需要。

　　觀眾： 我是半個律師，我覺得目前律師的職業倫理不是太好，社會評價比較低。這可能有社會的原因也有律師隊伍的原因。那我們怎麼能改變這種局面，最重要的舉措是什麼？

　　張思之： 關鍵在於我們的律師隊伍從整體來講，缺乏自重、缺乏自愛，因此也就沒有自強，很難自立，所以就會遭到一些不太好聽的意見，這就是我的看法。咎由自取，不怪人家，我們自己做得不好。

> **提問：** 我是一名法官，專程趕過來聽你的課。我做的工作一塊是刑事審判，一塊是行政審判。你認為律師和法官如何在工作上相處，最佳狀態是什麼？

　　張思之： 很簡單，律師和法官應當交流，可以相處，但只有一個地方——法官的辦公室。出了法官辦公室進行交流則法官違法、律師違規，只有這樣才能夠斷絕烏七八糟的事，請法官大人考慮我的意見。

張千帆：我補充一句，交流的話也不能說是原告和法官交流，還要遵守基本的司法守則，如禁止單方接觸，被告律師也要參與，所有方面的當事人都應該在場。

李軒：我補充兩句。你提到法官和律師的正常「交流」問題，我更關心兩者之間的「交惡」問題。1997 年我和時任中國人民大學法律系副主任的杜鋼建教授主編《中國律師的當代命運》，就提到法官和律師的關係非常糾結，要麼狼狽為奸，要麼水火不容。所謂「狼狽為奸」就是剛才張千帆老師說的，權錢交易，無原則的交流。所謂「水火不容」就是我所關心的法庭上兩者的「交惡」。就如剛才提到的幾起重大影響性案件所表現的那樣，現在「辯審衝突」竟然成了庭審中的常態，這在世界範圍內都是非常荒謬的事情！「控辯衝突」也就是檢察官和律師的唇槍舌戰，我們都可以理解，但現在的法庭往往上演法官、審判長和律師的直接衝突，所以我總說現在咆哮公堂的不是當事人也不是律師，而是法官，甚至是一個小小的書記員。我覺得有關法院、有關法官是時候需要認真反省了。台灣地區司法院網站的大字標題是「司法禮民」，不管是年輕的法官還是資深法官，在審判即將結束後總是和顏悅色地詢問原被告律師是否還需要法院代為取證，是否還需要法院為當事人做什麼，對律師非常尊重，從來不會出現咆哮公堂的現象。這點可能是個別法院局部的問題，但要引起我們的重視。正好你是法官，希望你也能意識到這一點。

張思之：我說兩句。我曾經是法官，這一行的甘苦多少領略一點，但我願意向法官報告，我做法官時真的做到了六親不認。我有一個同班同學做大法官，我去時他跟我講，你知道我苦嗎？我說你應該。他說你怎麼知道的？我說這還用說嗎？他說，我告訴你我苦到了何種程度，苦到從辦公室出來後就回到家裏，任何地方都不去，任何地方的水都不喝一口，只有做到這一步，才能說我是大法官。

李軒：我再補充一句：張思之先生是新中國第一批法官，沒有考上北大，但考上了朝陽大學法學院。當時流行一句「南東吳，北

朝陽」，就是說東吳大學法學院和朝陽大學法學院是兩個最好的法學院。張老畢業後成為新中國第一批法官，後來「反右」被反下去了。

> **提問**：首先我要表達對「思之精神」的敬意！你説到辯詞，那你能否點評一下薄熙來案薄自己所做的辯詞。另外，能否談談北京市電視台通過協會向全國電視台呼籲抵制郭德綱？

張思之：薄案讓我評價的話是八個字：故作姿態，極不精彩。漏洞太多了。他說他有七個保險箱，一個弄出了 2,000 萬，七個怎麼辦？有人覺得他的辯護詞講得好，我覺得不行。

> **提問**：張老師，你剛剛講到對法治改革的期盼、對律師的要求，在道德方面提出了很高的要求。我認為道德是法治不可繞過的一部分，我想提一個這方面的問題。現在經濟至上，人人幾乎時時處處進行經濟利益計算，人與人之間少了一種情感交流；第二是傳統道德，有正義、仁愛、真誠甚至孝道都被嚴重破壞，以致於現在處於道德的分裂期，我自己就處在一個人格的分裂期。我想問的是，對中國的道德現狀我們能做些什麼？在萬事都是經濟的現代如何應對和處理與經濟的關係，如何在這兩者之間找到一種平衡？是對道德進行重塑，還是再造一個新的道德觀？如果是，那這個道德觀是什麼樣的？

張思之：你這個問題非常重大，我解答不了，請張千帆老師講講。

張千帆：這個問題非得由張思之老師回答不可。律師和法律人的道德素養是很重要的問題，可我一直不知道該怎麼 0 講。今天思之老師講了這個問題，雖然因時間關係沒有完全展開，但該點的地方都點到了。我覺得沒有必要困惑，路在自己腳下，憑着自己良心做事，離德性不會太遠。你提到儒家，我雖不能算是百分之百信奉

儒家，但認為儒家有不少可取的東西，譬如對人性善的肯定——每個人心裏都有一杆秤，都有是非判斷的能力。我們知道什麼是對、什麼是錯。只要憑自己良心做事，社會就會逐步好起來。

因為時間關係，只能到此打住。律師——當然也包括法官、檢察官，甚至包括學者——作為法律人的共同體，對於一個健康社會的構建十分重要，這不用多説，任何一個健康的、發達的、法治的社會都離不開這個群體。但這個群體怎麼發展，尤其是在制度建設一直受到阻撓的情況下，當人性在各種各樣的誘惑與恐懼面前受到扭曲的時候，我們如何能堅守自己的底線，共同構建我們的法治國家，這是我們今後需要繼續探討的話題。我相信，在「思之精神」引領下，中國法律人的法治與憲政之路會愈走愈寬，愈走愈好。最後，讓我們祝福思之先生健康長壽，為中國法治繼續發揮光和熱！

二
司法改革的癥結與前景

時間： 2014年9月22日

地點： 北京大學法學院

主講人

陳光中： 著名法學家、法學教育家，中國刑事訴訟法學的開拓
者和重要的奠基者。曾任中國政法大學校長、中國
法學會副會長，現任中國政法大學訴訟法學研究院
名譽院長、中國政法大學終身教授。

徐炳： 清華大學法學院凱原中國法治與義理研究中心主
任，曾任中國社會科學院法學所研究員、《環球法律
評論》主編。曾參與「四人幫」專案組工作和香港回
歸的中英談判，並在《光明日報》理論版發表了中國
最早的人權論文。

張千帆：司法改革是憲政的重要內容，而且從最高法院公佈的方案以及上海等六地試點來看，本輪司法改革力度很大，甚至可以說是空前的。今天非常有幸，請來德高望重的陳光中老師作為我們的主講人。

陳老師 1983 年至今在中國政法大學任教。1988 年到 1992 年擔任中國政法大學的常務副校長，1992 年到 1994 年擔任法大校長。2001 被評為中國政法大學終身教授，和江平老師、張晉藩老師是「法大三老」。陳老師一直在訴訟法學界擔任領導職務，1984–2006 年連續五屆擔任訴訟法研究會的總幹事和會長，1991–2003 年擔任中國法學會的副會長。作為一位學者，陳老師著作等身，曾經出版過 35 部專著、19 本教材，發表 220 多篇論文。雖然他今年已經是 84 歲的高齡，但仍然筆耕不輟。陳光中教授是中國刑訴法的開拓者和奠基者，不僅對刑訴法的修改做出重要的貢獻，而且對中國司法改革也發表過很多中肯獨到的見解。

今天的評議人徐炳教授也是一位很資深、很著名的法學家。徐老師的履歷非常豐富，曾經當過農村的生產隊長，後來去文化部工作。「四人幫」倒台時作為專案組的工作人員參與審查「四人幫」。後來去了外交部，1982–1984 年之間參與了香港回歸的中英談判。1982–2013 年一直在社會科學院法學所任職，擔任《環球法律評論》主編，直至退休。現在是清華大學法學院教授、凱原法治與義理研究中心的執行主任。徐老師是改革開放後最早的一批法學家。1979 年 3 月就在《光明日報》發表了〈「言者無罪」與「以言治罪」〉的論文，這可能是中國最早的言論自由文章。1979 年 6 月又在《光明日報》整版刊登了〈論「人權」與「公民權」〉，也是中國人權理論的一篇奠基之作，影響非常大。我最早知道徐教授是在 1986 年，他翻譯出版了美國行政法權威施瓦茨（Bernard Schwartz, 1923–1997）的《行政法》，當時就給我留下非常深刻的印象。

今晚非常高興，有這樣兩位傑出的法學家和我們一道討論司法改革。

陳光中：尊敬的千帆教授、徐炳教授，各位老師、各位同學晚上好！今天我同千帆教授商定的題目是關於司法改革問題——司法改革的癥結與前景——總而言之是司法改革問題。我是研究訴訟法、刑事訴訟法、證據法，同時也研究相關的司法，所以司法改革是我業務範圍內的問題，同時也是我非常有興趣關注、一直在關注的問題。

我想分兩方面談談看法：首先講宏觀的，講一下我們國家現在的司法體制主要特點是什麼，這裏當然有優點，但從特點可以看出它的不足。然後講改革中的若干問題。

前面第一個問題我作為背景簡單來說。我們國家現在的司法體制，首先從形成來說，不是傳承西方的司法體制。傳承西方司法體制的是中華民國，也就是前國民黨時期，辛亥革命以後甚至往前說是晚清變法一直到中華民國，現在在台灣那邊傳承，傳承的是西方司法體制，特別是大陸法系的司法體制，如德國的、日本的。那為什麼我們沒有傳承？因為我們搞革命戰爭，革命奪取政權，要打倒國民黨政權，特別是解放前夕，大家知道 1942 年 2 月黨中央下了一個廢除六法全書、確立解放區的司法原則的文件。這個文件明確地廢除國民黨的《六法全書》，而且批判國民黨的《六法全書》。不僅如此，而且全盤否定、批判資本主義的全部法律制度和資本主義法律觀點。今天看以前的歷史，可以理解當時奪取政權的情況下將要成立新政權。但客觀說，全盤否定違背了繼承人類文明遺產的原則，有過分的傾向。但就因為這樣，新中國成立的司法制度繼承了解放區革命根據地的司法制度的傳統。即使解放以後，我們的方針是一邊倒，向蘇聯學習，因此我們的司法制度同時學習、仿效蘇聯的司法制度、司法體制。我們現在的司法制度，從其淵源來說，應該來自於兩方面：解放區的、蘇聯的。蘇聯的主要是 1936 年的蘇聯憲法，也就是我們通常說的「斯大林憲法」。結合《憲法》《法院組織法》來看，我們的司法制度奠基於 1954 年的憲法，確立於 1982 年的憲法。經過一番折騰，五四憲法已經大大不行了，文革時蕩然無存。文革以後撥亂反正，重新制定八二憲法，前面建立了《法院組

織法》、《檢察院組織法》，1979 年修改《法院組織法》、《檢察院組織法》。所以以五四憲法、八二憲法為基礎，確立了現在司法制度的基本框架和體系。

這個框架和體系有什麼特點？我概括為五大特點，這裏點題性點一下：

第一，法院和檢察院並列為司法機關。西方將檢察院看成是起訴機關、三權分立中的行政機關。我們是將其作為司法機關，而且地位同法院一樣高。

第二，我們的法院、檢察院同人民代表大會的關係、人大制度的關係。我們國家的政體是人民代表大會制度，實行「一府兩院」（政府、法院、檢察院）制度。「一府兩院」由人大產生，向人大負責，受人大監督，並不脫離人大關係，但又不受人大領導。

第三，法院、檢察院同公安機關的關係。這次憲法明文規定了（非五四憲法，而是八二憲法，前面 1979 年刑訴法已經規定了）「三機關」的關係是分工負責、互相配合、互相制約。我們叫「公檢法」也好，「三機關」在刑事訴訟的關係是這樣的。這樣的關係既有優勢也有不足，這是「三機關」的關係的框架。

第四，司法機關堅持黨的領導。這從憲法規定的「獨立」上就寫出了，但沒有明確。我們黨是執政黨，一黨執政，當然有民主黨派，但執政黨是領導全部的或者是總攬全局、協調各方，與司法機關是領導與被領導的關係，這是中國特色裏的重中之重。

第五，我們法院、檢察院所規定的「獨立」，不是法官的「獨立」（更不是檢察官的「獨立」），而是法院、檢察院的整體獨立。人民法院、人民檢察院獨立行使審判權、檢察權，是作為一個機構的獨立。

以上是我概括的五個特色。這就是現在司法體制的概括性的基本框架、基本體系。當然這裏面有的東西我們要堅持，譬如黨的領

導，承認堅持中國特色社會主義，黨的領導是要堅持的。人民代表大會制度作為政體是要堅持的。關鍵問題是如何堅持。

「三機關」的關係帶來的優勢，也是在過去總結了經驗教訓的基礎上的。但「三機關」的關係是一種扁平線的關係，其最大問題是沒有突出法院的中立獨立。「三機關」互相配合、互相制約、分工負責，法院的中立性、獨立性不夠。而且「三機關」與當事人特別是被告人辯護方面的關係看不出來，往往變成「三機關」在互相配合、互相制約裏，更強調配合去對付被告人、辯護人。所以都有商量的餘地，都有需要考慮改革的問題。

那這樣的框架要不要改革？我個人的看法是顯然必須要改革。改革的方向，總體是要進一步進行現代化的改革。什麼叫現代化？這個概念比較複雜，但起碼是一個臨時性的比較。也就是說，我們今天存在不足，進一步現代化是要更加進步、更加文明。

那改革走向的目標是什麼？我認為司法改革走向的目標，衡量的標準是要更加能夠保證公正司法，使司法更具有公信力、權威性。公正是司法的靈魂。現在講公正、高效的社會制度、司法制度，我對注重講高效是有看法的。高效更多的是行政司法的一個重要特點，司法不能過分地強調效率。不講效率不行，但效率不能擺在同公正同等重要的地步，是公正為核心、兼顧效率。而且公正與權威之間的關係，是在公正的前提下才能實現權威。如果法律不公正、司法不公正，要權威、要老百姓信服是做不到的。在公正的前提下，同時還有其他的一些權威機制才能實現權威、實現公信力。但應該說，法治國家不僅要有公正，而且要有權威。如果司法沒有權威，說明法治國家在司法問題上有缺陷。司法在一定程度上、在法治國家是最後說了算，它的權威在於矛盾糾紛到司法程度就是最後的一道防線、最後解決問題。它解決後，就是最後的拍板。它的權威是這樣的，而且老百姓從心裏要支持公信力、權威。所以公正、權威是我們改革要實現的目標。具體到改革要進行現代化改革，實現公正權威。這是我講的第一個大問題，宏觀來講是這樣的。

　　下面講改革裏的重點問題以及我們的糾結與發展。我們涉及的問題很多，但我感覺司法改革方方面面的問題，核心問題還是司法獨立，特別是審判獨立。多年前我就有這個觀點。現在看來看去還是這個觀點，抓住司法獨立這樣的核心問題，結合這個問題來研究其他問題。司法獨立問題是實現公正權威的一個關鍵問題，要實現公正權威就要搞司法獨立。而且我們改革成敗如何、效果如何也看司法獨立改革走得有多遠。改革是不是已經達到了現代化的程度，可以逐步進行。這次三中全會改革內容專門寫進去了，說要進一步保證審判權、檢察權依法公正行使。我們通常叫「司法獨立」，重點講的就是審判獨立。今天重點我講審判權，司法獨立的審判權。

　　現代化的司法獨立要解決哪些問題？議論很多，但問題說得比較集中：首先要解決黨如何領導來保證司法獨立。也就是說我們要堅持黨的領導，但必須要按照司法規律來領導。「按司法規律來領導」，關鍵問題是我們的黨委、政法委要不要具體來干預案件的審判和最後的處理。我個人的態度很鮮明，我們的黨要領導應該是組織上的領導，方針、路線、政策的領導，而不是具體干預案件。按照現在的憲法可以這麼說，黨具體干預案件是合法的。為什麼？因為現在《憲法》明文規定，人民法院依法獨立行使審判權，不受行政機關、社會團體和個人的干涉。言外之意是黨的領導、黨委可以干涉，權力機關可以干預。現在政法委的具體文件和章程也明確講，政法委的職權裏有一項是協調案件。把「三機關」具體案件拿來協調，就不可能不判、不研究一些具體的案子。之後出的不少錯案，譬如佘祥林案件、趙作海案件都是協調出來的。原來從法院、檢察院角度都有阻力，不想判，認為事實不清、證據不足，出現這樣的結果是協調後判的。

　　現在的問題是，為什麼不能干預？理由是什麼？理由是司法很大的一個特點是親歷性。我們的法官親自審查證據，在法庭上親自看被告人怎麼陳述，雙方怎麼交叉詢問、對證，實物證據怎麼看。親歷性是親自來審查證據的資格和證據所證明的真實性。最後有一個判斷性，司法的特點是親歷性、判斷性。親歷性完後，要看案件的事實認定，從證據上能不能定有罪，先不說量刑，就要有一個判

斷，這個判斷是以親歷作為前提的。如果黨委干預，就涉及黨委沒有親歷性，黨委是聽彙報拍板的。所以就會發生審、判的分離，審而不判，判而不審。黨委直接干預案件是違背司法規律的，不能保證、相反有可能干擾公正司法，同時司法的權威也很難樹立起來。所以黨委不要干預比較好。

這次司法改革的決定，總體評價都比較好，我也非常讚賞裏面有些規定，應該説邁出了相當一步或者一大步。但黨委的問題在這上面沒有寫到，這次並沒有解決，現在也不明確。四中全會希望明確，但我也不敢説一定會明確，只能是説我們盼望，哪怕分兩步走也是好的。所謂「兩步走」是按照現在的司法體制改革，人財物收到省裏，重大的個別案件可以協調。如果分兩步走，也是一個進步。我們講依法治國，司法要現代化，司法要更加法治化，必須要解決這個問題。

現在還有一個非常現實的問題，即黨和司法機關的關係，政法委、紀委系統同司法機關的關係，這也是一個非常難辦的問題。紀委本身搞「雙規」[1]，要不要改革是需要考慮的。我認為從依法治國的發展方向來説，「雙規」終究要做根本性的改革，納入法治的範圍。現在的「雙規」，黨、紀委依據一個黨內的法規，一句話就把人帶走，剝奪自由多少時間，而且是不透明，在沒有監督的情況下進行相當長時間的詢問、調查，當事人的權利被剝奪。從憲法也好、《立法法》的角度也好，都是有問題的，明確説是違背了根本的精髓。

而現在，我不期待這次會議要解決「雙規」大格局的變化。但有一個問題要解決，也就是我們的紀委「雙規」同檢察院的關係現在是理不順的、剪不斷的。問題在哪裏？很大程度上是紀委和檢察機關不同形式地聯合辦案。紀委「雙規」辦案時，人員不足，就從檢察院調人；不調人，紀委詢問被調查人，檢察院的人在外圍配

---

1. 「雙規」指要求有關人員在規定的時間、地點就案件所涉及的問題作出説明，是 1994 至 2018 年間，中國共產黨紀律檢查機關根據《中國共產黨紀律檢查機關案件檢查工作條例》第二十八條第三款，在進行黨內紀律檢查案件調查時曾採取的措施之一。

合，互相取證。這是一種常規的聯合辦法。還有一種聯合方法是檢察院已經立案，紀委辦完以後送交給檢察院，本來是檢察院進行偵查，檢察院規避詢問犯罪嫌疑人，倒移送給紀委進行「雙規」的詢問，既不要錄音錄像，也沒有外面介入。等紀委壓制了、搞熟了，又重新送回來。這些是非法的，法治必須是程序正義之治。而且紀委辦的案件到檢察院，檢察院也很難否定。紀委權大位重，同檢察院沒有多少領導關係，但多少有領導的因素。本來是一個組織協調關係，這個問題要切斷，今天不能展開講，包括證據問題怎麼切斷。也就是說紀委移送到檢察院，檢察院怎麼樣獨立辦案是當前要解決的問題，在現有體制上要解決。依法治國裏，黨政問題若不更加法治化，黨本身不搞法治化，怎麼能領導全國法治化？紀委「雙規」裏不同程度上存在刑訊逼供。如果黨內搞刑訊逼供，要別人不搞刑訊逼供，黨就把這個頭帶壞了。這個問題要解決。

第三個問題，現有分兩步走，把人財物搞到省一級來解決地方化問題。這個我不再具體講了，大家都覺得很好的。

最後我講一下現在的司法獨立，從法院來說涉及的不是法官獨立，而是整個組織獨立，中間有審判委員會，重大案件必須經過審判委員會，審判委員會是法定的一級法院裏最高的審判組織。合議庭必須服從審判委員會的決定，這是一個問題。審判委員會要不要改革？我個人很久以前長期堅持審判委員會是過渡性的產物，是中國特色，是解放區創造出來的，不是從蘇聯那裏學來的。審判委員會現在暫時可以保留，要改革，長遠來說審判委員會在討論案件的角度上，作為一級審判組織要革除，讓法官直接獨立起來。審判委員會不審而判，不是直接審案，也是通過討論決定的。

再是要去行政化。法院內部的行政化相當嚴重，一個案件合議庭完後，如果要判決，需經過庭長簽字或者庭務會議決定這個案件簽字。重要的要報到主管副院長簽字，更重要的案件要審判委員會簽字、院長簽字。這有幾層行政化的審批，和普通的行政工作一樣，工作人員、辦案組長怎麼處理，下面科長、處長、局長甚至部領導簽字，才能把這個事解決。層層審批，這沒有法律規定，而是

把行政制度的模式或者官僚處理的方式搬到法院上，現在要去行政化。這次司法改革決定要推行諸省法官主辦或者檢察官同法官獨立。法官是典型的要獨立辦案；檢察院是檢察院內部實行檢察長負責制，上下一體化，上下關係是領導關係，同法院不一樣。檢察院儘管定性為司法機關，但有一定的行政化特徵；法官就是一個典型的司法機關，典型的是法官要獨立起來，當然獨立並不等於濫用職權，要加以監督，責任跟上去，這樣法官才既獨立又受監督，不至於濫用職權。遇到重大案件，合議庭人數可以增加，陪審員也可以增加，合議庭裏的審判長可以由經驗豐富的法官或者庭長親自擔任。這裏面的模式需要改革、思考的東西可以去探索，但強調合議庭的獨立是大勢所趨。

張千帆：謝謝陳光中教授的精彩發言！下面有請徐炳教授點評。

徐炳：陳老師是中華人民共和國司法乃至政治進程中的一個見證人，更是積極的參與者。剛才陳教授說得非常清楚，中國的政治體制包括司法體制就是斯大林模式。斯大林建立的蘇維埃政權的結果，大家看得很清楚，斯大林模式在蘇聯破產了，在中國導致了文化大革命。陳教授給我們提的醒非常重要，追溯我們的政治基因、司法體制基因有沒有問題。

到了文革結束後，興起了要求政治改革、包括司法改革的潮流。當時是上下一致的，因為對斯大林的體制的危害有了深刻的認識。改革開放前，下層老百姓的命運更慘，三中全會是在這個大背景下產生的，當時公認中國的問題出在法治上，沒有法治是根源。所以當時要求法治和民主的聲音空前高漲，要求有法可依、有法必依、執法必嚴、違法必究。

當時就提出了司法獨立的問題。剛才陳老教授提出司法改革的核心問題是司法獨立。這個問題在改革開放的初期就鮮明地提出來了。我認為司法改革是政治改革的重要一環，沒有深刻的政治改革，不可能有司法改革。陳老講得很好，他說司法改革最高目標是公正性、權威性，大勢是有法必依、違法必究。改革不能提三權分

立，但三權分工是可以講的，人大主要是立法職能，國務院是政府行政職能，檢察院、法院行使司法職能。這三大機關改革成果如何評估？我個人認為人大做得最好，現在該有的法律基本都有，所以吳邦國在卸任委員長之前宣佈中國已經建成了社會主義法律體系。這個話不過頭，各種主要的法律都有了，人大的工作做得比較好。行政改革還可以，行政效力、政府效力相當不錯。最差的、改革最不行的是司法。司法改革叫了 35 年，改革成效不大，司法腐敗倒是大面積擴大了。政法委在三中全會後是取消的，後來恢復了。恢復是強調政法委領導下公檢法三機關協調辦案。現在看很多問題就是政法委出了毛病。縣一級以上都有政法委，許多冤假錯案就是在政法委協調下產生的，我們要總結教訓。

陳老特別強調司法公信力。老百姓為什麼不信任司法機關？為什麼上訪不去法院？法院的門難進、事難辦、臉難看，我還加一句，「結果更難看」，有時讓你哭笑不得。這樣的司法怎麼能產生公信力？怎麼可能有權威性？公正性是核心，沒有公正哪有權威？

在講座過程中，陳老把問題梳理得很清楚。譬如說司法需要真正解決的問題或者癥結，是黨的領導和司法的關係。以前常說公安是老大、法院最聽話。公安是老大，如公安部長歷來是政治局委員，權威超過法院院長。很多地方是公安局長兼任政法委書記。法院院長處在什麼樣的地位？司法處於什麼地位？一看便知。

過去講公檢法三機關既要相互制約也要相互配合。坦率說，這個提法有問題。公檢法應各司其職，談不上制約與協作。制約什麼？配合什麼？公安機關抓小偷，法院能去管嗎？抓來以後由檢察院審查起訴，在這個時候也談不上法院制約。只有到這個案件訴到法院時，才是法院行使審判權的時候，這個時候要由法院獨立審判，公安機關和檢察機關也不能干預。公檢法三機關各自獨立處理自己範圍的事，各自依法辦事，既談不上配合，也談不上相互制約。

司法改革怎麼辦？昨天是政協成立 65 周年，習近平總書記講我們的民主不是裝飾品，司法改革也不是裝飾品，要真改，不是假改，民主要動真格，司法改革也要動真格。前面陳老講了很多要改

革的東西，大多我贊成。但有一個問題我與陳老的觀點有分歧，即陳老提出「雙規」問題不合法要取消。法理上，陳老講得是對的，「雙規」是法律之外的一種處理方法，理論上不管是多大的官，大官、小官也是人，受人權法治保護。但在目前中國特殊情況下，這個「雙規」千萬不能取消，一取消就麻煩了。沒有「雙規」能把周永康這樣的大貪腐分子抓出來嗎？中國的國情決定雙規不能取消，不能削弱，還要加強，否則很多官員會更加肆無忌憚。中國這種獨特的國情決定「雙規」是必須的。

說司法改革展望有多大的作為，我不敢有奢望。但我希望總要不斷有一些小的進步，大的進步沒有，但要有小的進步。譬如「司法獨立」這個詞在今天都是忌諱的，是小範圍的、內部的、關起門講，只是內部討論，不希望通過報紙、雜誌、微博說。真理是沒有禁區的。司法的小改革是可以提，應當提，也已經提出了。例如，最高法院院長周強力推司法改革，要求把所有法院裁判文書上網公佈、公開，這是非常好的改革。但實際做得怎麼樣？阻力很大。哪個法院的裁判文書是全部上網的？我說的全部是法律規定應當全部公開的案件，未公開審理的案件可以不公開，譬如涉及軍事秘密的可以不公開。其他應當一律公開。

現在網絡資源豐富、便利、經濟，應當充分利用網絡這種經濟而又高效的方式實施司法公開。最高人民法院也早已明文規定了立案公開、庭審公開、執行公開、聽證公開、文書公開、審務公開。各級法院也都建立了各自的網站，以便用網絡形式落實上述各項公開制度。但是，我認真看了許多法院的網站，發現不少法院在利用網絡實施司法公開方面是流於形式，或者說是有形無實。僅以裁判文書公開為例，多數法院都是精心選擇裁判文書公開在網站上。這種有選擇地公開，給人的結論是：法院的裁判文書公開而不真實，公開而不透明。因為它具有欺騙性。誰都不能說我們法院判的每一個案件都是錯的、有問題的，事實上相當比例案件的判決得是公正的，在認定事實和適用法律兩個方面都是正確的。但不可否認的是，也有相當比例的案件判決是有問題的、是不公正的，或是腐敗辦案的產物，是不當干預的產物，是枉法裁判的產物。裁判文書公

開的目的既是要讓人們看那些判得公正正確的文書，更是要讓人們有可能看到那些判決有問題的文書，讓大家評判，讓大家監督，讓法官不敢枉法，不敢懈怠，必須慎重對待你在裁判文書上寫的每一個字。這才是裁判文書公開的真正目的。任何一個法官，哪怕是最貪腐的法官，絕不可能一輩子沒有判一個公道的案件。你把他幾個判得比較好的、沒有爭議的東西放上去，而把有問題的判決文書藏起來、緊鎖起來，這是欺騙黨、欺騙人民的做法。

因此我認為：第一，裁判文書公開必須是無例外的公開。各級法院的所有裁判文書都必須一個不藏地全部公開，不允許有例外，否則就不要公開。有人說，現在還做不到，可能有些案件例如死刑判決還不能公開。如果這個理由成立，可以通過立法規定哪類裁判文書不能公開，其他一律公開。而不能像現在這樣，各個法院自由裁量，想公開哪個裁判文書就公開哪個，想隱藏哪個就隱藏哪個。這種做法必須立即停止。

第二，現在各個法院在網絡上公開的裁判文書事實上是公開而不透明，而透明才是公開的目的。就目前已公開的裁判文書來看，各個法院都只公開了法院的判決文書，而且一字不漏，好像很公開、很透明。其實不然。我們都知道，一個枉法裁判的法官要想判你贏，你就能贏；要想判你輸，就能判你輸。如果你只看他的判決文書，你還感覺那些枉法裁判的判決書還很有道理。因為無數案例說明，如果一個貪腐法官要枉法判行了賄的當事人贏，他會把對行賄人有利的證據拿出來，把對行賄人有利的法律引出來，把對行賄人有利的理由統統講出來；而一字不提對對方有利的證據，好像這個證據根本不存在、法庭上從來沒有提出過這份證據一樣。對於對方當事人在法庭上提出的對證明其訴求有利的法律理由，貪腐法官也往往隻字不提。從貪腐法官的判決書上看，好像這個對方當事人純粹是胡鬧，沒有任何理由，他的判決則正確得很。只要是有問題的判決大多都如此，都不敢寫明敗訴方提出的有利證據和正當的法律理由。

如何解決這個問題呢？我提一個建議：法院公開裁判文書文書時，要同時公開這個刑事案件中被告人的律師辯護詞，民事案件要

公開當事人的律師代理詞。一審判決書公開的時候，一定要同時公開一審當事人的上訴書。如果一審當事人服氣了，不上訴了，當然就沒有上訴書公佈。如果一審當事人不服一審判決，一定有一個上訴書，你把這個上訴書一並附在一審判決書上公開。這樣的話才真的有價值。法院把當事人律師的辯護詞、代理詞、上訴書或申訴書作為所公開的裁判文書的附件同時公開，那就行了。人們對照法官的判決和雙方當事人的意見，就能徹底明白這個案件判決得是否合法，是否正確。一看就知道法官的水平如何，有沒有枉法裁判。如同上訴人上訴時，原審法院必須把全部案卷移送上級受理上訴的法院一樣，當事人的律師辯護詞、代理詞、上訴書、申訴書都必須全部移送。如果原審法院不把這些全部移送，而只向上訴法院提交原審法院的判決，那能行嗎？上訴法院就沒法審了，就弄不清案件的是非曲直了。我們法院公開一個裁判文書就是要讓人們能把案件的案情和審理看得清清楚楚，把案件所涉問題的是非曲直搞明白，如同上訴審法官那樣，把案件的各方意見都看完，才能得出正確的結論，才能作出維持原判或推翻原判的結論。上訴的目的就是要上訴審法院重新審查上訴案。法官通過公開裁判文書接受人民的再審，接受歷史的再審。終審判決書下達以後，法院也可徵求一下雙方當事人意見，問問他們對本案的判決是否還有什麼意見或評論？如有，也應如實公佈出來，看看他仍然不服的理由在哪裏。如果把這些都公開了，那這個案件就真對人民透明了。

這樣徹底公開，還有一個好處：當事人把理由講出來了，讓全社會都知道了，即便自己不服氣，但起碼出氣了。現在涉法上訴的很多，為什麼？他連講道理的地方都沒有，他白白受冤。如果把他的意見都公開了，他就不需要到處遞什麼申訴書了。

總之我認為，裁判文書公開就要徹底、透明。這樣法官才能好好工作，才能有所顧忌，才能有所約束。他們的工作也才能得到一個公正的社會評價。法官寫裁判文書時，才能認認真真，針對訴訟當事人的舉證和訴訟理由一一給予評判。

我就提這麼一個看似很小的公開方法改革，就這麼一個小建議，只要法院下決心採納，不要多少金錢成本，立即就可以做到，

就會收到立竿見影的實效。都說空談誤國，我們不空談。我做過很多年的律師，陳老的兒子和我一樣是最早的大律師，現在他還在從事律師工作。我們對裁判文書的公開最有體會。

總體來說我們現在都知道中國司法的弊端何在，問題是要下決心、動真格地改革。我相信人類是要發展的，中國是要發展的，司法也會一天比一天光明。我相信還是能看到司法光明前途的那一天。

張千帆：徐教授提出了很多令人深思的問題，他提醒我們要關注中國所謂社會主義「司法基因」，因為它一直困擾着我們的司法改革，今天也仍然是一個具有根本性的攔路虎。以後司法改革能否改革好，取決於我們能否成功改造這個「司法基因」。他還提出很有意思的觀點，認為中國人大做得最好，司法做得最差。很多法律人第一判斷正好相反，但是仔細想想，他說的確實有一定的道理。30 年來，中國立法確實完善了很多。當然，如果立法不去落實，就和沒有一樣。不過到了立法這一步，人大的職能算是基本完成了。

徐炳教授還反對簡單地廢除「雙規」。在現在環境都不改變時，反對廢除「雙規」，這也是中國面臨的困境。譬如上訪、信訪體制被很多人詬病。但如果什麼都沒有改變，是不是要廢除信訪？這個爭議很大，我也認為不是很明智的做法。

最後，他還提出了一個很重要的觀點，反對司法判決的「部分公開」。確實，部分公開可能還不如不公開，因為選擇性的公開必然是一種偏袒，很可能造成偏見，不公就在選擇性公開中自然產生的。我們都贊成司法公開，但很多人忽視了公開什麼這個問題。國外的公開絕不只是司法判決的公開，起碼還要公開原告、被告的意見書。只要不涉及國家秘密和個人隱私，整個卷宗都要公開。美國可以允許不相關的人向法院提交建議。雖然這個人跟原告、被告沒有利害關係，但對這個案件有想法，即可以「法庭之友」的身份發表對這個案件的意見，而所有這些都是公開的。在此基礎上，才能做出一個明智的判斷，法院判得對不對。今天討論司法公開，我們離這個目標還相差很遠。下面還有點時間，大家可以和兩位老師互動。

提問：今天的題目是「司法改革的癥結與前景」，陳老師是刑訴界的泰斗，所以我想請教一個關於刑訴的問題，關於保安處分制度。2008 年收容遣送制度被取消，前不久江平老教授聯合上書要求取消勞動教養制度，理由是這是關於對人身自由的限制。以後是否會把保安處分制度納入到刑事訴訟法中？這些制度取消後，會有什麼新制度彌補這些空缺？

陳光中：勞動教養現在已經廢除了。勞動教養在中國的語境下，嚴格說不是司法制度，而是行政上的一個制度。我們講司法有一個內涵，同訴訟有關的制度、規則、程序，這才叫司法。勞動教養沒有進入訴訟階段。對勞動教養不服的可以向法院提起行政訴訟，就構成訴訟。首先要明確勞動教養是屬於行政法的，姜明安教授在研究這個，我也在關注，勞動教養同刑事司法密切相關，我寫過相關問題，主張長遠要革除，近期要改革，現在一下子取消了。在勞動教養要不要廢除的過程中，有個保安處分之爭，有人主張用保安處分代替勞動教養。這個說法我一開始就不贊成，我認為保安處分有它的背景，但在中國不太合適。

在此基礎上，我順便再講一個觀點，關於嫖娼人員收容教育制度是否應該像勞動教養一樣被廢止。這是行政法的範圍，不是刑事訴訟法的範圍，但我也非常關注。這個制度我也在這兒明確表達，徐炳教授贊成我，長遠來說應該儘快廢除。這個制度由國務院規定、公安局決定，少則半年，長則兩年，符合民主法治原則嗎？符合尊重和保障人權嗎？不符合。

最後就徐炳教授說的「雙規」問題做兩三句的回應。我不是說一下取消「雙規」制度，而是「雙規」制度在根本上違背法治原則、保障人權原則。從根本來說、從長遠來說，要推行法治恐怕要對其進行根本性的改造或者廢除，納入新的體制裏去。眼前當務之急要理順紀委同司法機關的長期關係，而在沒有得到根本改造之前，紀委「雙規」辦案特別是詢問調查人，要更加符合程序正義的規則，要更加法治化，要更加避免刑訊逼供。紀委辦案在詢問被調查人期

間，沒有受到監督，容易權力濫用。「雙規」在目前有現實的合理性，但從根本上來說要納入法治軌道加以根本改造。眼前解決「雙規」，要更加程序正義，各級組織頭上要懸一把程序正義之劍。現在要求它透明不太可能，要極大地監督它也不太可能，而是需要更加自律、自我加強監督，而且要理順同檢察院的關係，檢察院號稱法律監督機關，不能一起刑訊逼供。現在重要的問題是理順關係，長遠來說要根本性改革，以法治原則來改革，按憲法保障人權來改革。

> **提問：關於分立管理，對法官、檢察官進行行政級別的重新身份制。請教老師們怎麼看待這個問題。**

陳光中：這個問題在這次三中全會《決定》裏寫了，大方向我是堅決支持的，也就是說我們目前要司法獨立，要第一線的法官、檢察官精英化，少而精，能獨立。現在法官編制不少，辦案人員卻沒有那麼多，案多人少。人少並不是法官人少，而是法官的編制相當多，超編。法官要精選，裏面有法官的調整，但總人數控制在百分之三十幾。其中要解決好輔助人員如助理法官、助理檢察官的問題。助理法官、助理檢察官是年輕的，正規大學本科生、研究生畢業後考進來後，原來是書記員，然後是助理，直接參加辦案。今後助理的就是助理，不能直接作為法官，這樣法官才能獨立行使審判權。當然這裏面需要有一些改革、有一些調整，照顧現在的情況，使年輕人走向法官的渠道更加暢通。總的目標是肯定的、正確的，但要逐步推進，上海試點就看看怎麼解決。只要正式定為法官了，今後的工資、待遇要適當提高，級別按法官、檢察官來定，就像教授、副教授、講師、助教，按業務來做，不按公務員來定級別。除了工資適當提高外，也可能使退休年限適當延長，不可能像西方實行終身制，但年限適當延長是有可能的，也就是說法官的地位、待遇總體來說有所提升，使法官做出權威的判決。如果法官本身在社會上的地位、生活保障、榮譽感沒有提升，那司法也成了問題。所以這個問題方向是對的，進一步需要探索。

> 提問：今年公安部在做一個看守所的立法。關於看守所，中國
> 沒有像西方發達國家一樣實行警檢分離分立制度。中國
> 看守所的立法仍然由公安部門來做。你怎麼看警檢的關
> 係以及這方面的制度安排？

陳光中：看守所法淵源比較長，一開始面臨的問題是十七大以後周永康掌權期間，進行司法改革徵求意見時，包括我在內提出意見，希望看守所從公安那邊分離出來，歸受案部來管。因為在看守所訊問被告、嫌疑人，容易產生看守所的偵查人員進行違法訊問的問題。全世界的情況比較複雜，也有看守所歸警察管，但比較規範。現在公安部在起草《看守所法》，中國的立法現狀有一個部門立法問題，有業務熟的好處，但有弊端，即部門立法照顧部門的利益，看守所在公安。現在有《監獄法》，沒有《看守所法》使看守所管理更加規範化。現在的看守所比以前有進步，公安部專門有這樣的局進行管理。但進一步怎麼規範，確實還存在許多問題需要研究。總的來說，要制定《看守所法》，不是現在行政法規的性質來管，而是成為法律，大方向還是對的。關鍵是要防止部門化、防止看守所單純地退出辦案部門，但更好地也要保障人權，特別是保障辯護人。現在關於會見犯罪嫌疑人，刑訴法做了很大努力，實體上總體來說有比較好的規定了，但並不是說都解決了，還有看守所不讓律師會見。所以制定《看守所法》進一步規範看守所，還是有必要的。我根據我所知道的情況做一個介紹，具體怎麼解決有些問題需要探討。

> 提問：司法體制改革後，檢法兩家省級以下獨立。現在與人大
> 的監督關係，檢察院、法院每年會給人大做一個報告，
> 檢察官、法官的任命通過人大，請教老師們這個問題怎
> 麼解決？

陳光中：人大同法院、檢察院的關係，總的原則是由它產生、對它負責、受它監督。現在的問題是怎麼對它負責、受它監督。

目前的情況就是工作報告，工作報告裏通過投票來看它的滿意率，而且法院院長、檢察長這時候比較緊張，希望票能夠高一點，這就是一種監督。但這個監督是不夠的。當然也還有一些檢查工作的內容。現在核心的一個問題是，人大不是沒有權力，憲法規定法院、檢察院行使職權不受行政機關、社會團體、個人干預，把權力機關例外處理。言外之意是可以干預個案。實際上，按照監督法來看，沒有說可以直接干預。我認為人大同法院、檢察院的關係，總體來說比較正常，比黨的領導同法院、檢察院的關係更為緩和，矛盾不是很大。一般說來，作為人大的組織，以組織的名義來干預案件幾乎很少，我沒有看到這方面的案例。

但有一個問題，現在人大開會、政協開會，有人大代表個人認為個案不公、是冤案，主張要糾正的提案，還有其他人大代表附議作為一個建議提出來，人大有關部門把這個材料轉到法院、檢察院，法院、檢察院很重視，工作上的建議包括個案反映，都會進一步落實個案問題，一層層地提出意見。這種意見對法院而言有壓力，但法院還是支持的，經過研究後進行答覆，說這個案件經過反覆研究，事實認定、法律結果沒有錯誤，或者確實部分錯誤、完全錯誤加以糾正，糾正以後也反饋。這種權力給它還是不給它？是人大代表個人的提案或者若干聯名提案對個案的糾正問題。我在一篇文章裏講到這個問題，最好是取消人大代表的權力，因為有的人大代表是企業家，自己的官司打輸了，不服，又是人大代表，就去提自己的案件。本來作為當事人是按申訴人處理，但你作為人大代表，不僅自己要求糾正，而且找了其他代表聯名簽名，簽了半天是為自己呼籲，有這樣的問題。所以人大代表個案妨礙司法機關的獨立，有沒有方案？而這個制度要不要改革、要不要進一步規範，或者根本不允許人大代表有這樣的權力，可以研究。總體來說，人大代表與司法機關的關係基本上是正常的，沒有明顯的干預個案的問題。

提問：剛才提到收容遣送、勞動教養，說這些是行政處罰手段，不符合法治精神，在司法改革的道路上要逐漸被廢

除。但這些行政處罰有它存在的對應範圍，譬如賣淫嫖娼或者其他違反公序良俗的，沒有到違法程度或者對社會利益的侵害不至於進入司法程序，如果沒有很好的過濾網，這些行為也進入到司法的管轄範圍中，是否會導致司法管轄範圍無限擴大、司法成本上升、司法整個制度負擔加重？這種情況我認為是一種現實存在的風險，請教一下三位教授。

陳光中：勞動教養廢除了。我剛才提到的對嫖娼人員的收容制度，我傾向於廢止。廢止後要不要將部分內容加入刑法分則裏，作為輕罪來處理？勞動教養明確要廢除時，我參加了好幾次研討會，也寫過文章，表過態。總體來說，不能取消行政法規裏的東西而將其上升到刑法分則入罪。這樣確實是加重了處罰。當然，有人說勞動教養動不動搞一年、兩年，而要判刑最多也就判半年，我寧可半年，早就出來了。這也是一種做法。但總體來說，勞動教養就是一個行政處罰；而一旦判刑，就是有犯罪有前科，這樣的污點與受過行政處罰的污點不一樣。有前科，之後再犯罪，就屬於從重情節。我個人的看法是，取消這兩個東西，消化到哪裏去呢？就是在治安處罰以及行政處罰裏解決問題，原則上不再加入到刑法分則裏，極個別的、特別嚴重的不加入刑法裏不行，但只限於極個別的。一般說來，取消以後就是納入治安管理行政處罰，納入後就輕多了，就是半個月。實際上絕大多數輕多了，總體上符合我們國家文明治理的傾向。中國在對待犯罪問題上總體來說是比較嚴格的，或者是傾向於重刑主義。我們綜合治理是靠綜合治理能力的提高，而不是靠刑法控制愈來愈嚴。總體來說，刑法還是要保持謙抑的原則，也就是說公權力不能濫用，要有克制性。這在刑法界成為一個主流，我認同這個觀點。而且我主張不僅在刑法，刑事訴訟法也可以用這個理念，儘量少逮捕一個人，也是謙抑。我們現在是捕人多、判刑多、死刑多，必須要剎住。我們的刑法要走向平和、更加文明，重刑趨向要愈來愈淡化。

張千帆：司法改革要成功，有一個前提條件，即黨必須要退出實質性的領導，只能進行象徵性領導。剛才兩位老師也提到，這

個問題實際上取決於怎麼解釋「黨的領導」。黨怎麼去領導，才能既「領導」，同時又不違背法治的基本規律？以通常的方式去「領導」，司法改革肯定就改不下去了，甚至改革還不如不改。我們所期待的是黨的象徵性或者前置性的領導，對法院的人員、組織發揮一定的適當影響，但絕對不能再像以前的方式直接干預，這是法治的大忌，不能再這樣下去了。對於這個問題，我們期待四中全會給出答案。

中國經濟改革的前景和方向

時間： 2013年11月25日

地點： 北京大學法學院

主講人

張維迎： 著名經濟學家、北京大學國家發展研究院教授，曾任北大光華管理學院院長。他是國內最早提出並系統論證雙軌制價格改革思路的學者，其理論分析和政策主張在學界和業界產生了廣泛影響。

劉劍文： 北京大學法學院教授，北大財稅法研究中心主任，中國財稅法學研究會會長。曾任武漢大學法學院副院長、中國財稅法網創立人、《財稅法論叢》主編、《WTO與中國法律改革》主編。

秦前紅： 武漢大學法學院教授、教育部「長江學者」特聘教授、武漢大學珞珈特聘教授、《法學評論》主編。兼任中國憲法學研究會副會長、中國港澳基本法研究會副會長、中國法學期刊學會副會長等職。

張千帆：十八屆三中全會剛開過，大家都在談改革，我們也不例外。我看了三中全會的《決定》，關於經濟改革、司法改革亮點頗多，所以我們很有幸今天請來三位經濟學和法學家。

第一位是著名經濟學家、北大光華學院教授張維迎老師。維迎很年輕，卻是「元老」級改革派，是中國 30 年改革的親歷者，首倡「價格雙軌制」，對經濟改革做出了突出貢獻。不過經濟學家似乎有普遍轉向法和憲政的趨勢，認為純粹經濟改革似乎難以推進下去。我看維迎近年來也一直提倡憲政，這也是為什麼我們愈走愈近了。

沒有政改，經濟改革能否進行下去拭目以待，不過擦邊球還是可以打打，這個擦邊球就是財稅體制改革。財稅體制改革是這次三中全會很重要的方面。如果沒有適當的財稅、財政體制改革，很多改革包括農地流轉改革都難以進行下去。在這方面我們也請來了一位著名法學家、中國財稅法學研究會會長、北大法學院的劉劍文教授！劍文教授一直參與財稅立法，提出過很多富有建設性的方案，我一直被他這種知其不可為而為之的精神感動。

第三位是知名法學家、武漢大學法學院憲法學者秦前紅教授。他是我們這幾個人中最年輕的。前紅是我們憲法學界的「名嘴」，不僅學問做得好，口才也非常好，所以今天非常希望能聽到他對中國法治和憲政狀態，以及三中全會的分析。

張維迎：很高興跟法學家一塊討論問題，我講一下「中國經濟增長和體制改革的前景」。首先，我們對增長的判斷有兩個方面：一是趨勢性的，二是周期性的。從趨勢性角度而言，中國經過了三個階段高速成長後有一個趨勢性的下降、下調，這個下調多少，大家普遍認可的是 7% 左右，這是不可避免的。過去三十多年很大程度上是利用我們的後發優勢，這種後發優勢現在都在消失。從周期性角度來講，特別是 2009 年之後，中國政府進入了非常強的刺激政策。2009 年全世界增長都是零、負的，中國維持着 9.29% 的增長，但我們為這個增長付出了代價，這個代價還沒有付完，最大的代價還沒有到來，這是我們下一步面臨的問題。今年甚至去年、前年都已經出現了，但我們仍然用一種方式試圖避免，我覺得這沒有辦法

避免。所以從周期性角度和趨勢性角度來看，未來一兩年內中國經濟會有巨大的困難。

我喜歡引用哈耶克（Friedrich Hayek, 1899–1992）的一個比喻：一個國家如果用貨幣政策來維持增長的話，就像抓着老虎的尾巴。我們可以想像一下，抓着老虎的尾巴只有兩種可能性：一種是跟着老虎跑，累死了；另一種是把老虎尾巴放開，老虎把你吃了。今年6月份是放開老虎的尾巴，差點吃掉了，所以大家知道有「錢荒」，我們現在還抓着老虎的尾巴，但這沒有辦法持續。下一步爆發問題重要的地方在於地方債務。地方債務估計有20多萬億，很多地方欠錢還不起，政府還不起就耍賴，這會影響到企業。很多企業給政府做項目，最後給不了錢。這是從趨勢和周期兩個角度講的。

更長遠的經濟會怎麼樣？我認為有更大的潛力：市場規模，包括工業化、城市化。亞當‧斯密（Adam Smith, 1723–1790）在兩百多年前就強調市場規模至關重要，市場規模帶來分工，分工帶來經濟進步。但所有這些背後靠什麼？靠企業家，不是靠政府官員、貨幣政策。但遺憾的是，很多人仍然將維持經濟增長的希望寄托於貨幣政策、財政政策與政府投資。如果我們不能真正發揮企業家精神作用，那前面所講的7%都是有問題的。今天所有消費的東西，特別是一些新東西，我們能看出全是企業家精神所開發出來的。那企業家做什麼事？我總結了兩個功能：一個是發現不均衡。經濟裏講「均衡」是指所有資源要得到最有效的利用，但現實不是這樣的，所以企業家第一個事是發現不均衡、發現賺錢的機會，利用賺錢的機會使資源得到有效配置，所以有愈來愈多的人利用這個機會減少利潤機會，市場趨向平衡。第二個功能是打破均衡或者創造新的均衡。譬如大家使用電腦，電腦已經飽和了，靠這個賺不了錢，現在有了IPAD，這個東西打破了原來的平衡，可以賺錢。打破平衡主要是靠創新，這兩個功能經常捆在一塊。

以這樣的角度來看，過去30年中國企業家做的是什麼？主要是發現不均衡或者套利。套利有三種方式：第一種是跨市場的套利。譬如你發現四川的橘子很便宜，北京的橘子很貴，把橘子從四川運到北京就賺錢，這類企業家是商人。第二種是企業家跨時套利。預

計明年、後年這樣的東西會變得貴，現在開始生產，到時候賺錢。最典型的是在金融市場套利，金融套利行為類似於投機。我們做法學也是一種投機，我們預期我們以後可以找到好的工作，這種投機能否實現依賴於判斷，我希望大家的判斷是對的。第三種套利是要素市場和產品市場的套利，譬如很多人無所事事，但很多產品供不應求，這時候只要把無所事事的人組織起來從事生產，就可以賺錢。過去 30 年大致是這樣的，譬如投機倒把可以賺錢，鄉鎮企業可以賺錢，但這個空間現在變得愈來愈小了，傳統市場大量飽和，現在生產什麼大家都賣不出去了，飽和了，套利空間愈來愈小。即使有一些創新也是在已有的基礎上做些改進而已，後發優勢慢慢在消失。所以中國下一步真正的關鍵是中國企業家能否從套利行為轉向真正的創新。創新是什麼？是有一種想法，這種想法大部分人沒看到，你說出來不會得到認同，但你能夠把它變成市場可接受的產品或者服務，這時候你對經濟的增長做出了貢獻，自己從中也賺了錢。今天經濟成長中很多產品，30 年前沒有人想到。同樣，30 年後，國家經濟成長的主要產業和行業現在大家都想不到，這是企業家的功能。40 年前比爾・蓋茨要製造軟件，沒有人會想到它；甚至一百年前福特（Henry Ford, 1863–1947）那個時代已經有了汽車，但汽車是富貴人家、有錢人使用的產品，沒有人想到普通人應該用汽車，但福特想到普通人應該用汽車，所以創造了四輪車、自動化、裝備線。未來十年之後的經濟增長點大部分人不知道，這是企業家的功能。

那麼企業家怎麼做到這個精神能被開發出來？依賴於體制。目前而言中國體制上存在着很多障礙，大致障礙有兩方面：第一，經濟體制方面。一是國有部門太強大，國有部門的強大與市場經濟不相容，尤其像中國這麼大的國有部門，創造一種所謂的公平競爭環境是不可能的；二是政府管的太多；所謂私權與公權，我們國家的體制在計劃經濟下把私權公有化，後來改制，不斷地把私權歸還給個人，但做得仍然不好，譬如政府部門大量管制遏制了自由創造、自由創業的權利；三是金融市場的不自由，企業家的想法變成一個產品要有市場，需要大量的投資，需要很長的時間。如果金融不自由，那創新就得不到很好的資源。好在我們知道過去二十多年國外

有很多基金，譬如 PE（Private Equity）、VC（Venture Capital）進入中國，幫了中國很大的忙，但我們仍然能看到中國大量的儲蓄被無效使用，其中無效的一部分是給了美國人，帶給我們麻煩。還有一些大量資源被國有企業佔用，譬如信貸資金，國有資源拿到信貸資金的成本比民營企業要低，國有利率百分之五、六，民營企業百分之十以上。四是私有產權得不到有效的保護。這不僅僅是法律上的問題，很多是具體當中的問題，現在對待很多民營企業家都說你犯了什麼罪，把你抓起來，你的財產很快被處理掉。這本身是違法的，你處理他的財產需要法院判決，但中國不遵守這樣的規則，往往無罪釋放出來，財產卻失去了。這四個方面是經濟體制制約企業家的作用、企業家精神發揮最重要的方面。

第二，政治體制方面：一是司法不獨立，權力沒有關在籠子裏。前面說產權得不到保證，某種意義上與沒有獨立的司法制度有關。目前是有權力的人提着籠子到處關「病人」，這是一個很嚴重的問題。二是尋租和腐敗。政府權力擴大一定是腐敗的，而且我們不要以為賺錢的企業家是靠創新或者套利，其實有一部分人是靠尋租，包括我們看到的高科技，有些人搞好申請、搞好關係，就拿到國家的資源，這種情況非常嚴重。教育經費、科研經費非常多，但有效使用的比例非常低。下一步這方面需要做很多的事，需要更長遠的眼光。我們現在過分關注的是今年下半年怎麼樣，明年上半年怎麼樣。其實一個國家治國之道更多是關心未來 10 年、20 年甚至 30 年。我覺得中國未來 30 年要建立這樣一個總目標：如何建立自由、公正、法治、民主的社會。現在改革要在這個大目標前提下做。具體來講，經濟上進一步自由化、市場化；政府現在大量的權力應該被廢除，政府部門在公權範圍內不應該侵害私權。與此相關，特別要強調的是私有產權制度，私有產權制度的確立依賴於法律也依賴於司法制度，這就走到另外一個問題：政治問題。

政治上的改革，我 5 年前就提出「兩步走」的設想：第一步是憲政法治建設。憲政專家在這兒我不敢發言，但我理解的憲政不僅是資本主義的，憲政是為了限制君主權力，不是為了限制民主權利。民主需要憲政，如果民主沒有憲政就是暴政。中國不先建立憲

政體制和法律體制，那所設想的選舉和民主會很危險，有了憲政才能實行民主而且是健康的民主，所以我想中國第一階段要實施憲政法治建設，第二階段是逐步走向民主，30 年應該完成。當然這個東西可能沒那麼快，30 年、40 年都可以，但肯定要往這個方向走，而且這是執政黨的使命、歷史的使命，如果不承擔這個使命就愧對歷史。我比較樂觀，因為人類進步有時候比你想像得快，有時候比你想像得慢。譬如美國 1776 年獨立戰爭，過了 89 年黑人才獲得自由，解放了黑奴；但沒想到又過了 100 年也就是 1965 年，黑人才獲得選舉權；又過了四十多年，黑人當了總統。這很快，前面都很慢，從獨立後過了 189 年才獲得投票，但過四十年就有黑人當總統。上世紀 90 年代美國搞民意測驗，關於美國什麼時候出現一個黑人總統，我想絕大部分人認為不太可能，但結果很快發生了。所以我說歷史有時候很快，所以大家要樂觀。

問題是這樣的阻力在哪兒？大家普遍認為是既得利益的阻撓，我認為這是非常重要的。但這兩年我在思考這樣的問題：歷史上很多偉大變革經常是既得利益領導的、完成的。如果既得利益者不能變成改革者，那這個改革沒希望。現在很多有關這個問題的分析過分地受到馬克思講的階級鬥爭的觀點影響，其實關於階級鬥爭馬克思自己都沒法解釋自己，因為馬克思是為無產階級創造了內容，但其本人不是無產階級。馬克思的岳父是大貴族，他的小舅子是部長，馬克思過的生活也不是無產階級的，那時候他在英國生活，英國最高收入百分之五十的人的，平均年收入是 72 英鎊，馬克思一年收入是 300 多英鎊。恩格斯本身就是一個資本家。所以很多事不是利益決定的，我們人之所以是人，是因為我們有理念、觀念，我們相信什麼、不相信什麼非常重要。

我在今年年初講過一個觀點，既得利益點能否變成改革點？有三種可能性：一種是觀念、理念，包括中國共產黨鬧革命，共產黨的創始人沒有幾個是無產階級、工人階級出身的，大部分是地主、軍閥後代的出身，如果從利益角度沒有辦法解釋他們的行為。他們為什麼要革命？是因為他們相信了一種新理念，這種理念就是馬克思主義，所以引起了中國天翻地覆的歷史性變化。從古希臘梭倫

（Solon）的民主化改革到伯里克利（Pericles, 495BC–429 BC）改革，到華盛頓（George Washington, 1732–1799）再到中國的鄧小平，不是基於既得利益而改的，而是基於理念，甚至廢奴運動也是白人做而不是黑人做，中國婦女放腳都是男人在做不是女人在做，所以理念很重要。

第二種是既得利益之間本身的博弈也是推動人類進步、社會轉型非常重要的方面。很多變革發生時，統治階級內部的矛盾遠大於統治階級與被統治階級之間的矛盾，包括政教分離，宗教和國王的矛盾推動了政教分離。法國大革命也是國王和貴族之間的矛盾推動了啟蒙運動的出現，導致最後的法國大革命。英國，無論是 1215 年的大憲章還是 1688 年的光榮革命，其實都不是統治和被統治階級之間的矛盾，而是貴族與國王之間的矛盾所導致的。這個過程，我們現在講的民主與法治，一開始不是在社會範圍內實現的，而是在貴族、統治階級內部實現的，在統治階級、貴族之間實現的，因為他們之間有很多特權，但他們的特權互相傷害，最後大家達成一種妥協，形成相互的權利。

我們學公司法的知道，原來在西方，開公司是特權，要得到國王的特許或者得到議會的授權才能創立，譬如東印度公司，它是國王授權的一個組織。但到了 19 世紀中期（英國在 1844 年、法國在 1867 年、美國在 1842–1851 年期間），「特權」變成「人權」，成立公司不再需要通過特權，通過注冊就可以，每個人都可以注冊公司。李克強總理號召改革，包括公司注冊制度的改革，某種意義上也是從特權變成人權。所以大家不要忽略這方面，即統治階級內部的博弈。按照過去階級鬥爭的觀點，矛盾是統治和被統治階級之間的矛盾，其實不是這樣。工人階級之間的矛盾比工人和資本家的矛盾大得多，同樣資本家之間的矛盾也比其與工人階級之間大得多。反對油稅的都是美國的工人階級，而不是美國的資本家。

第三種是統治階級意識到變革的必要或者有了危機感。英國的民主化 1832–1928 年，歷時 96 年完成了民主化，英國先有憲政後有民主，是在一種危機的情況下推動的。當時首相講了這麼一段話：

「不要以為我在支持民主，這是我們的唯一出路。」他認為只有改革才能避免革命。我特別喜歡用的比喻是華盛頓的故事。華盛頓在1799年去世時，他在遺囑中要求在他的妻子瑪莎（Martha Washington, 1731–1802）去世之後釋放他擁有的277名奴隸。瑪莎在次年就釋放了這些奴隸，因為她「不想生活在那些盼望她死的男女當中」。華盛頓廢除奴隸制是一種理念，其太太廢除奴隸制是一種危機感。當然不是所有國家都這樣，譬如中國清朝死皮賴臉不改，最後想改都沒機會，來不及了，所以發生了辛亥革命。

中國下一步變革有兩個因素非常重要：一個是理念，一個是領導力。這是我這幾年一直強調的東西。理念可以正確可以錯誤，領導力可以弱可以強，最好的組合是正確的理念、強的領導力，最差的是錯誤的理念、強的領導力，當然還有次好的。強的領導力兩個極端都有可能，但變革期間沒有強的領導力真是不成。中國過去六十多年的歷史大體是這樣的情況：改革前二十五年有好的理念和一個比較強的領導力。過去十年之所以倒退是因為我們的理念倒退了，好在我們的領導力不是這麼強。未來會怎麼樣？我們不知道。現在改革阻力確實很大，但大家不要以為80年代、90年代沒有阻力、沒有既得利益集團，任何體制下都有既得利益集團，如果沒有既得利益集團，計劃經濟不可能維持那麼久，蘇聯也不可能維持那麼久。改革前二十五年和我們現在最大的區別不是沒有改革的阻力、不是現在的阻力比那時強大得多，而是那時改革動力比現在強得多，那時候有一批人從上到下以改革本身作為使命，沒有那麼多計算。現在這個東西比較麻煩，在於一個是理念陷阱，「中國模式論」是一個非常錯誤的理念，以為我們發展的三十五年走過了西方兩百年的道路在於我們的模式好，不僅我們要堅持，外國人也要向我們學。事實上，我們的三十五年改革是後發優勢，是一種寄生經濟，別人在削弱，我們在走路，我們走得很快，不能因此就說我們比別人偉大。還有一個是自由體制創造的很多觀念可以被非自由體制所使用，非自由體制在某種階段可以有很好的經濟增長，但不要以為沒有自由這個就可以持續，因為現在的經濟是建立在別人自由的基礎上，看現在所有技術成就，大部分是在電腦、手機基礎上形成的，這是自由體制下創造的，不是非自由體制創造的。

　　千帆教授講了政治體制改革、經濟體制改革的關係。有人認為政治體制不改革，經濟體制改革照樣像過去一樣可以取得一番成就。我認為這個時代已經過去了，政治體制不改革，經濟體制改革的空間比較小。還有很多人認為現有體制對既得利益好，我在幾年前有一個觀點：我們這個體制之所以要改革是因為對所有人都不好，對既得利益也不好。看看那麼多既得利益集團出事了，包括北大畢業的薄熙來，假如不是這樣的體制，他能落到這樣的下場嗎？所以既得利益一定要認識到：今天有特權但沒有人權，有特權保證你在位時可以得到別人得不到的，但沒有人權時隨時處在高度不安定中。還有觀點說國有企業是共產黨的，是經濟基礎，我認為這個觀點完全錯誤，是因為先有共產黨執政才有國有企業，不是因為有國有企業才有共產黨。如果國有企業是共產黨的執政基礎，那共產黨永遠不能執政。另外是「槍杆子裏出政權」，這個觀念也是錯的。槍杆子裏能出政權的話，那人類歷史上沒有一個政權會被推翻，因為槍杆總是掌握在現有的統治階級手裏，之所以出現問題是因為大家的理念變了。以上這些理念是阻礙我們改革非常重要的阻力。

　　領導力方面，現在的動力不夠了，因為官僚多，政治家很少。政治家和官僚是兩類人，但我們這個體制已經走到政治家只能從事官僚的地步，這意味着什麼？意味着經過官僚程序培養後，具有政治家素質的人就被淘汰了，這是我擔心的一個事。由此未來 10 年是中國改革的窗口期，之所以說是一個窗口期，是因為新一代領導人由於特殊的歷史和特殊的背景，可能保持足夠好的、強的領導力來推動改革。如果我們錯過了未來 10 年，中國下一步路怎麼走就是一個很大的問號。所以我希望經過三中全會之後，能夠明確很多我們應該做的事。過去我們說的好話已經很多，包括改革，但關鍵是落實。如果沒有落實，我想更多人會更失望，以後再好的東西大家可能也就沒有信心了。

　　張千帆：感謝張維迎教授的精彩講演。下面有請劉劍文教授！

　　劉劍文：我今天做的專題是「財稅改革的法治化推動國家治理的現代化」。三中全會《決定》出來後，我作為一個專門研究財稅法的學者，看完以後非常振奮。這次《決定》的亮點非常多，最大的

亮點是財稅改革和財稅法制的問題。這一《決定》有 2 萬多字，16
章，60 條，第 5 章專門談財稅改革問題。這裏我想要説明一點，關
於財稅改革問題，不僅僅是在第五章，第八章（加強社會主義民主
政治制度建設）、第九章（推進法治中國）、第十章（強化權力運行
自由和監督體系）以及第十二章（推進社會事業改革創新）的規定
也有很多。如果説我們這次改革有一個主線的話，是以財稅為主線。

那為什麼新一代領導人把財稅改革置於如此重要的位置？因為
財稅改革不僅僅是一個經濟改革，也是一個政治改革、一個社會改
革、一個文化改革，是一個綜合性的改革。所以在這個改革中，高
層非常重視。我們的財稅改革不僅意義重大，而且是成本最低、共
識最多的一個優秀的路徑。因為它是低調的，不過分提高人們的期
望值；它是具體的，比抽象的民主政治更容易操作；它是務實的，
可以在不太長的時間裏發生看得見的變化。新一代領導人在《決定》
裏高屋建瓴，從歷史的角度，從考慮國家未來 10 年、20 年甚至更長
時間發展的角度，考慮財稅改革的問題。

從 1994 年分稅制財稅體制改革到現在 20 年了，現在怎麼評價
1994 年的分稅制財政體制改革都不為過，因為它在推動國家經濟發
展、社會進步以及提高人民的福利待遇等方面都做出了巨大貢獻，
但它有一個最重要的特點：是一個行政主導性的財稅體制。這種行
政主導性的財稅體制，其弊端現在大家看得愈來愈清楚，其中有一
個突出的弊端是中央愈來愈有錢、地方愈來愈差錢。這在相當一段
時間裏無解。不過這次三中全會《決定》在這方面有重大突破。由
於分稅制財政體制改革接近於尾期後，行政主導必然出現，所以有
人如此形容今天的中央和地方的關係——「中央財政響噹噹，省級財
政勉勉強強，縣級財政哭爹喊娘，鄉級財政空空蕩蕩」。《決定》裏
第五章説「財政是國家治理基礎和重要支柱，是實現國家長治久安
的制度保障」。它為什麼是「國家治理的基礎和重要支柱」？它為什
麼是「實現國家長治久安的制度保障」？其實我們所講「財政」，過
去有人説是「三分財、七分政」，但我要説應該是「七分財、三分
政」。這裏的「財」是財產權利，這種財產權利既有對私人的財產
權，也有公共的財產權，而在保護私人財產權利和公共財產權利的

過程中，政府扮演着很重要的角色。因為國家要對私人徵稅，對私人徵收在私人財產和公共財產中有一個邊界。我們所講的「財政」包括財政收入、財政支出、財政管理。在財政收入方面如何收支合憲合法合理，在財政支出方面如何公開公平公正，在財政管理方面如何有規有序有責，這才是國家治理體系。

此次《決定》裏提出了一個過去從來沒有提過的概念：改革的總目標。這個總目標是完善社會主義特色制度，而且要加強國家治理體系和治理能力的現代化。那如何治理國家？治理國家需要考慮很長一段時間，過去「水能載舟，水也能覆舟」，「水」是老百姓。現在我可以告訴大家：稅能載舟，稅也能覆舟。稅的背後是什麼？財政的背後是什麼？體現了四大方面的關係：一個是國家與納稅人的關係，一個是中央與地方的關係，一個是立法與行政的關係，一個是政府與市場的關係。在眾多關係裏的核心是國家與納稅人的關係，這是國家治理的根基與基礎。為什麼我說「稅能載舟、稅能覆舟」？因為稅的背後核心、深層問題是納稅人權利保護問題。我們可以看看古今中外的歷史，英國的光榮革命、法國大革命都是因為稅引起的，中國歷史上多少次農民起義都是不滿當局的苛捐雜稅揭竿而起，因為稅與每個人利益息息相關，最容易引起一種共識、爭鳴、衝突。在這個意義上，我們可以看到，中國的陳勝吳廣起義、太平天國，國外的斯巴達克起義、巴黎公社，如果沒處理好國家與納稅人的關係，就可能出現動亂。所以要看到新一代領導人從古今中外這些事例已經看到如何處理財政與稅收的關係，通過這些關係處理國家與納稅人的關係。之所以在中央文件裏強調它是國家治理的基礎和重要支柱，其實是說我們改革開放 35 年，已經把財政從過去一個經濟環節、一個宏觀調控手段提升到一個國家治理的高度，提升到一個歷史的高度。在我們整個法律體系裏，財稅法律體系極其缺位，18 個稅種只有 3 部法律，在財政領域有很多都是空白，我們還有很多課需要補。三中全會的《決定》裏有一個重要的理念：理財治國。我們把財理好才能治理好國家。所以我們需要制定的法律在這個領域裏很多。儘管我們在 2011 年對外莊嚴地宣稱中國社會主義法律體系已經建成，但實際上，在這裏最核心的一塊是財稅體

系，在一個 40 部左右法律組成的體系裏財稅法不到 6、7 部法。在市場經濟發達國家財稅法都是重要的法律。

這些年來我們法學家虧欠了財稅法學科，這個學科在整個法律領域裏沒有得到足夠的重視。但我想這次《決定》出來以後，這樣一個領域會受到更多人的重視，它成為我們國家整個治理的基礎和重要支柱。它提出的是「實現國家長治久安的重要保障」。如何實現國家長治久安？就要解決國家與納稅人的關係問題。國家徵稅要有度，稅徵上來後怎麼使用也需要我們考慮。所以在這裏可以說，三中全會的《決定》把整個財政問題、把整個財政法治問題提到相當高的高度。財稅、財政是我們所講的強國之道。國家要強國首先要有物質基礎，物質基礎來自於財稅，這是第一。第二，我們講強國，財稅能夠實現民富國強，最重要的是我們要實現強國，需要法治尤其是財稅法。前面我提到財稅改革問題、財稅法治問題容易在社會形成共識，容易引起高層的重視。在這個意義上，新一代的領導人從一個戰略家的高度把財稅提到一個相當重要的地位，這是第二方面。第三方面，行政主導財稅體制讓位於法治主導的財稅體制。從 1994 年到現在 20 年間，我們一直實行分稅制的財稅體制。現在稅收大幅度增加，稅收收入能夠達到 12 萬億，但問題很多，我們既要從歷史眼光看 1994 年財稅體制改革，更需要從發展的眼光看。

從發展眼光看，我覺得有幾方面的問題：一是這樣一個分稅制財政體制其實就是分權，分權是分財，也就是說我們過分強調財權，而沒有強調事權，財權與事權不相匹配，造成我們現在的情況是財權上移、事權下移，地方事務愈來愈多，沒有太多的錢用，所以出現了地方債務問題。維迎教授講現在顯性的地方債務大概有 20 多萬億左右，不包括隱性的，這是一個巨大危險，對未來經濟發展是一個潛在的隱患。還有土地財政、收入分配不公，這些問題都跟財稅體制有密切關係。我們財政收入除了稅以外，還有收費、社會保障基金、國有企業利潤等，但沒有提其他方面。分稅制改革一個很重要的特點是一直有行政主導，所以財稅改革 20 年來法律特別少，形成了這樣一個力量難以調整。如果說 20 年前有多幾部法，

如果有財政分權法，就不會出現中央想怎麼調整財權就怎麼調整財權、中央想怎麼調整事權就怎麼調整事權，因為要經過嚴格的手續與程序。

在一個法治化的財稅體制裏，第八章提了一個非常重要的概念——落實稅收法律制度。現在社會上包括行政機關有一種誤解，認為「稅收法定」的「法」包括法律、行政法規、規章和規範性文件。「稅收法定」的「法」是法律，不包括行政法規，不包括規範性文件，也不包括規範。我們知道要保護人民權利，一個是財產權，一個是人身權。一般而言保護人身權的有罪刑法定，保護財產權有稅收法定。1215 年英國大憲章，就是議會和國王爭徵稅的過程中逐漸形成的稅收法定，我們叫「無代表不納稅」——沒有納稅代表不能徵稅，沒有議會不能制定法律，沒有法律不能徵收。所以在這個過程中，我們可以看到今天社會的矛盾，現在每出台一個稅收政策，大家一片質疑。當房價居高不下時，政府出台了很多關於稅收的調控政策，結果大家發現房價愈調愈高，為什麼？因為稅涉及每個人的切身利益，涉及民主法治問題，要形成共識。形成共識需要制定法律。在這次《決定》裏明確提了 6 個稅種，實際有 9 個稅種，包括增值稅、消費稅、個人所得稅、房地產稅、資源稅和環境稅。關於房地產稅是這麼說的：加快房地產稅的立法並推進改革。

我們要準確理解「稅收法定」，要理解「稅收法定主義」需要把《決定》第 5、8、9、10 章弄通，而且要把習近平總書記關於《決定》的說明弄通，而不只是讀第 5 章關於加快房地產立法的內容。房地產稅至少包括四個稅種：房產稅、土地使用稅、土地增值稅、耕地佔用稅。今天下午有人採訪我，說昨天央視報道現在房地產開發商欠 3.8 萬億土地增值稅。我覺得這個是有問題的。大家可能對房地產稅更多關注的是房產稅，房產稅是試點還是要修改《房產稅條例》，還是制定《房產稅法》？我的態度非常鮮明：制定房產稅法，不是修改條例。因為在第 5 章裏講得很清楚：要加快房地產的立法並推進改革，「立法」在前。再聯繫第 8 章，落實稅收法定原則。落實稅收法定原則有兩個路徑：一個是制定法，另一個是在暫時無法制定法律的情況下可以修改現行條例，但有一個前提，要修改現行

稅收條例應該以不增加納稅人的稅負為前提。所以在中國的稅制改革裏有兩個重大改革：一個是營改增，一個是房產稅的擴容試點。營改增是給納稅人減稅，暫時不能上升為法律可以理解。房產稅不一樣，房產稅是要給所有人的房產恢復增稅、加大稅率，這種情況下能夠修改《房產稅條例》嗎？現在整個社會對房產稅的改革沒有形成共識，我們靠什麼形成共識？靠立法。國家徵稅過程中不僅要考慮徵收目的的正當性，還要考慮程序的正當性，稅種怎麼出台也要正當，這樣的正當才能形成共識，而且立法既是一個結果又是一個過程。我們為什麼不能用兩三年時間讓整個社會通過各種利益博弈，最終形成共識，有利於自己？

2011 年，當時在重慶和上海試行房產稅試點時，14 名稅法教授聯名向全國人大常委會要求進行合法性審查，認為重慶和上海兩地試行房產稅改革試點不合法。為什麼不合法？因為按照《立法法》規定，授權立法不能轉授權，但現實是重慶和上海兩地例外。這樣一種合法性審查提上去後，過了幾天，全國人大法工委一個主任打電話問我是否認識牽頭的教授。他一問我就知道是怎麼回事，因為當時提時，教授們問了我的意見。我的意見是，千萬不要讓媒體炒作，否則後果不堪設想。房地產立法還有一個問題，重慶和上海兩地房產稅試行快 3 年，效果怎麼樣？去年整個重慶市徵收了 1 個億的房產稅，上海徵收了 24 億。去年我給重慶幹部講課，問重慶市地稅局的幹部重徵房產稅效果怎麼樣，他們答效果不好。我問是否合法，他們異口同聲地告訴我不合法。當稅收政策涉及千家萬戶利益時，能不能通過行政的方式進行？這會引起整個社會的質疑、批評。這就成為影響國家穩步穩定的重要因素，所以提出要實現國家治理。而且《決定》第 30 條要求加強對規範性文件、重大決策的合法性審查，要求加強對法規、規章、規範性文件的備案審查，這就明確告訴我們關於房產稅改革應該先制定法律，而不是試點或者修改房產稅條例。從現在高層反響來看，很多方面大家可以看得很清楚。當然，財稅體制改革法治化還有一個《預算法》的問題。《預算法》去年 8 月份進行二審，二審後專家提了很多意見，其中一個重要的問題是：《預算法》的宗旨是什麼？是管理社會的工具還是規

範收支行為的法？專家們認為《預算法》首先是規範政府的收支行為，把財力管住了，腐敗、貪腐會少很多。

從這個意義上講，財稅法對於國家未來的治理意義非常重大，涉及的領域非常廣。如果大家有興趣可以從頭到尾來讀，甚至還包括我們這次所講到的事權與支出責任相適應。什麼叫事權與支出責任相適應？過去是中央請客地方買單，事權與支出責任相適應，誰請客誰買單。所以上面對中央的事權、中央與地方共享的事權和地方事權逐漸明確化，這樣能夠解決未來地方債務的風險問題，逐步化解地方問題。當然按照三中全會的《決定》，財稅改革並不是一步到位的。習總書記在說明裏專門說財稅體制改革很複雜，所以要逐步到位。所以真正要實現財稅改革的法治化，可能需要 5 年到 10 年時間。我們要通過這樣一個財稅改革法治化來推動國家治理的現代化，這才是我們所追求的。

張千帆：感謝劉劍文教授。他回歸主題——三中全會對財稅體制的改革。總體上他比較樂觀，但他也指出了中國財稅體制行政主導的顯著特點。其實就在 3 天之前，咱們校友李克強總理簽發了第 642 號國務院令《國際收支統計申報辦法》。這應該是相當大規模的稅制改革，我們學美國辦法，簡單解讀就是大家的海外存款也將被納入徵稅的範圍。國務院一個命令就把這麼大規模的改革給完成了，非常突出地顯示了我們行政主導的稅法體制。劉老師也說，財稅改革是介於政治和經濟之間的改革。在政治體制不動的情況下是否改得動，我們拭目以待。

最後，有請秦前紅教授！

秦前紅：談三中全會的解讀我有很困惑的地方：為什麼三中全會報告一出來，學者就當然地把它設定為改革願景和改革路線圖的前提。為什麼會有這樣一種邏輯？在西方社會裏一個政黨會提出政綱，政黨代言人也會向國會提出國情咨文，但一定有程序轉換，我們為什麼當然地將其作為改革前提或者改革路線圖？這在憲政層面上需要考量。本次十八屆三中全會，張維迎教授解答得很智慧，是

從一個經濟學學者的角度，我們沒有辦法超越。起碼在當下中國談憲政問題，我們搞憲政的學者沒有超過經濟學學者的，沒有超過楊小凱，更沒有超過維迎教授。劍文教授比較樂觀，我表達我們的一種憂慮。

十八大在我看來，其表述的新意不過是兩個方面：一個是「法治中國」的說法，一個是「人權的司法保障」的說法。「法治中國」這樣的表述，我更願意解讀的是兩種邏輯：一種是回應「中國夢」的表述，一種是可能適用了鄧小平曾經所講的改革策略。鄧小平說他有一個偉大的改革，叫做「不爭論」。今年恰恰有一個重大的關於憲政的爭論，在憲政裏經常劃派，有的說把（賀）衛方劃普世派，（張）千帆是憲政現代派的右派，我被劃分成中左派。另外我覺得「法治中國」和「憲政中國」的表述別無二致，但用「法治中國」的表述迴避了某種爭論，呼應了社會法治的需求問題。「人權的司法保障」是在我們執政黨的文件和公報裏第一次這樣表述，我覺得這樣一個表述起碼表明一個重要問題：讓司法脫離，為人權加持，這很重要。就在三中全會之前，國務院新聞辦在武漢大學弄一個關於人權的討論會，羅豪才教授去了，國新辦也去了領導。武漢大學舉辦會議的人信心滿滿地說校長、書記、領導一定會出場，可一個人沒有出來，為什麼？因為對人權諱莫如深。一個號稱支持、幫助人民當家作主的執政黨，第一次以正面的表述來接納、肯定人權是在什麼時候？是 1990 年國務院關於人權問題的白皮書。之後加入了《世界人權憲章》、國際人權 A 公約、B 公約，並在 2004 年把「國家尊重和保障人權」寫進憲法，但人權一直沒有被尊重，以致於現在在國際輿論上，譬如戴卓爾（Margaret Thatcher, 1925–2013）等很多人說中國是一個不值得尊重的國家，也是一個很可怕的國家，因為它是低人權的。

人權、憲政是一個國家出生的準生證，也是一個國家的護生符。如果一個國家排斥「人權、憲政、民主」的口號，是把自己排除在世界潮流之外。過去對人權的保護路徑主要是立法保障和制度上的確定問題。但所有的，無論是法科學生、念經濟的學生都知道，寫在制度上的都是紙上的東西，要使紙上的權利變成現實權

利，一定要有司法，沒有司法的保障談什麼人權？過去很長一段時間裏，訴權受限制，不受保障。計劃生育產生很多甚至大規模侵犯人權的問題，但去法院告，法院不受理；網絡刪帖不可以告；2008年關於勞動合同糾紛、企業破產糾紛法院也不受理。早先訴權的限制是政治對司法的干預，後來變成司法策略性的東西，司法要把禍水外移。最高院頻頻用這樣的策略：哪一類案件我們不予受理。所以「人權司法保障」在這次三中全會公報出來後沒有那麼樂觀，公報出來後股票下降 1.83 點，有人說是對應十八屆三中全會。《決定》出來造成股市反彈。另外是決定對改革提出了很多具體清單問題。

我覺得本次關於法治的闡說有幾點需要我們認真對待。

第一，本次報告裏提出了關於國家治理體系和治理制度的現代化問題。法治在這樣一個治理體系和治理制度裏是如何安身立命的？如果這個治理體系和治理制度的現代化，是法治的一個目標，這大概沒有問題。如果在治理體系和治理制度的現代化裏，法律只是下降為一種工具呢？當然法律在過去一直是工具，但起碼在十五大後，1998 年的修憲講「依法治國，建設社會主義法治國家」，在這樣的表述裏，法治既是手段也是目的。維迎教授講改革需要一種路線圖、需要理念。孔子講人有三種類型：有才有德謂之聖人，德高於才謂之賢人，無才無德謂之小人。還有一種情況是才高於德，能力很強但理念錯了，一定會出現南轅北轍的情況，大大違背我們的預期。維迎講了三個著名的「十年」：體制改革是停滯的十年，和諧社會是失去的十年，經濟發展是高速的十年。我曾盜用他的邏輯，加了一句話「我們過去是法治嚴重倒退的十年」。威權主義改革容易在中國社會裏獲得一種期待，但在當下特殊時期我們要對威權主義保持幾分審慎：一是社會利益多元化時，威權主義會使改革落入歧途；二是威權主義一定會解決不了經濟學所說的信息不對稱問題；三是威權主義沒有社會層面的動員，為福權力比較大，但為禍之害、為禍之念可能也比較大。

關於法治發展的第二個問題是怎麼看這個司法體制改革問題。千帆教授說司法體制改革是本質、是十八大改革的亮點。我不太

同意這樣一種解讀，這次確實有進步，有比較明確的理念以及路線圖，但司法體制改革一定有兩個方向：一個方向是在憲政框架下討論司法體制改革，一定要與民主匹配，跟整個權力架構良性配置匹配，姑且不談政黨、不談軍隊，但它一定是憲政的架構。中國號稱已經建立了法律體系，對權力的監控、防腐敗的設計可謂苦心孤詣：對一個人防腐敗甚至把他老婆調動起來，黨和政府只能管你 8 個小時，讓老婆管你剩下的 16 個小時，但腐敗依然高居不下。為什麼？我有一個觀點：民主和法治是雙向馬車，只有民主才能讓權力謙卑，僅僅靠法律制度不能完全把權力關進籠子裏。台灣社會，每到一個選舉時，馬英九或者其他人拜票時，手骨折，還要面帶微笑，儘管臉部已經僵硬，但還要做，因為選票在老百姓手上。我們這麼多制度不能解決問題，可能有沒有參與選票的問題。儘管制度設計得很周全、很詳細，但制度不會發揮實效作用。

司法體制改革的路徑是什麼？我們通俗解釋為就是一種技術性調整。這次三中全會所講的司法體制是在所謂制度自信的前提下去做技術性的調整。當我們看到技術性的調整，不要深思熟慮，只要稍稍想，都會有很多障礙問題。譬如第一個改革，我前天看微博，微博上有一句話：「當下中國面臨的改革最大困難是法律太多。」司法體制改革，現在進行改革跟 80 年代進行改革不一樣，80 年代我剛進入法科學習，很多人經常問法律怎麼學？需要背誦嗎？我們說可以背誦，因為那那時候就是「九法一律」，改革徑路是政治和法律並行。現在面臨的情況是我們有將近 400 部法律，將近 800 部行政法規，將近 8,000 部地方性法規。所有的改革者，不要指望他是一個所謂的理想主義者，也不要指望他是一個勇敢的鬥士，他都是很精緻的利益權衡者。他去改革，僅僅有一個三中全會的《決定》，沒有具體法律的變通，一定會導致政令不出中南海。過去很多經濟界學者，包括中國官方智囊提出股權激勵問題，對科技創新要有股權激勵，但沒有一個地方政府有一個股權激勵。我過去做武漢人大常委時討論這個問題，但政府不敢給，給了會擔心國有資產流失，回來追究你的法律責任。在龐大法律群已經形成體系的情況下如何尋得法律空間是很重要的問題。

　　基於上述立場，我們改革在法治層面的思路怎麼體現？80 年代陳雲在講計劃經濟和市場經濟關係時，曾經用「騰籠換鳥」的形象比喻。其實當下中國和法律關係問題也有籠和鳥的問題，鳥不能捏在手上，會把它捏死；但也不能讓它漫無邊際，沒有籠子會讓它跑了。要既給它自由，也有規制。過去中國改革是所謂的良性違法、所謂的目的合適手段不論、只講究結果不講究過程和程序，這是我們儘管有很多法律，但只不過是改革背書而已的原因，法律沒有起到為改革引領、為改革指路、為改革限制邊界的作用。當下中國改革也會面臨這樣的問題，你是依軌、變軌還是完全脫軌，脫軌會給社會帶來巨大的不可預計的東西。我們採取良性策略是變軌。這次司法改革有一個重要亮點是省內同管，省內司法人財物的同管跟《憲法》第 105 條、《監督法》《組織法》《民事訴訟法》《法官法》《檢察官法》都是衝突的，怎麼來變？這種情況下首先要厘清、修改憲法，可在修改憲法時一定會面臨着一個悖論：憲法是將對社會關係的調整中最成熟的內容上升為憲法進行規制。假如一個改革還沒有開始試錯，你都不知道產生結果是否好，立馬匆忙地把憲法修改了，這不是一種可取的徑路。但不改，又面臨着直接的、顯性的、鮮明的違憲的情況。

　　另外，講省內同管問題，這次所有改革，我個人解讀有一個目標傾向：加強中央權力，控制地方諸侯。有人說是保障人權，有人說是防止民變，但起碼有一個共識是加強中央控權。加強中央控權有很多路徑，譬如在黨內改變體制，在司法裏加強區域司法的地方化問題，在行政層面上劃分所得事權，把稅收、工商多的由省直管。可有沒有想過，在中國社會裏中央集權有當然的正當性嗎？我們稱之為地方化和地方性的東西完全就沒有合理性可言嗎？這次改革設計的路徑是省內同管，省內同管能否達成去地方化的目的？過去地方司法的地方化恰恰以省為版圖表現出來。譬如地方遇到壟斷問題（到縣市以下沒有國企），大的製造業以省為單位，湖北不買上海的大眾汽車，上海不買湖北的神龍汽車，以省市確認，作為去地方化的途徑其實就確認了一種地方化。

中國司法改革到了今天要提出「四五改革」綱要。1999 年肖揚第一次提出司法改革，到 2004 年司法改革，他的改革意志和改革目標與今天所說的有異曲同工之妙，但為何肖揚所主導的改革戛然而止？有很多層面的因素，其中重要的因素是肖揚所主導的 10 年改革效果不佳，所以才有王勝俊上台後的矯枉過正。在中國如果沒有憲政框架的東西會很可怕，譬如公安部在進行網絡整治專項行動時，司法為專項行動背書，迅速出台一個司法解釋，一個司法解釋不夠又補一個司法解釋，為公安打擊行動背書。這樣的司法權力是一個我們可期待、可信賴的權力嗎？而且省內主管一定會導致司法的高度行政化問題。曾經我給當地法院專門做一個講座，我專門說「法院到底離憲法有多遠」。法院這樣一種直管問題，沒有一個大的框架性的設計，沒有黨政關係或者其他關係的所得、累積，當一個法院院長今天想做一個憲法院長，明天想做一個中級法院院長，以後有更大發展空間時，一定會想着跟他同級的市長或者書記一樣去省裏做常委，還有可能做更大的官，一定會揣摩他的意圖。當以編制進行省內同管時，會突然發現法院的法官、法院院長的孫子要上幼兒園，要收很高的費用，很多幼兒園進不去。因為法院、檢察院有權，要出更多的錢，這都使大家對法院和檢察院產生質疑。所以當我們談司法改革時，不要樂觀。

張千帆：下面我們還有一點時間互動，大家提問。

提問：我來自清華大學法學院，首先感謝各位老師讓我在這樣一個平常的夜晚感受到學術的光芒，我有兩個小問題：第一個問題請教秦前紅老師，剛剛張維迎老師講到民主應該在法治的框架內進行，你講到對於權力的控制，法治可能不夠，需要民主進行補充或者加強。這就涉及民主和法治之間的邏輯關係，我想請問你是民主先行還是法律先行。第二個問題給張維迎老師，你講到要把權力關在籠子裏，我把權力比作老虎，要對老虎有比較好的理解，要了解其本性或者天性。在你來看，共產黨手中的權力真正來源是什麼？

秦前紅：謝雖然從世界範圍內講法治民主發展有不同路徑，譬如維迎教授也提到英國是憲政先行，民主很晚近。我個人的觀點是，中國當下的情況應該是民主和法治並行，沒有的話會大打折扣。譬如十八大司法體制改革問題，司法體制改革將地方人大的權力都集中在省人大，地方人大在現有的資源中沒有人事任免權，和黨管幹部相衝突，沒有辦法決定，監督權表現為對法院進行監督。可你們要知道，將權力集中到省人大，或者最理想化的一種改革集中在全國人大有正當性嗎？因為全國人大和省人大並不是由民主選舉出來的，假如一個高層層級的人大本身就是一種官僚架構，這種改革的路向選擇一定不能達成我們的改革目標。

張維迎：我想我們倆對這個問題並不是那麼矛盾。我剛才講的憲政法治先行，不等於這個過程中就沒有任何民主的因素，民主是一個過程。我倒想強調一下，最初強調是限制君主的權力，後來到民主，民眾選舉，多數人同意，幹嘛還要限制他的權力？所以這就出現了後來反憲政的運動，在過去一百年前很盛行，最後出現了希特勒，這是人類很重要的教訓。如果真要搞民主制度，憲政非常重要，否則從古希臘開始包括柏拉圖這些人為什麼批評民主？主要是說民主是多數人暴政，怎麼防止民主變成多數人的暴政？就是法治、就是憲政。在這個意義上，把法治建設放在之前才可以，否則像我們這樣的國家沒有基本的法律觀念、沒有建起法治理念，我真擔心我們的民主就是暴政，而且民粹主義非常危險。廣義的民主包括憲政含義。

與這個相關的是權力合法性問題。從歷史上看，統治者權力合法性無非是這幾種：一種是上帝賦予權力或者天子受天命來統治社會。另外一種是傳統，由於你老子統治，所以兒子可以統治。現在西方是民主制。上帝賦予的權力在人類歷史上有很大的進步意義，因為君權神授是教會對世俗統治的干預，所以一開始是反教會統治，我作為國王的權力是上帝給我的，憑什麼聽你的。後來才出現君權民授，權力來自人民，與君權神授對立。中國從古代開始，更多強調統治者在做什麼。如果統治者是為人民服務就有正當性，如果不是為人民服務就沒有正當性，儒家就講到這樣的觀點。所以統

治者不是為人民服務，人民有權利推翻你，這是中國過去兩千年的事實。中國人過去的權力是打下來就有正當性，流血犧牲就有正當性，這種正當性我覺得有問題：第一，人類愈來愈不再認為通過流血建立政權是正當的，儘管歷史上大家認為是正當的。第二，即使通過流血建立的政權是正當的，隨着時間推移也不能老吃老本，不能以此為基礎。

第二個正當性是我不管你的權力怎麼來，這不重要，重要的是為人民創造了利益，使人民生活安定，比較安全、幸福，我想這是鄧小平想做的事。鄧小平已經意識到沒有辦法只按原來的權力來源執政，所以要形成新的正當性，就是給人民帶來好處。現在有一個問題，我們從民眾的需求來講，物質是一方面，物質到一定程度後，人不僅僅只需要物質的東西。如果一個政權只讓你有飯吃、有衣穿、有房住，一定階段可以，但過了一定階段後可能有問題。所以下一步不管怎麼樣，中國這個需求會相當大，人到中年，中國到中年，人民就會追求自由，憑什麼不能想不能說？人們天賦的一些基本權利我們要承認。如果始終不承認個人的天賦和權利，包括言論自由、思想自由、宗教信仰的權利，那我覺得任何統治的正當性都會受到懷疑。我想不管怎麼樣中國要找到一種體制，而且政府不可能不犯錯誤，民主制度也會犯錯誤，所以我認為自由比民主更重要，如果沒有自由，只有民主，以投票解決問題很危險，尤其在政府掌握太多權力情況下，籠子的收縮性就特別大。這是一個很重要的問題，希望你們來繼續探討。

提問：我想問的是關於經濟學方面的問題。今年上半年開始，郭樹清省長帶着三十多個金融小夥伴在山東轟轟烈烈地開展金融體系改革，張老師你覺得山東經濟改革面臨的優勢和短板是什麼？你說自由很重要，那在山東經改中能否實現地域的市場化？關於政策的延續性，山東經改的政策是否能夠延續下去，這是中國很多地方所面臨的問題。如果能延續下去，對未來十年有什麼影響？

張維迎： 這個問題我沒有辦法回答你，因為我對山東的情況知之甚少，但我相信郭樹清是一位具有改革精神的領導人。我用剛才的話講，他的理念沒有問題，至於能走多遠不好預測。中國改革很多是從地方政府開始的，現在談到所謂頂層設計，我不是說頂層設計完全不需要，但我覺得任何改革都要發動民間的力量，頂層只是一個框架，真正的事需要民間做。如果中國有很多個像郭樹清這樣的省長，中國改革會完成很快。在這裏我要告訴你，30 年前、20 年前這樣的省長比現在多得多，現在官僚化很厲害。另外，我們看改革成功與否不能以改革領導人本身的最後結果看，商鞅最後五馬分屍，但商鞅的改革是成功的。有小動，我們就儘量把它變成大動，變成一個大門。如果你做不到，但你做了一遍，下面的人繼續做，使理念不斷變化，如此才有真正的穩定的體制。我相信任何體制最後的穩定，沒有普通大眾理念的變化是不可能的。

> **提問：** 我想請教張維迎老師，你 80 年代在體改委工作過，那對這次三中全會新建的全面深化改革領導小組怎麼看？

張維迎： 我認為這個小組很重要，很多時候我就在呼籲必須改革領導機構，這個機構必須有權威性，有專門人做這個事。我們的體制，簡單說各部門間的利益很多。80 年代有一個體改委，各部門的改革方案最後經體改委的認可才可以，如果體改委不認可，方案要拿回來重新做。90 年代後期到 2003 年體改辦多取消了，變成發改委後，這個發改委只講發展不講改革，只搞投資，不改革體制。各個部門自拿自唱，名義上說要改革，但實際上只是聽聽，而且各部門之間有默契，最後變成反改革，不斷強化權力。所以很多經濟學家都在呼籲這個事，譬如吳敬璉教授等。這次成立小組是一個很積極的信號，但這個小組最後怎麼運作包括怎麼組成，是一個虛體還是一個實體，我們現在都不太清楚，只能等着看。

> 提問：我看過錢穆先生的《中國歷代政治得失》，他裏面提到一
>   個觀念，在中國，制度和人事往往不是那麼一回事，人事
>   更重要。中國有很多好制度，由於人事關係，制度不能得
>   到很好的施行。你對中國人事變好有什麼想法？

劉劍文：幹部裏有權力監督問題，有完整的體制。中國財稅法治是反腐治本的關鍵，要通過控制財權來控制人，這是反腐的目標，而且這一年這方面的效果比較明顯。

> 提問：我在一個央企工作，我們現在也在提倡內部的調整，我
>   想問下張維迎教授對國企改革這一塊有沒有獨到的見
>   解？

張維迎：國企改革我談得太多，現在這方面的文章都不寫了，因為我覺得該說的都說完了。這次三中全會對這塊突破不夠，對國企的認識還是模糊的，我相信一個國家將國有企業放在經濟的主導地位，就不可能建立市場經濟。另外，在國企主導情況下，帶來公平、道德方面的問題，甚至帶來就業的問題。我們現在由於有強大的國企，很多人認為去私有企業工作不是工作而是打工，到國有企業才是工作，這加大了就業難度。我希望下一步國企改革有一些動作，僅僅是現在提的這些，我覺得不夠，包括控股所有制。控股所有製作為一個過渡方式可以，作為一個持久制度不可以，否則是國家資本壓迫私人資本，或者私人資本侵害國家資本。其他東西我講不出什麼，我要說的是國企改革技術性東西很簡單，問題就是政治決心問題、觀念理念問題。如果我們繼續相信國有企業是共產黨執政的基礎，繼續相信市場經濟可以建設在國有主導的基礎上，那這個不會大突破，提出的階段性目標也不會實現。

> 提問：我想請教張維迎老師，你提到在改革時理念很重要、執
>   行力很重要，後來說自由市場、自由產權這塊比較重
>   要。現在看上海自貿區都提到這個概念，理念層面至少
>   在自由市場這一塊是正確的，問題是力度這一塊會怎

樣？在上海關於自貿區的社會反映不是很到位，現在成立了中央改革小組，又是一個加強集權的過程。請問你對一個自貿區、一個小組、對政府的執行力度怎麼看？

張維迎：我覺得自貿區是好事，我希望全中國都變成自貿區。

提問：我想問張維迎老師一個問題，關於國有企業、執政黨執政還有市場自由跟創新的關係。絕大多數國家都有國企，只不過是多與少的問題，我同意國有企業改革，但我想問一下國有企業改革到什麼程度才不影響到自由和創新？

張維迎：你說得沒錯，沒有一個國家是沒有國有企業的，只要有政府就會有一些。其實很多方面有需求，而國有企業提供得很少。現在說的國家安全，你說美國國家安全做得好還是中國國家安全做得好？我想大部分人會說美國國家安全比中國做得好。美國武器、軍事的生產都是私人企業不是國有企業，所以不要拿國有企業與國家安全的關係說事，可我們國家恰恰關鍵的地方都由國有企業來做。我們國家、政府、社會，一打國家名義和政府名義就高尚了很多，可政府、國家會決策嗎？不會，所有決策的都是人，這是經濟的基本問題。所有決策無論以什麼名義做出，都是人做出的，那憑什麼這些人代表國家就高尚了，代表私人就自私卑鄙了？這個觀念要破除，個人能做國家安全戰略的事，個人可以管國家，企業為什麼不能管？凡是國家能做的事，理論上沒有個人不能做的，凡是國有企業能做的事，私人企業就能做。

現場：煙草行業不能做。

張維迎：煙草可以控制，控制不等於由國家去做。這需要特許，特許必須通過公開的拍賣、競標。我們電信行業有三家，很賺錢，但這屬於特權賦予的。譬如英國在十幾年前就拍賣 3D 的牌照，一拍就拍了 400 億美元，這 400 萬億美元用於支持教育。我們國家有那麼多特許的稅收，政府收到一份特許費嗎？煙草沒有。我們電

視台收到特許費了嗎？沒有。電信收到了嗎？沒有。這些如果賣給私人反倒可以拿到一大筆錢。現在北京市的出租車是特許經營，特許費哪裏去了？紐約出租車特許經營賣出的錢是政府收入，我們去哪兒了？如果公開拍賣出租車特許經營，北京一年的財政收入會增加十幾個億。所有衞捍衞國有企業的理由都不能成立，而且結果恰恰相反，包括對執政黨，因為有可能恰恰是執政黨的禍害。建立了社會效益、建立了社會公平，也就建立了執政黨政權的正當性。誰不相信的話可以做一個實驗，如果所有私有企業變成國有企業，我覺得共產黨政權很快就不行了。反過來，國有企業私有化、民營化後，共產黨的權力更鞏固了，因為這給人們帶來更多的實惠。譬如一個家裏有五個兒子，有一個兒子好吃懶做，另外四個比較勤快，這個家能過得過去；如果三個兒子都好吃懶做，這個家就不能過下去了。

張千帆：總的來講，中國改革還是有希望的。三中全會《決定》說得還是不錯的，現在就看怎麼做了。千萬不要像憲法那樣，有憲法沒憲政，甚至還要反憲政；千萬不要有決定、有方案，沒行動甚至反行動。至於走到哪一步，不完全取決於頂層設計，不完全取決於官員理念，也取決於大家對他們有沒有足夠的期待與壓力。

四
行政壟斷與國企改革

時間： 2015年11月12日晚

地點： 北京大學法學院凱原樓307會議室

主講人

盛洪： 經濟學家、山東大學經濟研究院教授，曾任北京天則經濟研究所所長，中國社會科學院經濟研究所副研究員。致力於宏觀經濟理論、產業經濟理論和制度經濟學等領域的研究。

陶然： 中國人民大學經濟學院教授，漢青經濟與金融高級研究院副院長。主要研究領域為政治經濟學、公共財政、農村基層治理、城市化過程中的流動人口與失地農民，以及經濟、社會可持續發展。

何海波： 清華大學法學院教授、博士生導師，中國行政法學研究會常務理事，中國行為法學會軟法研究會副會長、北京市人民政府行政復議委員會委員。主要研究領域為憲法學、行政法學。

蔣大興： 北京大學法學院企業與公司法研究中心研究員，博士生導師，著名公司法學者、「長江學者獎勵計劃」青年學者。主要研究領域為公司法、商法總論、私法倫理。

張千帆：改革三十年來，國企改革一直是一個主旋律，而且國企改革的方向和成效關係到千家萬戶的切身利益。國企改革事實上不只是一個經濟問題，同時也是憲法問題，我們看憲法歷次的修改、四次修改都涉及國有企業和民營企業之間的相對地位問題，在憲法意義上也是很重要的一個問題。

歷年來，執政黨的改革方案都是一個重中之重。只是最近一二十年以來，國際改革的方向受到了一些質疑，國進民退好像越來越厲害，包括最近十八屆三中全會、最中全會所發佈的報告當中都反映了國企改革的迫切性，但是能否從根本上扭轉國進民退的趨勢，還不知道。今天非常高興請來幾位著名學者來探討行政壟斷與國企改革問題。盛洪教授是著名的經濟學家，長期擔任天則所的所長。天則所在今年是 22 年，對重要的經濟問題、社會問題、法律問題、政治問題都產生了很多重要影響力的建言。盛洪教授對於國企改革尤其有研究。

今天的三位評議人，恰好也是我認為在各自領域最看好的中青年學者。人大經濟學學院的陶然教授，多次發表過「盛世危言」，聽得我冷汗直冒。北大法學院的蔣大興教授，民商法和經濟學方面的專家。還有北大畢業的、現在在清華法學院研究行政法的何海波教授，都是非常有思想的中青年學者。參加今天研討會的還有牛津大學博士畢業的彭錞博士後和新啟蒙公民參與立法中心主任熊偉先生。

盛洪：很高興跟法學院的教授們、同學們交流。我經常跟法學院的教授和學生們打交道，去年也來過，法學院我經常來，94、93 年的時候去的是芝加哥法學院，現在也經常讀法學家的著作，覺得法學就是我的學科領域之內的內容。很多人會說，我們是經濟學「帝國主義」，我記得粟米說過「我們歡迎經濟學帝國主義」。我覺得法律是一種制度，我的專業是制度經濟學。如果研究制度不研究法的話，會有很大缺憾，而且是非常重要的一個方面，所以我經常跟法學院的同仁們一塊交流，也經常多看看法學教授的論文。

今天講的題目是千帆教授給我的命題,關於國企改革和行政壟斷。我的題目是「改革國企與打破壟斷」,動詞在前面,國企和壟斷在後面,它們是賓語,是要被改革和被打破的,和國企改革、壟斷打破是不一樣的。

首先稍微講講近幾年,從 2010 年開始,天則所對這方面進行了研究,現在這方面大概有三個研究報告,一個叫作國有企業的性質表現和改革。2011 年我們就發佈了,今年又發佈了第二版,第二版對數據進行了更新,更新到 2013 年。這個在網上能看到。還有一個報告叫「中國行政性壟斷的原因、行為與破除」,這是 2012 年發佈的,網上也能看到。再一個報告是專門對石油領域的問題、國企和壟斷問題進行的研究,題目叫「成本油市場放開的理論研究與改革方案」。這是 2013 年。由於我的內容主要取自於這些,而今天時間非常有限,會講得非常簡短,如果大家有什麼問題或者更詳細地瞭解,可以上網看。當然,在國內非常可悲的是,三個報告都沒有用中文以書的形式出版,但都以英文的形式在國外出版了,大家想看英文的話,可以在亞馬遜網站上買到。

先講問題。這個問題怎麼研究?我們拿的是國家統計局給我們的官方數據。這個數據有很多問題,要直接去看的話看不出毛病。

數據包括有工業增加值四個部分,其中一個部分是盈餘,類似於利潤。這個利潤大概有 21%,非常好。國家統計局給我們的數據非常好。但我們認為這個數據值得懷疑,所以做了一個更具體的工作。我們怎麼做的呢?我們知道國有企業有幾個方面的成本沒有算進來,第一是無償佔有了我們的土地,不交地租;第二是開採我們國家的自然資源,那是國有的,自然資源要交稅,礦權使用費,在中國給得非常低,相當於價格的 1%、2%,在伊拉克是 50%,中國條件不好,一般是 10%,差距很大。再一塊是佔有了大量的低息貸款,貨幣是一種稀缺的資源,關鍵在於他佔有了非常大的資源,而且以非常低的利率。還有一塊是政府補貼。我們把這四塊去掉了,原來這個餅的利潤部分就沒有了,甚至還有某些虧損,虧損多少?相當於工業增加值的 1.65%。表面看着很好的一張餅,實際上是虧損的。

我們大致描繪了這樣一條曲線。上面一條曲線是對國有工業企業淨資產利潤率的描述，根據賬面利潤率劃的一條紅曲線，看起來還不錯，大概百分之八、九左右，也不是好。做了上述的扣除後，下面我們認為是真實的淨資產收益率，大部分低於 0，也就是說是負數。這是真實的描述。所以一個簡單的結論，我們 2011 年做出來的國有工業企業是虧損的，是無效率的。第二個是不公平，一是土地不公平，無償地佔有國有資源，佔有了大量的國有土地，不交地租，甚至地租收益可以進到國有企業的腰包裏去。這本來應該是進國庫的，也就是說他在實際享有國有企業的土地收益。

計算下來，這些年來各年少交地租多少呢？大概有 3,000 億到 6,000 億左右。2010 年到 2013 年平均是 4900 億。還有優惠低利率貸款，低利率和數據，這個數據是社科院經濟所劉曉玄教授（音）提的數據，他提出國有企業平均實際利潤是 1.6%，為什麼這麼低？因為大量佔有了其他企業或者在上游或者在上游的資金，因為它處於壟斷地位，給他供貨了，付款時間會拖到很後面，或者買了他的貨先支付了，不給我送貨，佔有了大量的其他民營企業和中央企業的資金，1.6%。其他企業家庭平均，大概是 4.68%。我們是按這個數據來估的，應該是一個市場平均利率的。這樣一估，差距非常大，2001 年到 2013 年差了 5.7 萬億的水平。

還有少交，譬如石油，每噸平均起來給 26 塊錢。實際上中國的《石油合資企業條例》規定最高收 12.5% 的礦權使用費。當然不按這個數算的，是按 10% 算的，還是少交了，我們把少交的部分算出來了。

還有是政府補貼。1994 年到 2005 年大概有 3,600 億，2007–2013 年是 2,700 億，有六、七千億的補貼。

有很巨大的賬面利潤，2001 年到 2013 年是 12 萬億的水平。這都是少算成本和獲得政府補貼獲得的。現在姑且算它有這麼多賬面利潤，但他交沒交是個問題，基本上沒有交，1994 年到 2007 年一分錢沒有交，這在國家統計年鑒上可以看到。很可惜這個數據到 07 年以後就沒有了。我們國家的統計年鑒服從熱力學的第二定律，商業

值增加，突然這個數據那個數據就沒了，不知道這是為什麼，而實際上我知道為什麼。

08 年以後改了制度，說每年要上交，最多是 10%，最低是 0，還有 5%，每年大概交三四百億、五六百億、七八百億都有可能。最重要的是，交的這些又投資回去國有企業。這張表把 2008–2013 年交的和投回去的全累加起來，剩下的餘額是 297 億。297 億什麼概念？這些年賬面利潤，2008 年到現在，按財政部的統計是 11 萬億，11 萬億的 297，大概只有百分之零點幾，幾乎等於沒有交，這個利潤可以說一分錢都沒有，因為這 297 明年還會投回來，所以基本上沒有的。所以對國企的概念，大家應該有了。

沒交的利潤去哪兒了？他們可能說沒交的利潤投資了，可從簡單的數據就可以看出那是不對的，為什麼？國有工業企業的賬面利潤，從 2001 到 2013 年是 12 萬億，但是增加的淨利潤是 9.5 萬億，至少有 2.5 萬億對不上。當然這兩個數不能直接對，因為淨資產包括很多東西，包括無形資產的價值，譬如開採權、土地資產等，那是隨着資源價格而上升的，國有企業開採油田的開採權，油田價值和油價相關，油價上漲，我的淨資產就增加了。這是一個很大的缺口。那麼到底哪兒去了？我們估了一個數，這個數是倒着估過來的，因為我們看不到國有企業人均報酬是多少，但我們倒算，從工業增加值倒算、反着算給算出來。算出來多少？2013 年大概是國有企業人均報酬（包括收入、房子補貼、物質福利以及更多的保險）是 16 萬。這是所有的國有企業。我們拿這個數跟非國有企業人均報酬去比。2001–2013 年國有工業企業人均報酬是非國有工業企業人均報酬的多少倍？2001 年比非國有企業還低，但從 2001 年以後一直往上漲，漲到 2013 年的 3.3 倍。這是非常懸殊的。大家知道，如果是市場決定的工資率不會有這樣懸殊的差距，這個差距非常大。我們可以判斷有大量的沒有交利潤，還佔有了大量的土地沒有交地租，變成這些東西。這個數字非常驚人，3.3 倍，最重要的是這些年來我們一直在批評國企，我們一直在說有問題，但是這些年它的增長速度非常快，大家看這條線非常陡，這些批評和要求改革的壓力從來沒有對他們產生過什麼影響。

行政壟斷的問題很複雜，簡單講一下。行政壟斷是用行政的方法確立的壟斷。我們做了一些估計。其實大致有三個層面，第一個層面是壟斷價格，價格會高於市場均衡價格。另一層面是用低於市場價格獲得資源，如土地、貸款、開採權。最後一個層面是由於他的壟斷使得民企不能進入，使社會這方面有所損失。

我想說的是，這樣一個壟斷企業的存在損害了社會上的其他大部分集團，消費者肯定損害了。現在要講講，我們消費者購買的產品油、汽油或柴油，經過計算——當然也要還原，因為包括品質要還原，中國用的品質叫國三，歐洲用的是歐五，我們要還原。還有是所謂的燃油稅，要把燃油稅去掉，我們在歐洲會覺得汽油價格很高，因為歐洲糧油非常高，大概是百分之一百，原來稅前價格的一百，翻一倍，甚至三倍，中國是一升一元，差很多，把稅去掉。我們的汽油價格高於其他主要國家平均價格的31%，這是一個壟斷價格。還有其他的少付地租、少付礦權使用費、國有資產沒有交利潤、國家財產給予補貼還有地方政府。大多數國家是把這些稅交給政府，政府一般的分配是中央多拿、地方少拿，七三開。這樣的一些國有壟斷的石油企業在侵害地方利益，我們的資源省都是一些中西部省、少數民族的省，問題更為嚴重。還有銀行、地方國有的民營煉油廠，中國有很多民營煉油廠、很多地方國有的煉油廠，有些在山東，他們的開工率很低，是由於這樣的壟斷。這個壟斷是從上到下、從裏到外的壟斷，從上到下是從戡亂開採一直到零售的壟斷，從裏到外是進出口的壟斷，我們的原油和成品油被操控在少數的國有企業手裏，靠進口，如果地方煉廠沒有原油進口，設備無法開動，設備開動要40%，大量的設備是閒置的，對地方的國有煉廠和民營煉廠的損害，方方面面都侵害了壟斷企業。

再談一談銀行。商業銀行的貸款利率和存款利率，從2000年左右開始，這兩個利率之間的距離一樣寬。什麼意思？固定利率差。為什麼有這種固定利率差？是因為這是管制的利率。一般認為中央銀行要調整利率，但是中國跟西方國家譬如跟美國不一樣，美國調整的是基礎利率，在那兒加點。我們中央銀行調的是零售利率，商業銀行應該以什麼樣的利率給存款人的存款以利息，以什麼樣的利

率給貸款人收利息，這是固定的，這個距離是多少？3%。3% 是什麼概念？3% 很小，但對銀行來講就非常大，3% 乘以 100 萬是多少？大家非常清楚，是非常大的一個數字，這是壟斷銀行，很糟糕，影響到貨幣政策，扭曲我們的宏觀政策和貨幣政策，我們的貨幣政策是手段，它已經不是貨幣手段，而是時時刻刻保證自己的利益不受損失，無論是往上走還是往下走。這是一個更大的問題。

再提一個宏觀政策手段，即貨幣政策手段。貨幣政策除了調整利率還調整存款準備金率，大家都知道降息降準，但這個手段絕大多數國家不用，只有在中國用。2004 到 2012 年，調整存款準備金率的路徑，每次調整，調整的力度非常高，有時候還非常多。在中國頻繁地用到這個手段，07 年達到了十次，這是非常反常的，為什麼？在需要上調利息的時候不願意上調利息，因為上調利息會損害壟斷銀行的利益，所以就上調準備金率。這是我們算等價的東西，中央銀行上調一次 0.5% 的存款準備金率，等價利率變為 0.375%，可使銀行免予支付存款利息達 3127。壟斷集團的利益剛性能達到什麼成？當然還有造成滯脹，這個滯脹簡單說，本來這樣的一個資產放到民營企業手裏會有更高的收益率，但如果放到國有企業，基本是虧損的。這使得我們國家 GDP 的總量，產品是少一塊的，大到影響的程度會影響宏觀經濟。這是對行政壟斷的數字做的估計，2010 年影響到 GDP 的 4.8%，當然這是根據當年的數據進行的估計。還有一點很重要，通過壟斷造成財富轉移，譬如這樣一個產品是 10 塊錢，現在給你加 20 塊錢，等於多了 10 塊，你多付了 10 塊錢，這個事兒沒有完，為什麼？因為他多的 10 塊錢還要去買東西，實際上多的 10 塊錢沒有對應的產品，造成了通貨膨脹的壓力，所以我說是滯脹。而央企佔有這麼多的國有資產，大到一己一動影響到宏觀的數據。

五年前曾做過非常樂觀的估計，說十年內中國會超過美國，假設是以後每年是 9%、8% 的增長。還有一個是我們人民幣相對於美元升值 30%。但現在來看，我這個估計是錯的。今年前三個季度是6.9%，人民幣兌美元的匯率是 6.3，跟我想的升值 30% 差得很遠，沒有達到，為什麼？由於國企的存在和國企的利益剛性，而且這個剛性如此之大，以至於他們利用政治資源要阻礙改革的推行。這是最大的問題。

從 2012 年淨資產來估計，國有工業企業當年淨資產是 23.3 萬億，如果這個淨資產能夠達到 6% 淨資產收益率的話，我們計算實際的收益率是負的 0.67%，GDP 的增速也會放慢 2.6%。所以它的存在不僅是個微觀問題、中觀問題，而且也是個宏觀問題。

今年上半年，凡是低於增速 7% 的省市都是國企比重大的，其中以東北三省最厲害，東北三省國企比重比其他省份要高，而且有濃厚的國企文化。還有山西，北京、上海，很明顯，他們在拖累中國經濟。更重要的是，這種國企不僅在實際上拖累中國經濟，而且以它的生存方式毒化我們的社會風氣，我最近一篇文章講到，這種生存方式是市場拼搏着輸，恃寵而驕者贏，他們一直政治撒嬌，什麼共和國的長子、執政基礎，老説這樣的話，他們就贏了，吃了我們大量的國有資產和吃了我們大量的地租，這是非常大的問題。

原因是什麼？直接原因有兩個，一個是 93 年《國務院關於實行分税制財政管理體制的決定》，作為過渡措施，經濟可以根據具體情況，對 1993 年以前註冊的多數國有全資老企業實行税收利潤不上交的原則，實質就是你們可以不交利潤。第二是國家經貿委的文件《關於深化國有企業內部人事勞動分配制度改革的意見》，企業職工工資水平在國家宏觀調控下，企業根據當地的平均工資和本企業的經濟效益自主決定，核心含義是工資、將近可以自主決定。這是 2001 年的文件。

還有是關於行政壟斷，我舉一個例子，即關於石油壟斷是怎麼設立的，有兩個文件，一個被簡稱為 38 號文件，《關於清理爭論小煉油廠和規範原油、產品油流通秩序的意見》。還有一個《關於進一步清理整頓和規範產品油市場秩序的意見》（72 號文）。這兩個意見確立了三桶油的壟斷地位，從上到、由裏而外的壟斷地位，它們不是法規、法律，也不是最低層次的部門規章，什麼都不是，就一張廢指，但就確定了三桶油的壟斷地位。那什麼是部門規章？部門首長簽字，我們梳理了一大堆關於石油壟斷的文件中，只有兩個文件由部門首長簽字的，都是商務部的，其他都不是，就是紅頭文件。為什麼有這些，又為什麼實行？簡單説，是高管官員變身，央企高

管和行政官員可以互相變身，譬如中石油董事長蔣潔敏變成了國資委的主任。我們有一些統計，19 個部委，183 名副部級以上的官員中，具有國有企業工業經歷的是 56 人，比重達到 30%。通過 123 家中央企業的高管履歷統計發現，信息披露 47 家企業當中，共有 115 名高管具有政府工作背景，平均每個企業有 2.45。也就是說這兩部分人實際上是一群人，企業高管通過進入政府獲得政策資源，政官進入企業兌現在位時的經濟收益。還有院內活動，我們把美國油稅說成是院外活動，美國這樣的一些需要通過國會，中國不需要，行政部門擁有制定法律的實施條例、指導意見和部門規律，實際上存在着行政立法。企業管理層不需要遊說立法機關，只是遊說行政部門，既存在院內，甚至都不需要遊說，打一個電話就行，因為他們本來是一夥的。中國最重要的是部門統發，通過起草立法和修法草案把私貨塞進去，通過制定法律的實施細則也可以把私貨塞進去，通過設立各種行政法規和條例也可以把私貨塞進去，通過這種政策也可以把私貨塞進去，還可以通過發佈各種意見。72 號文件和 38 號文件都是意見，在中國，「意見」就確立了三桶油從上到下、由內而外的壟斷權，這是非常可怕的。最重要的是他們又實施了，憲法再大沒人實施。

第三是改革，改革是憲政改革，這裏我不說了，共產黨一直在提，有一些組織反對憲政，毛澤東到習近平都主張憲政，這裏不說了。但憲法關鍵在於實施，怎麼實施呢？闖紅燈就罰款，所以關鍵在於誰違憲了就要懲罰。

關於國企的原則：第一，政府當商人。我引大學裏的話，不以利為利，以義為利，國家不能以商業利益為最大的利益。第一個是商業利益，第二個是最大利益。以義為利是提供公共和公共物品為自己最大利。「論天子不言多少，諸侯不言利害，大夫不言得喪」都是這個意思。你要提供公共品，你是政府部門的人，不能講這些都是，講國企就是講這些東西，所以國企的存在，最重要的是損害政府的公正性，一旦有了國企，國企跟非國企發生衝突，政府站在哪一邊就不能保證公正性，現在就沒有保證它的的公正性，現在國企佔有大量的國有資產，實際享有這些國有資產，但其實受到了偏

祖，我們的批評他們根本聽不進去。所以國企的定位是准公務的，具體講，定位在市場不能發揮作用的公共品和准公共品，主要是公共品，因為公共品是由政府提供的，私人物品是民企提供的，尤其當政府成為唯一買家，或者在生產過程中需要嚴格控制的，譬如軍工，為什麼政府還要去管？美國民營企業生產的一家飛機賣俄羅斯肯定是不行的，這有點特殊性。還有所謂軍事機密的保密，但那個是很小一塊。一個很大的企業，其中需要保密的是一個車間。所以最重要的，只要政府能夠委託別人生產，不構成要建立國有企業的理由，為什麼？因為政府可以採購，民企生產我去買就行了。只有在融資階段和生產階段不可分離的時候，才要設立國有企業，這個條件非常嚴格。所以國有企業不同於一般的企業的公共機構，國有企業不應以盈利為目標，應以實現公益為目標，這是核心。改革的目標大致講一些。

近期的方案是打破壟斷，取消國企，無償或低價佔有和耗費國有資源特權，全額上交利潤，規範國有企業的行為，這是近期。目標是要促進不同經濟主體，充分公平地展開經濟競爭，從而更好地實現中國的社會正義和提高經濟效益。終極目標是國企從盈利性領域（包括壟斷性的領域）退出。

破除壟斷怎麼做？從現有的憲法和法律資源出發，激活已有的法律規定，清理違憲和違法形成的壟斷，我們強調的是要禁止部門立法，部門立法非常糟糕，所以建議人大依據《立法法》對相應的行政部門各種條例、實施細則、規定意見進行清理，與憲法、法律相衝突的都要廢掉。目的在於在相當長的一段時間，禁止行政部門主導立法草案或立法修改案的起草，杜絕行政部門對立法的不良影響，這是我們想做的，代之由人民代表大會或專門社會上的非行政部門的機構起早，或由民間部門自發提出建立一個憲政結構。這裏撤銷的文件就不多羅列了。

最後，簽寫日子中共中央國務院搞了一個所謂國企改革方案，我當時做了評價，說這基本上不是改革，沒有意義。這樣的信息告訴我們，改革非常難，為什麼？從政治經濟分析學來看，國有企業

的 CEO、企業高管和行政部門的官員互換身份，而這些人佔有最大的政治資源，中央委員會 95% 以上的人就是這種人，如果中央委員會要通過決議，基本上不可能通過一個真正實質意義的國企改革方案，所以我說很難。但也不是沒有可能，我現在仍然非常樂觀，我們的分析告訴我們絕大多數人是支持改革的，因為侵犯了幾乎所有人，大多數人支持這個改革，甚至對被改革的也有好處。這些在國企內部的人，整天在壟斷權的籠罩下，養尊處優，其實武功漸廢，所以我告訴年輕朋友，賺了一些錢趕緊出來，別過了幾年出來都沒人要你了，在國企裏面沒有真本事就麻煩了。還有真正的優秀企業家做出成績也沒有人承認，反正我是不承認的，你有壟斷權，傻子也能賺錢，你再有本事也有嘴難辯。還有暫時獲得收益的人，現在獲得的不義之財不是真正的財富，可能是通向監獄的道路，也可能讓你的子孫不懂得什麼叫「君子愛財，取之有道」的道理，所以最關鍵要告訴他們什麼是長遠利益。對於政治領導人來講，很簡單，我去分析，如果接受的話，要支持這個改革，因為誰支持、領導這個改革，一定獲得最多的政治聲望，鞏固領導地位、要想共產黨萬歲才有可能。

張千帆：感謝盛洪老師的精彩演講，向我們非常清晰地描繪了國企壟斷給整個社會尤其是絕大多數受害者所帶來的深重後果，並且提出了非常明瞭的改革方案，求國企退出盈利性的領域，需要禁止部門立法，建立相應的憲政框架，最後表達了比較樂觀的態度，認為這個改革不僅是絕大多數人所支持的，而且即便是極少數的既得利益者，為了他們的長遠利益也應該支持，所以他對說服所有人走向長遠利益，能夠讓國企變得更加有競爭力，縮小國企規模，對每個人都好。比較樂觀的圖景是否現實，下面歡迎陶然教授做評議。

陶然：非常高興，我已經好久沒來過北大了，以前碩士在北大念，現在門不好近了，一般不來，但張千帆和盛洪老師在這兒，就來了。盛洪老師的報告很有意思，也非常好，大部分觀點我是支持的。我說一個問題，關於地租的問題，我覺得盛洪老師可以考慮一下，工業用地，製造業企業在各個地方，民營企業政府也是補貼的，所以交不交地租這塊，稍微要討論一下。

我基本完全同意國有壟斷企業主要是在製造業上游部門，一般就是重化工業、能源材料部門，一般的消費品，中國最有國際競爭力的部門，製造業企業很少，不過也有一些，那時候的國有企業很特殊，服務業有，各個地方政府有一些賓館、飯店，製造業基本沒有了，有個別的是一般老闆有點神經病，譬如董明珠在國有企業還能做起來，正常情況下國有企業都垮了。國有企業的壟斷效果非常糟，舉個例子，譬如國際油價，從高點降了百分之五、六十，國內加油價格降了三分之一，為什麼這樣？按道理應該嚴重了，那邊降很多，我們這邊只降一點點，2009 年以後國際金融危機，中國搞大規模刺激，油價一下上一百多美元，兩桶油、三桶油在國外投了幾千個億，有幾千億的石油權益，現在基本全虧進去了，現在油價是一半了。油價下降部分是中國經濟下滑的結果，部分要打美國的葉岩氣，就放量，某種意義上現在價格正好打在葉岩氣開採的油價之下，所以油價很長一段時間上不來，以後油價超過 60 美元的可能性基本沒有，因為一超過，葉岩氣就開工了，以後油價降到十多、二十多都有可能。

我們現在壟斷企業做的大規模投資，包括中國當時的遠洋、中國鋁業，經濟高峰期是非常牛的企業，現在基本上是 A 股的虧損王，都是政府在不當刺激的時候大量地搞國進民退。國進民退的時候，基本就在壟斷部門還有房地產部門，製造業部門沒有國進民退的。本來，國際石油價格下該對中國石油有好處，也有中國的原因，不過對中國也有好處，但因國有壟斷使這個好處大大降低了，成品油價格降了 1/3，可以看到有多糟糕。

現在國有企業主要在一些高端的製造業和、重化工業、能源材料行業。80 年代的時候不是這樣的，80 年代的時候中國國有企業和鄉鎮企業、公有制企業絕對主導，不僅沒有減少，而且在不斷地增加，這是為什麼？因為早期經濟發展模式導致各種能源包銷短缺，在短缺經濟下，國有企業不是問題，因為傻瓜只要能組織起生產就能賺錢，都能賺錢，民營企業不見得比國有企業有多大的優勢，都能賺錢的時候，用一部分利潤方式激勵國有企業員工。可市場一旦出現飽和，負盈不負虧，還有向國有銀行貸款，最後不行，為了保

證地方稅收和地方就業繼續貸款，這就錯了。換句話說，在一個正常市場經濟沒有進入管制的情況下，一般來說是產能過剩，80 年代到 90 年代是過渡時期，這時候國有企業不是一個太大的問題。但是到了 90 年代中期甚至早期，當我們的製造業產能過剩時，國有企業肯定不是一個最佳的產權形態，這時候出現大規模的私有化。但是上游行業，當時抓大放小，基本上是地方國有企業該關門就關門，私營企業開始起來。國有企業仍然龜縮在上游能原材料、重工業部門，當時民營企業進去了，還有一些大的國有企業尤其是央企保存下來了，他們怎麼賺錢？靠壟斷賺錢。什麼意思？換句話說我們的國有企業不賺辛苦錢，90 年代以後消費品的生產企業是辛苦錢，需要工人流血流汗，國企要賺的是容易賺的錢，大家都能賺錢的時候就來玩，都不能賺錢的時候就撤出去了，就賺壟斷利潤，但在 90 年代國企也過得很慘。但隨着 2000 年以後，中國經濟尤其是出口這種下游行業大規模發展，能源原材料、對於高端服務業部門包括機械裝備，具有壟斷的地位，實行壟斷定價，所以利潤非常強大，盛老師說了，可以從銀行裏拿到廉價貸款，國內國外進行國進民退，所謂的國進民退主要是在他們原來的部門，還有地方政府控制的房地產部門，有壟斷土地就炒地，能炒起來，我們國有企業不賺辛苦錢的，競爭性行業不願意進的，進上游的壟斷行業。

現在的改革，目前提出來的改革方案，十八屆三中全會提出的方案基本上是「混合所有制」。這個說法比較含糊，我專門寫過一篇文章，原來講西方有一個「混合經濟」，「混合經濟」是競爭性行業有私人部門、有壟斷行業、有國有部門來做，然後政府進行一定的管制，譬如搞自來水、電，建一個就好了。實際上從七、八十年代，英美國家掀起了管制浪潮，基本把具有一定規模的部門進行了拆分，譬如石油，石油管道肯定是壟斷的，但石油生產和石油冶煉不需要壟斷，完全可以競爭。管道可以壟斷，通過國有企業搞，但也可以通過民營企業招標來做。電網也是這個概念，移動通信也是這樣，可以招標給民營企業來做，提供通訊服務的行業可以發很多牌照。這些問題在國外，英國、美國管制革命，包括法國，這些國有企業基本慢慢退出去了，原來說西方是混合制，現在沒有了，基本以私營為主導，但需要更好的管制工作。我們現在混合制是一個

很含糊的概念，我們做的是中石油、中石化，把 30% 加油站的股權賣給外面的人，其實有很多其他的國有企業，當然也有基金。如果能賣 30% 的加油站，可能可以形成競爭的實體。賣 30% 的股權，壟斷依舊，無非是另外一部分過來分享一下壟斷利潤，一般的民營企業不敢進去了，進去也不怕你欺負是因為老子後面有關係。這種改革是一種假改革，毫無意義的改革，變成瓜分國有資產的一種手段。路線圖遲遲沒有出來，現在出來的路線圖也比較含糊，一方面強調黨要管企業，黨管企業這意味着什麼？董事長的工資不能超過公務員的工資太多，都是同樣的級別，說起來有一定的道理。可實際操作中，總經理、副總經理和其他員工的工資敢超過董事長嗎？這些企業管的資金是成千上萬、數以億計，給他 40 萬的工資，他肯定不敢。可你要真給董事長很高的工資，其他官員也不幹了。既然強調黨管企業，另外還強調從管企業變成管資本，換句話說是淡馬錫的模式，我去投資買，不管哪個行業、哪個企業，國有建一個投資公司，我去，國有投資公司首先得有錢，去投哪些有前景的行業，這裏面首先是打破壟斷的問題。理論上有可能突破，你說我最後願意國有資本投資某些你看好的企業，獲得市場佔有率，那你先撤出去，把原來的企業拆分掉、賣掉，然後看哪個企業比較好就去。從管企業到管資本是一個好的方向，但實際中國不會這樣做，跟其他的改革方向是不是矛盾很難說，因為既堅持市場經濟的決定作用，又要公有制企業主導地位，這兩個有矛盾，實踐中怎麼實施，實踐中實施的結果很可能是政治力量博弈的結果，市場經濟被擱在一邊。尤其是現在的央企非常大，國務院管不了，本來正常情況下反腐敗是改革央企的一個好時機，腐敗反了，人抓了，央企拆分，賣掉其中一部分錢幫助地方還債務、償還養老金，形成新的管制結構，競爭，增加生產、降低成本，增加就業，這本身是一個好的動作，但實踐中不是這樣的，南車、北車在合併，中石油和中石化也要合併，中國傳播和中國遠洋也要合併，這有道理，因為收益不行了，進一步壟斷。

央企改革打破壟斷，是未來挽救中國走出最糟糕情況的關鍵，因為現在很多民營企業正準備跑路，你現在趕快把它拆分掉，讓他

們的錢進到裏面來，不能跑路，這也是帶來長期經濟增長的關鍵。等你經濟真的不行了，央企的這些資產不值錢，民企跑了，沒有人願意買了，事情就會很麻煩，現在政府高層貌似沒有意識到這個問題，反而在做反改革的行動，這對於政府的執政和共產黨的執政是不利的。

如果未來推動改革，經濟上、政治上、技術上非常難，因為央企拆分包括怎麼說服是技術、經濟的問題。還有重新進行管制的問題，怎麼樣創造競爭結構，這在國外有很多經驗教訓，還有怎麼樣在政治上支持改革，這都需要非常長的艱苦經濟學包括政治談判、獨立的研究團隊不同競爭性的意見，很遺憾的是，中國連準備工作都沒有做，很多時候改革會被逼到完全不行時再改，這種改革是特別難的改革，而且可能來不及了。這是一個。

另外也涉及到很多法律問題，學法律的同學們一定可以研究，譬如中國加入 TPP 談判，現在恰恰是央企要去談，這個不如加入TPP，因為 TPP 通過打破央企的壟斷，譬如通過自貿區的 TPP 談判，專門有針對央企的很多法律意見和條款都需要，不管這次加不加，以後要做準備，而這部分法律，中國不是很熟悉，北大法學院的學生應該研究這樣的問題，通過外力把央企的壟斷打破，當然這需要很高的政治智慧、經濟智慧。未來的改革不是非常樂觀，確實存在着政府不到位，我最擔心的是中國的負債率，我們這回經濟下滑是一個在金融杠杆加得很大的情況下出的經濟下滑，經濟下滑過程中引起杠杆破裂的時候——文化大革命，大家無非是一無所有——現在是很多人變成負資產，這對經濟和社會的影響非常大，也很危險。我們的改革要跟危機賽跑，如果賽不過，真的有可能被捲進去。

張千帆：陶然教授認為改革難度很大、風險很高，剛才是兩位經濟學家對問題發表的看法，還有兩位是法學家，首先歡迎蔣大興老師。

蔣大興：首先非常感謝張千帆組織這次活動，從盛洪老師的報告裏，包括陶然老師的評議裏受到很多教益。其實天則所的報告，

好幾年第一版的時候我們關注到，做了一些討論，今天盛洪老師用了一些新數據解釋國企為什麼是無效力的，壟斷搞成不公正。這裏面有很多問題需要討論，我就提一些問題。

第一，什麼是國企？什麼是國企的問題，在法學界沒有一個統一的說法，從憲法到資產法，對於什麼是國企沒有明確說法。我們的國企包括國有控股公司還是包括原來的全民所有制企業？如果用國家統計局的指標，這是一個統計指標，國企類型很複雜，分了很多細碎的指標，所以跟我們經濟生活中講的國企不是一回事，這是需要解釋我們討論的範疇。

這個問題如果解決了，還需要討論，我們說行政壟斷導致了國企現在處於這麼一個不公正的競爭地位，那麼到底什麼是行政壟斷？大家可能也關注到《反壟斷法》並沒有用「行政壟斷」這樣的詞，用行政權力限制競爭或者不正當競爭，在法律理念當中講壟斷的時候，往往是講這個企業已經達到了一定的地位，市場佔有達到了一定程度，市場上是什麼樣的狀況。然後用地位進行限制競爭或者不正當性的競爭，構成濫用壟斷的地位和權力。

假如政府通過規章幫助一個國有企業，這個國有企業在含義裏，它的市場佔有度不高，這種情況下能否用壟斷對它進行評價？能不能通過行政規章或者行政法規給企業的一種待遇就理解為壟斷？或者是利用了壟斷的權力、行政的權力，我覺得不太好這樣說，因為我們有很多私營企業尤其是小微企業，我們給了很多法律上的特殊待遇，包括政府幫助他們進行貸款、進行擔保，設計很多政府的基金幫助他們創業，所以當我們在法學領域當中討論這些問題時，首先需要劃定這樣的範圍，然後再給國有企業算帳時，就不會把其他賬算到國有企業身上去。我們評價國有企業是否有效力時，可能有一個相對比較中肯的判斷。

我們現在對國有企業的批評非常多，從上到下都有批判、批評，可生活當中願意相信國有企業，至少作很多情況下願意相信它，這可能不僅僅是他們的壟斷地位，可能有值得它肯定的一面，

譬如代表更好的一種商業信用，這是非常有趣的現象。如果一方面如盛洪老師說的，國有企業不能擔三輪，政府不能擔三輪，不能去辦國有企業，可為什麼願意買央企開發的房子？這是值得我們考慮的問題，房地產商打廣告，為什麼說我們是央企開發的樓盤，這代表什麼？在中國，當我們在生活中有這種現象發生時，需要去考慮在中國國有企業，除了我們用全球的通行市場規則評價它的各種利弊得失或者未來改革方向時，是否需要考慮中國市場經濟發展的特殊環境以及對權力的迷信，對國家信用的依賴，這些問題都很值得思考。包括在私人企業信用非常不好的情況下，國企參與商業競爭，其實可能也是一種競爭性的規制，或者說激勵性規制的一種形式，可能促使私人企業在某種程度上改善信用，譬如網絡發佈的虛假房地產加以信息，如果我們組織專門的國有企業平台去發佈真實性的競爭，會改變不正當的競爭現象，包括淘寶，如果我們有平台能夠保障商品的質量，可能對淘寶產生規制的效果。這些問題都值得思考，是我們討論問題的前置。這是第一個。

第二個，如果比較國企到底有無效率的時候，要考慮如何比較、比較什麼，至少不能忽略比較同時期民營的利潤狀況。因為這個企業的利潤受很多因素影響，要看平均利潤率跟整個民企、國企在這個過程當中的表現，然後才能得出一個判斷：什麼樣的組織形式更有效率。我們要比較民企、國企，不僅僅比較利潤，還要比較管理費用、管理成本，包括虧損的企業單位數，譬如十年、二十年的變化情況。我看了一些統計局的數據，發現另外一種有意思的現象，譬如比較管理費用，2003–2012 年間，07 年之後，私營企業的管理費用遠超於國有企業，私營企業是上升的，國有企業相對比較平穩。07 年之前是膠着狀態。比較財務費用，財務費用不太好說，有銀行貸款的問題，但可以給大家提供，財務費用，07 年之後私營企業在增長，管理費用能看出國有企業未必是我們想像得那麼糟糕。虧損企業單位數，以規模以上的工業企業為例比較，從 2003–2012 年，虧損單位數，國有企業在不斷地下降，而私營工業企業是波動的，在 2008–2009 年上升非常快，跟金融危機有關係，國有企業這條線一直是往下走的。

如果從這樣的情況來看，當我們批評國有企業無效率的時候，要從歷史的角度看它的效率有沒有改進，如果它的效率這十年間或者二十年間的數據反映有了改進——當然數據造假另當別論——我們不能得出簡單的判斷，說國企改革沒有意義，因為情況在改善。二十年前或者十年前，也有運用壟斷資源，但是那個時候的利潤狀況比現在糟糕，這意味着經營在改進。這是第二個需要討論的，我們比較什麼，如何尋找比較的標的。

第三個有待於討論的是有一些成本的判斷是否屬實，我同意陶老師説到的地租問題，我接觸了一些企業包括製造業，他們使用國家的土地不是付費的，恰好相反是付錢的，有很多地方有招商引資的政策，只要投資，達到一定規模以上的企業都會優惠，國有企業、私營企業都會有優惠。譬如京津冀一體化，我瞭解的一家企業在那裏投了一百億，土地仍然要花錢，不是免費給你的。所以無地租的判斷不一定能成立。還有有一些優惠是否有商業上的原因，譬如低利率，對於銀行來講，覺得把錢貸給國有企業會覺得安全。至於何種原因導致它安全，裏面是不是有其他的壟斷權力另當別論，但是從銀行角度，是一種商業上的考慮，因為覺得貸給你比較可靠，會給比較低的低於。如果是私營公司或者個人，基準利率會比較高。這是非常正常的，是一種商業行為。這種商業行為比 90 年代初期利用政府機關市長給銀行行長打電話，要求放優惠貸款的時候有很大的變化，商業判斷有商業判斷的因素在裏面。

當然，我們考慮對於國有企業利潤的評價要扣除一些因素時，如果比較同時期私營企業的利潤情況，是否也要考慮它也有扣除的因素，譬如税收逃避方面，私營企業比國有企業要做得更多一些，雖然我們説國有企業得到了補貼，補貼至少可以抵消逃税的問題，也可能能抵消。所以我們討論問題時，如果堅持一個中立立場，沒有預設國有企業就是壞的，就可以盡可能地把可能影響到我們判斷結果的因素消除掉，然後得到的結論可能會更可靠。再譬如考慮扣除利潤因素的同時，是否還要考慮國有企業的社會貢獻，有可能增加某一些東西，譬如對就業的貢獻，以城鎮就業人口比較，簡單國有單位城鎮就業人口和私營企業城鎮就業人口，會發現國有企業雇

備的員工數在這兩個比較指標裏，是插過私營企業的，到 2010 年才有交叉，私營企業才上去，那時候國有企業改革，買斷員工身份後發生這樣的變化。也就是說我們選擇哪些增加進去考慮對社會的貢獻，需要考慮特殊問題，因為有些國有企業的貢獻很難用經濟指標量化。

我們講行政壟斷，講到國有企業利用規章的制定權或者旋轉門，確實可以影響到政府頒佈一些規則。但同時也會關注到另外一些現象，私營企業會賄賂官員，得到特別的商業利益，包括土地的出讓。大家知道國有企業在房地產業務中，跟私營企業競爭、拼土地，經常出現拼不過的狀況，拿不到地。最典型的是任志強，他在北京拿的地都很偏，好多地方拿不到地，為什麼？拼不過那些公司。如果大家有興許可以比較一下，研究近十年以來賄賂官員行賄，我相信私營公司會超過國有企業。也就是說一方面，國有企業通過規章的制定權尋租得到壟斷的利益，同時私營企業通過一種賄買的方式得到利益，這裏面也有一個抵消的問題。說到旋轉門的問題，私營企業並沒有不存在，最典型的是安徽，安徽私營企業的老闆經常是縣長、副縣長、縣委、常委，這些問題說明我們在研究國有企業是不是一種被拋棄的企業形式，國有企業改革的道路是否走偏了，需要有一個更中立的判斷和評價，需要考慮的因素更多一點。

我非常認同盛洪老師說到的一個觀點，認為國有企業應該走公共企業的道路，應該為公共利益服務。這點我特別認同，最關鍵的問題是，中國歷史上對國有企業的法律調整或者定位確實出現了偏差，我們一直把它當成商業公司，所以包括國資委對國有企業的管理，主要是經濟附加值的考核，當做商業公司去評價和考核，因此國有企業沒有很好地作為人民企業的形式，為普通民眾謀福利，這是最大的問題。90 年代初期，朱鎔基當總理的時候，國有企業普遍虧損，我們罵它。現在能賺錢後，我們換一個角度批評它，說是因為它拿到了更多的好處才拿到了錢，更多的經濟優越地位賺到了錢，那麼國有企業很難做了，最關鍵的問題不在於是否盈利，而在於國有企業為誰服務，這個問題不解決，我們無法評價它。說國有企業的問題，政府不能參與三次經營，美國各州的政府公司雖然比

我們稍有區別，但也稱為國有企業，美國 90 年代有 6000 多家，聯邦政府公司現在也有 30 餘家，歐洲等地國有持股的公司也不低，加拿大等都有，關鍵是很多國家對這種公有企業形式是用特別法令形式調整的，不是普通的商業公司法，至少不完全是用普通商業公司法。譬如拿高薪的問題，美國分法很簡單，把公司董事區分兩類：一類是商業董事，可以拿高薪，一類是公共董事，不可以拿高薪。所以我們的國有企業去限薪，這是很愚蠢的辦法，會導致國有企業人才的流失。再譬如把國有企業區分為公益類的和商業類的，這也是很愚蠢的做法，只要國有企業拿了公共資產去投資，不管投資的是商業類的還是公益類的，都得對全體民眾負責，歐洲國家要求國有企業的信息披露應當相當於上市公司，用公法的方式管它，用公法管公共財產的方式，再管國有企業的財產以及國有企業的經營，從這個角度來說，使它不僅僅對企業的那些職工負責，更主要的是對民眾負責，民眾有批評它的權力。如果真的達到這樣，他去做賺錢還是做不賺錢的事，只要你把它稱之為企業，就有賺錢的權利，否則就叫公用事業而不是企業了。最關鍵的問題，不是能不能做盈利的事，而是盈利後的錢用來幹什麼，不是用於投資，而是發展公共目的或者實現國有企業的公共功能，這才是最關鍵的，如果中國不改變對國有企業純粹的私法管理，我覺得未來道路不會有大的改觀，這是大方面上需要變化的。

張千帆：感謝大興老師對剛才盛老師講的內容提出了質疑，一方面是國有企業到底有多糟糕，是否需要更加全面的指標衡量比較國有企業和民營企業。然後國有企業的方向是什麼，是不盈利還是通過某種方式更好地向社會服務，最後有請海波老師評論。

何海波：討論會有不同意見就好玩了，剛才大興老師對盛洪教授研究報告提出很多專業質疑，我不懂國有企業和經濟，沒有能力評判。但是說實在的，大興老師講的時候，有一些地方疑問更多一些，譬如國企代表更好的商業信用，商業信用的好壞跟企業的規模很有關係，企業規模大到一定的程度時必須有這樣的信用，不然損失更大。國有企業規模比較大。拿地產的例子來說，私營的地產公司做到足夠大，譬如地產萬科做得挺好。國企佔了這麼多的資源優勢，譬如銀行信貸，能把地產做好一點不奇怪。

講到私人，國企佔了權力的便宜，私人會行使賄賂，但國企不需要賄賂，賄賂也是有成本的。再說決策機構裏，私營企業可以收買官員，是的，但是能收買官員，中央委員有多少個都是私營企業出身的嗎？能讓個集體決策朝着有利於他的方向做出？這不是平等的事兒。你說國外也有很多國有企業，當然是，可哪個國家有那麼多的房地產企業？我們房地產熱鬧的時候，有一百多家房地產企業，國資委要他們退出都不退，有錢賺的時候，國有企業一湧而上。我之所以講這個問題，是因為涉及到對國企的基本判斷，國企狀況到底怎麼樣。

下面我講的，基本以盛洪教授的研究報告來談我的感想。第一，我是學法律的，懂幾句法律，憲法上寫公共財產神聖不可侵犯。「神聖」這個詞有來歷有說法，但是事實勝於雄辯，盛洪教授的研究報告的意義就在於扯下國有企業神聖的外衣，讓我們看到裏面骯髒的一面，它是無效率的，是不公平的，是沒有貢獻的。如果國企是這樣一個狀況，那麼有很多東西要重新討論。人民是國有企業的真正主人，可僕人管企業，人民管不上來，東家也不能從僕人的企業裏獲得好處時，我們還要它幹嗎？我們原來那些教條都需要重新反思，這是一個問題。

第二個問題，國有企業儘管有一部《企業國有資產法》，但實際經營狀況可以說是無法無天。請大家注意，有一部法律並不等於有規則，在很多領域我們都看到有一部名義上的法律，但沒有實際上行之有效的規則。而國有企業涉及那些比較具體的問題，譬如國企可以進入哪些行業、不能進入哪些行業，特別是哪些行業不宜去，有沒有。國有企業設公司，國有企業有母公司、子公司、孫公司，子子孫孫無窮盡也，我們搞不懂有多少國有企業，我們有沒有規則，設多少層次、多少家的企業，還有工資，福利發多少是自己定的，當然有基本的宏觀調控政策也有一些規則，但實際上是自己定的。這是未來法律規則需要解決的問題。

第三點，盛洪教授報告提到要改變規則，我當然同意，但是改變規則要先改變體制，中國的改革已經走到非常要緊的關頭，在這個關頭上我們有可能會卡在那裏，就是某些利益集團綁架決策者。

大家都記得柴靜的《穹頂之下》，我看到有一個很驚訝：油品的國家標準誰來制定的？標準化委員會的辦公室設在哪裏？設在中石化下面的一個研究院裏，委員會哪些人組成的？基本上是石油、石化的人，環保部有個別人，但他們幾乎説不了話。這只是一個非常小的例子，還有很多例子，國有企業完全把政府給主宰了。所以改革在兩種情況下有可能打破，一種情況是最後逼得沒辦法，有可能像陶然教授説的，如果真的到最後一刻到來的時候，國有企業要賣錢可能都賣不出去了，另一種是及早地改變遊戲規則、改革我們的決策體制，這有可能真正地推進，不然的話，我們改革的很多事情都會卡在這裏。

晚上的報告，就我的範圍，覺得很無力，改變不了什麼，但有一點我會改變我自己的行為規則，以前很多優秀的學生畢業以後喜歡去國企，我會説祝賀你，然後叫他「三思而行」，因為你的一輩子工作時間是三十年、四十年，當你把命運跟國企綁在一起的時候，你要先考慮清楚，你會一輩子在那裏待嗎？會一輩子好下去嗎？

張千帆： 現在國企有點八旗子弟的感覺，要不要去是個問題。剛才評議過程對盛洪兄講的內容提出一些意見，尤其是大興老師，你簡單回應一下。另外加一個問題，最後説國有企業退出盈利性領域，能否更加具體一點？你説意味着某些企業譬如兩桶油、三桶油沒必要設置，因為這是不可避免的，是一個盈利性的領域。如果不方便具體點名哪些國企應該被撤銷的話，你用哪些領域是根本不應該存在國企的。

盛洪： 非常感謝各位的評論，包括陶然、蔣教授、海波，包括千帆的評論，正好給我一個機會，讓我講講大家質疑的概念或數據。

陶然講的問題，很多民營企業跟地方政府談判的時候，地方政府也會以降低地價甚至零地價吸引民營企業，這跟國有企業免費地租一樣嗎？不一樣，無論如何這是競爭中談判的結果，不是天然不交的結果。所以我們這裏計算的國有企業地租都是存量部分，原來在計劃經濟時期一直到 80 年代，國有企業就佔了這些土地，首先是這塊，完全是劃撥的。還有一些在改革開放以後逐漸有一種協議出

讓，但是協議出讓是低於市場地價的，甚至低於規定的工業地價，我們主要計算這兩個部分。從這個意義上來講，這一塊仍然存在，無論以後有什麼變化。蔣教授說到，有的國企到一些地方投資，為土地付出價格，沒有問題，那是增量部分，我們知道央企還去拍地王，不是為地付價格嗎？沒有錯，但這是存量部分，增量部分不管。我們不計算這些部分，我們計算已有的存量部分，對增量部分非常謹慎。而且我們用的所有數據都採取了保守原則，碰到高點數據、低點數據，我們寧可用低數據。我們這裏還不包括商業用地，我們只談話工業用地，我們知道央企大量佔用着商業用地，商業用地在大城市的中心，地價是天價，所以我們的數據只是工業的數據。這是第一點。

第二點，蔣教授說國有企業的定義，趁此機會，我明確一下。我們國有企業的定義是國家統計局在國家名面上用的國有控股工業企業的定義。這個定義和國有企業概念有區別，因為金融類、服務類的都有。為什麼用這個概念？很簡單，這是數據條件，如果國家統計局給我大概念的國有企業相關數據，我用那個數據，但我只能用國家統計局給我的概念。我再強調一點，我們做研究的時候，數據條件很不好，而且今年丟一個數據，明年丟一個數據，國家統計局跟我們博弈，我們用哪個數據哪個數據就沒有。我們用的是國有及國有控股工業企業。我們有數據的話，都是用這個數據，如果是偏用的數據會說明。

還有行政壟斷定義，報告裏有行政壟斷的定義，我們的定義是行政部門通過行政手段設立的壟斷，這跟很多西方國家的壟斷設立不一樣，我們並不是說很多西方國家沒有壟斷，有壟斷，但是通過立法機關和立法設置的，這是區別。叫行政壟斷，我們要把這個詞放進經濟學和法學的框架中，讓大家知道我們的壟斷跟他們的壟斷有什麼區別，我們要翻譯成英文，讓西方人去懂這件事情，所以我們的定義是行政部門通過行政手段尤其是發佈行政文件設立的壟斷權。

再有是在生活中更多地相信國有企業，這是你個人的經驗，而且很多人是相信的，一個最重要的原因是因為有一個「國」字。在

很多人心目中，「國」字很神聖，因為一般國家都會提供某種公共服務，但這並不代表國有企業值得信任，恰恰掩蓋了它的真實面目，具有欺騙性。我只能説這點，你可以相信，但你被騙了。

還有國有企業是否更有信用？我想它給我們的是一個假的帳目，連這個都是假的，我們怎麼相信它？本來是虧損，確告訴我們盈利了？我怎麼相信它？這是個人區別，我是根本不會相信的。

張千帆：私營報告是不是也是假的，是否一定比國有會好一些？

盛洪：需要找證據，我研究的，我看到的是假的，私人的要人找一個，但必須有證據，你説這句話得找證據。國有企業對比民營企業相對的利潤率是多少，這個統計年鑒上有。我們研究這個時段，2001 到 2013 年，民營企業淨資產收益率是 15%，國有企業賬面收益率是 9% 左右，民營企業明顯高於國有企業，即使是假的利潤率，民營企業也仍然高於國有企業。

還有民企管理費問題，這個我不關心，民營企業拿這些錢去做企業，真金白銀，愛花多少管理費不是我的事，對於我來講，我是公民，是否交税是我關心的，多少管理費我。但淨資產收益是 15%，這是最後的結果，我不管管理費多少，有可能是國有企業管理費過多了，我不説了。還有財務的利潤率的區別問題。還有企業虧損數、單位數，民營企業很小，經常會有一大批的民營企業虧損、倒閉，這是市場中的正常現象，不能説明問題。一個國家既有大量的新企業誕生、又有大量的企業倒閉，這是一個活力的過程，正説明市場在發生作用，所以這個也不能説明問題。

國有企業是否有改進？有，有改革。但是我們看問題不是看有沒有改進，而是用機會成本的概念，你改進 1%，民營企業改進 10%，這個邏輯不通，我是所有者，就跟你是企業的股東一樣，管理層今年效率 1%，有改進，為什麼換掉？我説換掉你，找一個改進 10% 的行不行。這是我的態度。

為什麼現在有壟斷好，過去有壟斷不好？這個壟斷最重要的形成時期是在 90 年代末和 21 世紀初，當時三桶油是 1999 年那會兒形成的。2000 年以後油價有一個非常快速的上升，正好這時候，形成了三桶油的壟斷格局。在石油企業中很多時候不是你的努力，而是油價在那兒起作用，這是很清楚的事情。

地租問題，新的競價地租都是存在的，但不影響我對存量的計算，我做的都是對存量的計算。還有銀行是不是把更多的錢貸給國有企業，是因為國有企業很大更安全。肯定有這個因素，但是我相信即使在同等規模的條件下，民營企業和國有企業的利率不一樣，劉曉玄有計算，把規模因素剔除以後，得出的結論有區別，這需要大家計算。

還談到了稅收問題。蔣教授說民營企業逃稅。你這個話要謹慎，這是你研究以後說的話還是有證據說的話，還是只是印象？我告訴你一個事實，所得稅，滬深兩市上市公司民營企業的所得稅稅率是 24%，關定稅 25%，幾乎全交了。國有企業繳納的實際所得稅是 10%。我只能告訴你這是數據，到底誰少交了稅，我們要給出數據。

就業貢獻我要談談，近些年來國有企業的就業貢獻是負的，百分之百以上的新就業崗位都是民營企業提供的。這是第一點。有人說國有企業提供了那麼多的就業，但你要知道，這個就業是不公平的就業機會。大家聽說過國有企業公開招聘嗎？沒有。前年我們做過國有大企業，沒有公開招聘，全是親戚、朋友、同學、關係或者什麼關係沒有，花十萬、二十萬買進去，這不是真正的就業機會，這是他們的私家利益、私家的特權，所以這種就業機會對一般老百姓沒有意義，什麼邊都不沾的老百姓會到國有企業就業，海波說要祝賀他，為什麼祝賀他？太難進了，不是一個大家能夠公平享受的就業機會，所以它的貢獻是什麼。還有所謂的不賺錢罵它、不賺錢也罵它。不賺錢當然要罵，現在賺錢為什麼要罵？是因為在不公平競爭下賺的錢，改規則了，比你先跑一百年米，我贏了，你又罵

我，因為規則不公平，規則不公平當然要罵了。美國國有企業是立法設立，中國是行政設立，而且是企業設立，為什麼還有子公司、孫公司？這是非常奇怪的現象，國有企業嚴格來講是一個公法企業，應該立法設立，自己企業沒有權力設立子公司、分公司，所以這都是問題，亂了套。我也看過美國國企，我們認為是該設立國有企業的地方，譬如我去波士頓，有一個州立銀行，做什麼用？比風險投資公司做的投資風險還大的項目投資，市場解決不了，我要承擔更大的風險。

最後回答千帆的問題，我們有比較明確的想法，先說說正面的。國有企業所適用的問題特別大，一個是剛才講的高風險，市場條件下都沒人願意支持的那些高風險項目。當然政府認為對國家或國家安全是必要的。第二個方面可能涉及到軍工，也不是所有的軍工全是國有企業，譬如美國的波音也有軍工的項目，是民營企業。但是政府對其中的某些關鍵部位、保密的部位，不願意擴展出去，可以做一些保密車間，軍方直接監督。還有是城市開發，譬如城市要建一條城鐵，城鐵投資很多，城鐵在最初五年甚至十年內賺不了錢，沒有民營企業願意做，這時候政府就投資。還有大面積城市的綜合開發也需要。一句話，投資很大，但是在相當長一段時間又不能夠抵償成本獲得盈利的項目中，政府可以去做投資，很窄的領域。反過來講就非常清楚，要從石油領域退出，要從銀行業退出，從鹽業、鐵路業退出，房地產更得退出，所有盈利性的行業你拿它賺錢。

最後我還要強調一點，政府就是提供公共物品，為了提供公共物品，就不應該追逐利潤，一旦追逐利潤，這兩個目標是衝突的。你做國有企業，就是在追逐利潤，追逐利潤就不能保證你在社會事務中保持中立和公正的立場，可能就會偏斜，涉及到你的商業利益時，怎麼公正對待你的公理？這是核心的地方，我們之所以強調國有企業從商業利益退出，因為這是最後最根本最憲政原則上的要求。

張千帆：大興你要不要很簡單地回應一下，包括你剛才說的國有企業不應該盈利、應該更好地為人民服務，是否跟盛老師講的一樣。

蔣大興：我先簡單說一下，國企到底在什麼範圍存在，盛洪老師說到美國，我給大家一個材料。在美國，國企一開始主要從經營和建設等公共私人項目還有交通、住宅領域，後來廣泛存在於經濟發展、教育人員、環境、健康、住宅、港口、公共設施、交通等領域，一開始主要是解決社會問題，在 90 年代之後，它的焦點從社會問題開始轉向對經濟問題的解決，所以並不是我們想像的那麼單純。

第二個，說到稅收的貢獻問題，剛才盛洪老師批評國企稅收貢獻低，對於一個國有企業，美國也是這樣的，對國企稅收很優惠，甚至很多項目是免稅的，譬如債券投資者利息收入很多是免稅的，相當於政府的收入一樣是免稅的，為什麼？考慮到企業本身公共性質，跟商業公司比較有特別稅收的優惠，這恰好是它應該有的東西。美國也是這樣，包括你批評的一些特別權利，我們的研究也表明美國也是這樣的，有一些很特殊的權力，譬如有權自行決定公共服務的費用、收費和租金，只是不能直接收稅。所以當我們批評這種東西時，它在其他地方其實也是存在的。

至於你提到的國有企業信用問題，2001–2013 年，統計局網站上公佈的負債，從負債來看，規模以上的國有企業負債總額在 07 年後低於私營企業，這是從另外一個角度看的。這個負債是總的數額沒有償還的，從一定程度反映出信用狀況。

海波說的幾個問題，要求國資委退出房地產的問題，如果把國有企業當成商業公司，用現在的邏輯，確實沒有這樣的權力，既然作為商業公司，是否做房地產經營，要改變經營範圍、修改公司章程、開股東會，國資委很難單獨做出決定，不奇怪。

何海波：我問一下，你是說國資委無權要求國有企業退出房地產行業嗎？

蔣大興：因為房地產經營寫在公司章程裏，現在國有企業都是多元化，要退出的話，改變經營範圍，得修改公司章程、開股東會決定。

何海波：國資委是股東權利？

蔣大興：只是一個股東，你開股東會討論這個事，走這個程序，溫家寶總理說退出是沒有這個權力的，最多建議召開股東會。你說的福利公司自己定，恰好不是這樣的，國企不是這樣的，國企的福利工資甚至包括領導人的工資控制極為嚴格。

盛洪：章程是怎麼定的，有合法的正當公章程序嗎？還是這個邏輯。

張千帆：你們有一個共同的地方，是怎麼樣保證國企的公共性，你們都提到我們最大的問題是國企自我定價，自我維護自己的既得利益，通過行政立法壟斷，打破了一個關鍵，包括怎麼實現大興所說的更好的為社會服務，回歸到憲政框架，讓人大真正發揮作用，讓人大為國企立法，這樣可能會改善一些國企情況。

陶然：剛才討論的問題很有意思，就業問題我稍微補充一句，如果大學生就業有困難，基本上靠黨國家基本壟斷創造更多的就業。很多學者研究國企和私營企業的效率，基本是被文獻誤導的，在中國同一個行業存在的情況，大概是在 90 年代中期左右，其他比較沒有意義，格力做空調，是國企，有一部分國有企業，但格力做起來，是因為有一個「女神經病」，她太不一樣了，能夠拿到別人拿不到的東西，有很強的能力，不是因為國企，而是因為董明珠。關於國企在同樣行業裏的競爭勝敗已經分出來了。壟斷性行業他們的利潤，包括你前面講的後面怎麼提高，由於在上游部門，壟斷行業可以進行加成的定價，這種文獻，這樣去比較控制不了很多其他因素，所以這種比較是沒有意義的，從理論和其他實踐國家來看就可以了。

但是大興談到一個很重要的問題，關於企業的誠信的問題，這個問題很有意思，我給很多銀行人聊過，確實願意給國企貸款，因為國企一般跑不掉，另外有政府做擔保，第三國企有信用，不會跑路。還有國企跑不掉，實在沒錢花了，政府兜底。所以從銀行角度來説，銀行把錢貸給國企，還不了，我的責任比民企跑路要小一些，這是形成這個東西的原因。但這裏面確實有很多民企存在信用比較低的問題，談企業問題要談政府和企業，我們這個社會包括很

多民企會去做非常糟糕的食品，或者亂七八糟的東西，都是政府監管不到位，政府為了自己的利益，或者很多企業給人家送錢的問題，這種問題本質上不是企業的問題，而是政府的問題，不要把責任打到企業上去，拿不到跟任志強搶地盤不明顯。誠信問題客觀上是一個大問題，包括很多民企完全不顧社會，這點是整個制度建設問題。

最後稍微補充一點點，我們中國對企業都有普惠制，因為政府需要把雞養大然後下蛋，給他收稅。但是對國企是特惠制，這個行業讓你幹，別人不能幹。對民企是普惠制，還環境、還勞工、還農民土地產，以壓迫整個社會為代價，但企業養雞養蛋，不像朝鮮那樣殺雞取卵，是養雞生單。對國企是特惠制，這個概念要分清楚。

張千帆：剩下一點時間，開放三個問題，請大家保持簡短，直接提問，每個人一個問題，有沒有針對盛洪老師和幾位評議人的問題。

同學：我想問一下海波老師，你在發言時說企業的信用和企業的規模相關，我們身邊有一個例子，淘寶規模大於京東，但綜合信用比不上京東，這不是一個完全靠規模來影響的東西，還有一些其他綜合因素。

何海波：我明白你的意思，這裏面講的普遍規律跟特例不一樣，淘寶跟京東經營模式不一樣，當然也可以找出很多因素，企業越大，任何不誠信的行為懲罰越中，為什麼食品行業，大公司不可以胡作非為，小作坊可以亂來，這是因為大公司不敢，暴出不誠信行為對他的公司影響很大。

彭錞：我想問一個娜拉出走以後的問題，陶老師講土地改革，沒有農戶可以接這個地權。我想問，這麼大體量的包括地方國企、央企退出行業，誰來接盤，怎麼樣接盤，會否出現新一輪的內部人購買？

盛洪：如果一下子退出肯定有崩盤之初，我們要顧及改革過程，不要斷裂，所以國企退出是漸變的退出，一點點退，方向對就

行，這是核心。另外，不要低估中國民間資本的力量，中國最大的企業是淘寶，兩千多億美元的市值，這是了不得的事情，是過去想像不到的。而且隨着將來互聯網經濟的發展，會迅速引出巨大的民營企業和巨大的民間資本，所以不是特別擔心，就像中國三十年發生的事情是一樣的。

陶然：這個問題很有意思，説明這個改革確實非常難。社科院做的國有資產表，其實沒那麼多資產，因為很多資產投資很不好，未來現金折現折不了多少錢，到時候變賣資產時需要按市場定價，有人説你賤賣國有資產，投了 100 個億隻賣了 1 個億，或者只值五千萬。這是一個問題。但如果按市場化來做，也許不值這麼多錢，還有很多東西能夠送出去就不錯了。這是一個。另外一個，能送出去，人家願意把你的債務給結了，就很好了。中石油有幾千個子公司，適當的員工持股，過程中儘量公平公正，但是做很多拆分、買賣，包括動用社會資本的力量去做，也有可能有些權貴確實買到了，這種事情只能是儘量避免，但這個過程非常麻煩，改革非常難，想改，方向對了，要玩轉，包括員工怎麼贖買他，人家是既得利益者，不贖買堅決不賣，理論上通過拆分，像國外拆分打包賣一樣，但這需要大量的法律，今天不賣，明天或者哪天也會賣，法律、經濟學學者和學生要做很多準備工作，這個工作要準備，改革非常難做，這個是很難的，真要做，還是可以做得下去。

盛洪：中國國有資產，現在名義的國有資產是一百萬億總資產，淨資產是 34 萬億左右。我同意陶然的説法，按照我們的算法，尤其是工業的國有企業是虧損的，虧損的企業是什麼概念？市值為 0，甚至是負數。剛才陶然説要真買，有多少人願意花錢去買，假如相信賬面利潤可以去買，但他是傻子，買的時候一定會參考天則所的研究，真實的價值是多少。我告訴大家一個具體的規定，如果國有企業賣給非國有所有者，地一定要作價，這個很清楚，按市場價值去作價，一作價就不是現在的東西，所以不見得能賣掉，不見得價格非常高，我很同意。

同學：國有企業退出之後，公有制怎麼辦，社會主義怎麼辦？這是一個空想嗎？改或者不改都是一個死嗎？再一個經濟上有一

個數據，説十年超過美國那一點，為什麼預測中國的經濟持續地以 8%、9%，而不是降到 7% 以下的數，説明很有信心，匯率為什麼是上漲而不是下降的。

盛洪：無論什麼主義，最後要用實踐證明對不對，我們有充分的證據證明這條路是錯的，沒什麼可惜的，效率也不行，是極大的不公正，而且是一個大騙局，所有人把自己的資源放在一起，請一幫人運營，運營完説這些東西是他們的，跟他們要一點利潤，一點不給我們，這是我們的嗎？這樣的事實已經證明這種社會主義已經破產掉了，為什麼還要惋惜它？從來不惋惜。

第二個問題，你可以看的其他文章，這裏稍微説兩句話，有兩個條件，一個是中國城市化過程沒有完成，中國現在城市化率只有 54%，目標是 80%，這個過程沒完成，每年都會有巨大的需求。第二，中國是一個巨大國家，在國際貿易上佔有優勢，時間關係就不多説了，你可以看我的文章。

同學：西方學者認為中國是國家資本主義，沒有國企和民營，因為國企和民營的影響力都一樣，譬如華為公司，看着像民營，那麼你剛才對國有企業的定義是不是要修正？

盛洪：這是一種不太嚴謹的看法，國有企業政府直接來來管，民營企業也在干預，看來似乎是國家資本主義。但我説還是有區別的，民營企業當然有很多干預，但它有一定的自由度，這必須承認，所以他的説法是不太嚴謹的説法。國有企業這樣一個邊界，我覺得還是非常清楚的，無論是國資委劃的還是國家省級劃的。所以不能把一句比喻當成嚴謹的學術概念運用它，這樣我們就非常清楚。當然重要的是，我們不僅要改革國企，還要進一步減少政府對經濟的干預，對民營企業的干預，對民營企業的限制，這是有意義的。

張千帆：對國企改革，民間的呼聲已經很高，而且也有相當程度的共識，關鍵是怎麼做怎麼改，有沒有可能改並且改得比較好，既然國企改革打破壟斷事關社會絕大多數人的利益，可以説是每個人的利益，希望大家能夠出力、發聲。

中國財政體制改革的前景

時間： 2012年11月23日

地點： 北京大學法學院

主講人

李煒光： 天津財經大學財政學科首席教授、學術帶頭人、博士生導師，《現代財經》雜誌主編。兼任中國財政學會理事、中國財政史專業委員會委員、世界稅法學會理事、中國財稅法研究會理事及多所大學兼職教授。

許雲霄： 北京大學經濟學院副教授、國務院經濟政策委員會理事、日本大阪經濟法科大學東亞研究所客座研究員。在公共財政、財政資金績效評價、公共選擇理論、國家預算管理等方面均有突出研究。

華炳嘯： 西北大學政治傳播研究所所長，《憲政社會主義論叢》編委會副主任、主編，兼任陝西省憲法學會常務理事，中國改革20人論壇特聘專家、中國傳播學會組織傳播專業委員會常務理事。

主持人： 李少文

　　李少文：今天非常榮幸邀請到了著名的經濟學家、天津財經大學財經學科首席教授李煒光先生，他對財政稅收有非常深入的研究，曾經在鳳凰衞視《世紀大講堂》主講過近代中國稅收，還在央視《百家講壇》講過「正說包公」。同時我們還邀請到兩位評議老師，一位是遠道而來的華炳嘯老師，華老師是西北大學政治傳播研究所所長，也是《憲政社會主義論叢》的主編，曾出版了《超越自由主義──憲政社會主義的思想言說》一書；另一位評議老師則是我們北京大學經濟學院的許雲霄教授，許老師也是非常著名的經濟學和財政學專家。有請李教授先開始。

　　李煒光：今天主持人給我的一個任務是讓我講講中國財政體制改革的前景。我要說明一下，「前景」這個東西我一直弄不好。有人曾經問我「你對中國改革的前景是樂觀還是悲觀？」我的回答是「謹慎的悲觀」。理由是我們現在諸多改革問題糾結在一起，沒有真正找到一條我們自己走的路，而我們自認為本來很清楚的一條道路其實還很迷茫。作為一個研究財政體制改革的學者來說，更多的是困惑或者茫然，而且這些年以來這種困惑、茫然愈來愈強烈。這種情況下讓我來談「前景」勉為其難。

　　財政體制改革是一個國家所有問題中最核心的一個問題，「財政問題是一個國家政治和經濟問題之間的邊界問題」。也就是說它既是政治問題，又是經濟問題。而且「一個國家的財政影響着這個國家文明進步的方向、制度的結構、政策的走向。」也就是說只有你了解一個國家的財政歷史，你對這個國家才可能有真正的了解。中國現實中很多問題，各種糾結、各種困難，邁不過去的很多溝溝坎坎，我個人認為都跟財政糾結在一起，財政問題本質是財政體制問題。

　　譬如大家比較關注的稅制改革問題。個人所得稅號稱直接稅，直接掏每個公民的口袋而且很難轉嫁。直接稅和間接稅之間的區別很重要的一個標誌是一個能轉嫁，一個不能轉嫁。中國這些年個人所得稅佔比雖然不是很大，只有百分之六左右很小的比例，但具體到每個公民來說就是全部，因為政府要徵稅多一分，我們口袋裏可支配的收入就會少一分。所以個人所得稅的改革最難。要說個人所

得稅這些年有什麼變化，那就是起徵點現在調到 3,500 元，這是一個好事。但在個人所得稅的改革中是做的很不夠的一件事。因為個人所得稅有很多更重要的問題，譬如由分類稅制向綜合稅制的過渡。個人所得稅的扣除應該按照每個家庭進行非常科學的測算，目前還是一種粗線條。個人所得稅應該按照家庭而不是個人徵稅，如此才顯得更加公平、合理，可現在沒有這樣做，仍然是按照公民個人計數。個人所得稅與一個國家的經濟形式有密切關係，所以應該根據通貨膨脹率有一個比較合理的上下浮動，但這個沒有做到。

這次起徵點比較得民心。我也聽說了過程，人大多次開會與辯論，爭議很厲害。3,000 元本來認為是一個大眾可以接受標準，最後由於人大的壓力提高到 3,500 元。總理從國外回來聽完彙報後說了一句「3,500 就 3,500 吧」。這是比較得民心的一步，我們認為它起到了減輕一部分中等收入或者是低收入和中等收入邊界人群的稅負，是大家歡迎的。這個調整推行後有效地緩解了人們對個人所得稅的不滿。但個人所得稅更重要的問題卻再次被迴避，使個人所得稅真正的改革並沒有真正開展起來。我們知道個人所得稅要實現公平跟合理，剛才提到的改革迴避不了。

再譬如我們所熟知的土地財政問題。土地財政問題一直是社會的一個敏感問題，大家關注度很高，涉及政府跟人民之間的關係，涉及政府之間的關係，涉及財產稅，也就是我們說的房產稅改革，它是一個糾結在一起的社會核心問題。這樣一個問題很長時間得不到有效解決。

財產稅的改革問題要講很長時間，所以我們把目光轉向財政分稅制的改革。分稅制是財政體制的一部分，財政體制的問題來自於哪兒？來自於中央和地方背後的財政關係。我們知道鄧小平時代的改革是一種分權式的改革，若簡單概括一下，是分權讓利的改革。這個改革的原因是什麼？我們讀《鄧小平文選》就可以看出：鄧小平刻骨銘心地體驗到中國計劃經濟時代高度集權體制的弊端。這樣一個體制最大特點是把全國所有權力特別是資源配置的權力、決策權力集中到最高層，中國十多億人的事情，其實是由一個領袖來決定的。這樣的體制造成一種現象，即當最高決策者或我們的領袖做

出某種決定時，可以沿着這個體制往下的鏈條延伸一直貫徹到最基層。因為體制鏈條各個層級上都沒有真正的決策權力。這樣的體制把領袖的意願往下貫徹時，各個層級的領導者都必須無條件貫徹領袖的意志。那這樣的體制中有沒有對體制的不同意見？也有，但無力改變體制的決策。任何人都只能沿着這樣的體制往向他的上級反映。譬如認為大躍進、人民公社、文革這樣的決策不對，當它往下貫徹時，下面的人可能會反對，但反對也只能沿着這個體制鏈條往上反映，可他的上級接到下級意見時，再往上反映時，必然形成一個信號衰減的過程。任何一級領導者都不希望自己管轄內的地方向上級反映不同聲音或者負面信息。下面真正的不同意見反映到上面時，已經是大事化小，小事化了，到最高層時這可能已經不是問題了。所以最高層領導意識不到下面出現問題，遲遲得不到下面真正的信息。

毛澤東在三年困難時曾讓自己身邊的警衛員、炊事員去了解情況，看看自己家鄉到底有沒有問題。等到領袖真正知道下面確實出現問題時，下命令糾正錯誤已經來不及了，大錯已經鑄成。文革之所以會發生、三年困難之所以給中國人民帶來深重災難，主要是因為體制很少有這種決策與糾錯的機制。當文革結束後，鄧小平推進中國的改革開放，非常關鍵的一個問題是把這樣的高度集權到個人的決策體制加以改變。

那他是怎麼改革的？答案是放權讓利，把一部分權力放給地方、國有企業。當時地方更需要錢，更需要自己來解決自己的實際問題，而且當時地方已經面臨着崩潰的經濟形勢，並且還承擔着文革欠債的任務，既要恢復經濟，又要穩定社會主義秩序。所以鄧小平採取了一項改革，即財政體制的改革，把權力由高度集權、完全由中央壟斷的權力部分分散給地方和企業，這就保證了改革開放的前期中國社會能夠迅速穩定下來，能夠慢慢地把活力釋放出來，於是帶來了 80 年代的繁榮期。整個 80 年代除了最後一年出了問題，整體是向上的，是比較陽光的，也是最開放的，大量西方思想、著作引到中國。那這樣的體制我們怎麼評價？鄧小平在改革過程中將中國過去高度集權的計劃經濟體制通過放權讓利的財政體制改革，

逐漸推到市場經濟的方向，公共財政的體制也朝與之相匹配的方向發展，大致是這樣的思路。

到了 90 年代，鄧小平的南巡談話是要把中國重新扭轉到市場經濟的方向來。在這個過程中，中國財政體制開始發生變化，分權讓利的體制到 90 年代初期出現了跟中國政治體制不相匹配的矛盾。中國政治體制是單一制，高度集權，從計劃經濟轉到有計劃的商品經濟（就是改革開放前期一段的體制），其本質上沒有變化，仍然是高度集權，只不過沒有像毛澤東那樣一個領袖存在而已。鄧小平改革前期實行的分權，實際上是放權讓利的經濟結構，經濟上的一個變化與政治集權不相匹配，政治集權需要經濟上的重新集權相適應。但鄧小平實行的改革恰恰把很大一部分權力下放。地方掌握着這些財權，就可以做很多事，譬如搞基礎設施建築，使 80 年代地方經濟比較活躍，既有錢又能辦事，地方經濟顯得很繁榮。但到了 90 年代初期，一方面放權讓利的體制並不成熟，本身出現了權力分散之後的失序現象；另一方面最主要的是中央集權所需要的財權被分散，中央集權本身的鞏固成了問題。所以在 1992 年前後，中央的一些報刊、輿論中開始出現一種聲音：要治理諸侯經濟、地方重複建設等問題，因此中央開始露出集權的傾向。

高度集權的政治體制跟相對分散的經濟權力配置格局，最後博弈的結果是重新走向集權，而且這時候集權的時間是鄧小平南巡談話後。鄧小平南巡談話後是把中國的歷史航船的船頭對準市場經濟方向繼續前行，這個問題鄧小平解決了，但中國財政權力開始集中。

財政權力首先是政治的權力。研究財政問題必須充分關注政治問題，如果不懂政治問題，研究不了財政問題。上述變化，表面上是財政體制的分權和集權問題，背後卻恰恰直接關係到政治體制能否持續的問題。中國仍然是集權體制，鄧小平也未能完成市場化改革後政治權力的走向問題。結果在這個問題上導致了重回集權。

在我看來，分稅制改革就是通過政治集權重新把經濟上的分權趨勢加以扭轉，重回集權體制的整個過程。這個改革從 1993 年開始，1994 年完成。而且當時提出來的改革原因是解決兩個比重過

低的問題：一個是財政收入佔 GDP 的比重過低，最低時是百分之十一，不到百分之十二；一個是中央財政佔整個財政收入的比重過低，中央財政佔整個財政收入的比重和地方佔的比重在分稅制改革之前與今天相比正好調個，地方財政在分稅制改革之前佔有整個財政規模的比例達到了百分之七十五至八十的高度，所以地方財政很有錢，做了很多事。但分稅制改革後，地方財政收入急劇減少，一般佔到 40 百分之四十的比例，這一比例在最近十多年中沒有很大變化。這樣的一個改革是通過分稅制把地方上的財權重新收回中央，使中央財政重新獲得了足夠的財權、財力，可以支配整個中國的體制。中國傳統的中央集權體制得到了強化。而地方財政卻出現很大問題，首先出現巨大虧空。地方財政在最困難時連中學老師的工資都發不出來，所以地方財政在當時採取了一些創收的辦法來解決自己的財政收入來源問題，最主要的手段就是賣地，土地財政由來如此。地方財政有很多做法突破了舊體制上的規定，中央也採取一種默認態度對待，使地方財政在解決自己收入來源問題上隨意性比較強，這樣一個財政體制對於中國的影響十幾年一直沒有變化。

中國財政體制的前景應該是什麼樣的？應該適當分權。分權是真正的憲政問題。什麼是憲政？用一句話概括的話，就是在整個政治體系中存在着某一種權力時，一定要有另外一種權力能夠制約。換言之，憲政否定一種絕對權力存在，任何一種權力都要得到制約。但這種理念、思想能不能被我們所接受是一個大問題。中國文化、制度長期的演變是排斥憲政的，而中國人的文化跟憲政的理念也有點格格不入。

昨天我讀了張千帆教授的一篇文章講憲政民主是最高國家利益。不知道你們是否也有這樣的疑問，「國家最高利益」和「最高國家利益」這兩者之間有什麼區別？《憲法》裏說全國人民代表大會是國家最高權力機構？是這樣說的嗎？不是。《憲法》說的是「全國人民代表大會是最高國家權力機構」。國家最高權力機構和最高國家權力機構不是一回事。我想這絕不是憲法寫得不對，一定有某種考慮。不是所有權力裏，全國人民代表大會就是最高的，而是指國家權力機構裏面的最高機構。「國家最高」和「最高國家」不是一個

概念。我困惑地問張千帆老師這篇文章怎麼考慮？顯然跟憲法不是一個問題，可他也絕不是亂用這個名詞。憲法裏所寫的，跟我剛才所說的憲政理念中有一個糾結的地方，我們國家最高的權力機構是否應該存在？是否應該有一種最高權力機構寫在《憲法》裏？這是第一個問題。第二個問題，中國所有公權力機構到底誰是最高的？這個問題很難解釋清楚，但現行憲法是這麼寫的，我認為應該是像《憲法》自己所陳述的：人民是國家是主人，國家的權力機構充分代表人民的利益，這是沒有問題的。但作為一個結構來說，是人大？是政黨？還是什麼？這裏面有很大的憲政學問在裏面。如果是憲政的理念，我相信任何一個權力都應該得到另外一種權力的制約，這樣才合乎憲法精神。

我們國家的財政體制就糾結在這個地方，例如大家比較關注《預算法》的修改。《預算法》修改最大的一個問題是，究竟是人大說了算還是政府說了算？現實是政府財政部說了算。國庫問題究竟是財政部說了算，還是人民銀行總行經理、國庫說了算？現在是由國庫說了算，因為國庫是由銀行來經理的。銀行經理國庫的權力有國家權力的設置，由這個權力機構說了算還是其他權力機構說了算？這次《預算法》的修改就糾結在這點。

《預算法》7月初修改的一稿公佈社會徵求意見，裏面有十幾處提到這件事由財政部來決定，或者由國務院來決定。譬如關於預算公開，預算公開過去沒有，這次寫上「預算應該公開。」有的學者說「應該」不夠有力，應該寫上「必須」，預算必須公開，這個心情可以理解。但據我所知法律上說「應該」就是「必須」的意思，這不是問題。問題是預算公開怎麼公開？這個《預算法》修改中沒有提到。沒有提到不要緊，相信應該由未來的《預算法》細則解決這個問題，但《預算法》規定中應該留有空間，也就是說原則性的規定應該有。譬如預算公開的形式，通過什麼形式公開？是報刊、新媒體？預算公開的時間，在預算通過之後多少天之內必須要公開？預算公開之後應該如何問責？如何糾錯？預算公開由哪些人來參與這件事？在預算公開過程中怎麼解決功能問責問題等，都沒有在法律中做出原則性的規定。

再就是前面所説的國庫。中華人民共和國建國以來中國實行的是人民銀行代理國庫，到後來實行經理國庫，最後寫進了《銀行法》。這次修改後取消，事實上中國人民銀行有代國庫的功能，沒有直接寫，迴避這個問題。我認為至少可以取消經理國庫的職能。這樣一來就大大強化了財政部對財政、國庫的支配權。經過這次《預算法》的修改，財政部對中國財政資金的支配能力大大加強。相對來説可能發改委還有一些，但擁有預算權力的部委，包括人民銀行總行支配國庫的權力都得到了明確削弱。王雍君先生曾説過一句話，「《預算法》修改一旦要實現，中國將出現一個權力大過所有部委的一個部，即財政部」。在歷史上財政部的「部」若權力過大，會出現種種負面東西，對體制有威脅。當然任何一個部委的設置都應該保持權力的平衡，誰過大了都不行，財政部權力的過大將帶有危險性。為什麼？財政部權力的背後是政治問題，如果一個領導者、一個擁有權力的最高領導者控制了財權，掌握了用人的權力、用財的權力，他就可以統治整個國家機器。西方有一種説法，「刀劍和錢袋子不能掌握在同一個人手裏」。就是這樣的道理，一個是軍隊，一個財政。實際軍隊倒不是最根本，關鍵是財政。1215 年《大憲章》國王支配財政的權力轉移到貴族和議會手裏，以後他再想打仗、擴軍、增置武器裝備要找別人商量。這樣一來他的權力得到了最大的衰落，錢袋子轉移到別人手裏，這時候憲政民主就開始了。所以一個國家的財政權力本身是政治，很多的學者都持這樣的觀點。必須把財政問題上升到政治權力的高度認識，必須用憲政、民主、法治對財政權予以限制，給財政套上籠頭，這個國家才是真正的憲政民主國家，否則就很難説它不是一個專制國家。所以預算跟憲政民主的關係非常密切。

分税制改革背後隱含的一個問題就是財政體制，財政體制本身又是政治問題，所以解決中央和地方的財政關係最核心的是立憲，為中央和地方的財政關係立憲。什麼是分税制？分税制是按照税種劃分中央和地方各自的財權，而中央和地方各自的權力是依據他各自承擔的責任來劃分的。各自的責任又是依據什麼來定的？依據憲法。現在經常説財權和事權相匹配，這沒有錯，但卻不是問題的根本。最主要的是財權要跟各級政府承擔的公共責任相匹配，而

其責任又來自於國家憲法，憲法要非常明確地標識出來什麼是中央的責任，什麼是地方的責任。在公共財政權力配置中，首先應得到滿足的是地方，因為地方政府離人民群眾最近，其主要的公共職能就是為社會提供公共服務和公共產品，所以必須要得到滿足。我們這些年來出現的一個問題是經濟增長很快，但公共責任盡職的程度卻不如人意。媒體曾做過一個調查，社會公眾對於政府履行公共服務的責任滿意度有多大。經過了解百分之八十左右都有不同程度的不滿意。經濟增長本來可以為公共財政提供充分的財務，經濟增長很快，財政收入的增長更快，我們每年 GDP 增長不過百分之九左右，但財政收入的增長能夠達到百分之二十以上甚至更高。有這麼好的財政和經濟增長的趨勢，公共責任履行的程度卻不能令人民群眾滿意。

新一屆領導班子上台時習主席講話，有人統計用了多少次的「人民」。人民利益，一定要作為自己施政的重要考量。為什麼？一方面是政治表態，另一方面也是迫於整個社會對於政府的期待與壓力。在醫療、教育、養老、社會保障、住房等問題上人民不滿意比滿意更多。這種情況已經在社會當中表現出來，經常會發生令人不安的事情，影響社會穩定。政府為了維持穩定，不得不支付愈來愈大、愈來愈多的成本。所以中央和地方財政關係絕對不是一個簡單的錢的問題，地方財政要履行自己職責，應該擁有的財政資源支配權力不到位，財力配置不到位，就會影響公共服務質量，讓人民群眾不滿意。

未來財政體制的改革、分稅制的改革，應該在這上面下功夫，做到該有公共服務的地方一定要有相應的資源配置到位。最近一個比較痛心的事件是五個留守兒童死在垃圾箱裏，有很多聲音說「家長不負責任」「這些孩子太淘氣，本來有機會上學不去，怨得誰？」這個問題我認為應該這樣看：他的父母很多都外出打工，沒有時間照看孩子，但他交稅了，他是納稅人，收了稅的政府就要承擔起保證他孩子安全的責任，這是政府的職責，是交過稅的人天然擁有的權利。在這方面政府沒有盡到責任。美國法律，任何人報告看到有流浪的兒童，馬上就有相應的機構介入調查並提供救助。因為未成

年孩子沒有自我保護意識，但社會不能沒有。譬如甘肅校車事件，50 多個孩子擠在一個小麵包車裏，這就不是一個家長個人的問題，而是一個公共問題。一個國家的孩子生命安全的保障是一個公共問題。再譬如四川孩子上學坐船翻了，11 個孩子失去生命，水流很急，孩子掉下去沒上來。我記得當時我看電視，一位記者採訪當地的鎮長，他很痛苦難過。記者問「為什麼不在這個地方修一座橋，孩子過橋不是安全嗎？」鎮長說「我們這個地方窮，根本修不起，修這個橋需要 1,400 萬元，我們實在修不起。」「為什麼不向上級打報告，讓上級支援一些資金呢？」「我們打報告了，打了 10 年的報告都沒有修成這個橋。」這個報道過了一天，省級幾位領導到縣上調查這件事，縣長做出決定投資 1,400 萬元修橋。11 個孩子的生命換得這座橋，以後孩子的生命就安全了，不至於有生命危險了。表面上看這是一個涉及學生安全的問題，是一個教育方面的問題，但有誰想到這實際上是一個國家資源配置的問題？

前一段時間我們做了一個調研，研究世界各國轉移人口或者外來人口子女教育問題。我們發現美國這個國家很有意思，每年有大量的移民進入，都是外國人口。按美國憲法規定，孩子進來以後得馬上接受教育，不接受教育就是違法的。那麼美國是怎麼解決外來人口子女受教育的問題？後面必定有體制在起作用。我們看到中國在這方面還有很多地方沒有做好，外來務工人員子女教育問題解決得很不平均，南方解決得相對好一些，北京致力於解決這個問題，但資金缺口仍然非常大，每年需要數億資金來解決問題，但只有幾千萬資金到位，這顯然是不夠的。

如果分稅制的改革不能適應財政體制的需要，就會導致地方政府的公共服務的責任不到位。那究竟怎麼來配置這個財政資源、控制財政資源的權力？配置權力的問題是分稅制要解決的核心問題，我想應該要有立憲。為什麼要有立憲？在一個中央集權制的國家裏，中央政府擁有權力的最核心部分，中國是一個自上而下的體制，地方政府官員都是中央政府任命的，地方官員向上級負責，層層對中央負責。如果中央與地方之間沒有權力邊界，容易導致財權財力傾向於中央，而地方政府很多事情不能得到真正解決。

　　解決分稅制的權力問題必須以憲政為理念，在中央和地方政府之間劃定各自的權力邊界，實行真正的分稅制。分稅制實行後，中央的權力就是中央的，地方權力是地方的，再也不能有中央干預地方事情的發生，這才是真正的分稅制。

　　稅制改革也需要把憲政理念貫徹其中。中國目前有 18、19 個稅種。這樣的稅種裏，真正立法的稅收還只是個人所得稅、企業所得稅、稅收徵管法，這是通過人大立法的。剩下的十幾個稅種都不是人大立法，而是國務院自己制定的，只能說是條例、規定、政府部門的規章，不是法律。人民代表大會在稅收立法上的權力非常有限，我們國家最大的稅種，譬如增值稅、流轉稅、營業稅、消費稅等幾大稅種，流轉稅佔整個財政收入比例百分之七十以上，這都不是真正的人大立法。稅收不能夠經過嚴格的立法過程，就使人民群眾對於稅收的參與非常有限，人民的意願不能真正反映到稅收立法過程中。財政問題一邊是政府，另一方是人民。我們以往研究財政都是研究政府這邊的政策是否好或者應該怎樣做。對交稅這一方，即廣大的社會公眾應該怎麼看財政稅收問題，研究得相對較少。我認為他們應該有一個參與權利的保障、表達意願的機會。

　　譬如從去年開始中央各部委要預算公開，今年是地方政府要進行全面的預算公開，這是溫總理特別主張要實行的，但我們看到由於沒有立法，沒有真正的憲政思維貫徹的理念，地方政府跟中央各部委的預算公開依據什麼？被迫公開的壓力來自於哪兒？不是來自於法律，不是來自於制度，而是來自於上級首長對他的要求，願意公開就公開，不願意公開也不違法。今年的預算公開並沒有真正搞清楚。而且中央預算和地方預算沒有形成很好的步驟。以後怎麼辦？預算怎麼公開？依據什麼公開？這些東西都沒有了。溫總理很快會卸任，他卸任後如果沒有人提預算公開，這個事算過去了。本來預算公開應該是常態，為什麼？因為財政資金來自於每個人交的納稅錢，錢怎麼用應該想辦法交代，這是一個必須的事，但在中國變成一個很難的事。

　　稅制的改革不也如此嗎？稅種如何調整，稅制應該怎麼依據科學合理的方式進行設置，這些問題應該更多聽取民間的聲音，特別

是企業應該怎麼納稅。如果稅制不合理，直接影響到的是微觀企業的活力，現在已經有不少信息證明中國現在微觀的經濟活力不足。廣大民營企業由於預期不好，對未來信心不足，擴大再生產的後勁不足，投資意願不強，資本回報率偏低或者呈現一種走低的趨勢。這些問題，稅制改革不到位難逃其責，而且流轉稅對企業來說顯得過重。除了正式的稅收，各種收費給企業造成的干擾非常大。所以從預算公開、從財政體制的調整、從稅制的改革、從分稅制改革如何進一步完善等幾個方面，我們可以觀察中國未來憲政改革。我的看法是把憲政的思維引入到財政體制的構建和改革中是非常迫切和必要的。

中國現在的憲政改革核心問題是如何限制住行政權力、政治權力，在這個問題上所做到的事情實際上非常有限。應該說只是經過文革，經過幾十年的蹉跎、曲折後，才剛剛可能恢復一點憲政改革的勢頭。如果一個連政治權力的邊界都未設立，權力運作沒有得到真正的制約和監督，那這樣的一個體制離民族復興還有很遙遠的距離。如果用兩個字概括現在社會的核心問題就是「憲政」。我同意張千帆教授的思想。如果用四個字概括就是「憲政民主」。如果用六個字概括就是「憲政民主法治」。

李少文：李教授說財政稅收不僅是一個經濟學的問題，還是一個憲政問題，那麼下面就有請遠道而來的憲法學者華炳嘯教授給我們做報告。

華炳嘯：李老師前面專門談了對中國憲政的前景。和李老師稍有不同的是，李老師是審慎的悲觀，我是審慎的樂觀。在這裏講講我審慎樂觀的理由。

〈稅收的憲政要點〉一文開篇就說：「如果沒有憲法做指導和保障，公共財政制度和體現憲政精神的現代稅制就不可能真正建立起來，對於中國這樣的缺乏法治傳統、仍處於現代法治啟蒙階段的國度來說更是如此。」在最後，李老師又再次呼籲即刻展開一場全民族的憲政啟蒙運動，通過某種漸進的方式，實現「靜悄悄的革命」，在中國建立起成熟完善的憲政制度。李老師說憲政改革就是靜悄悄

的革命。我接着李教授所講的，講講我對憲政改革的一些看法，主要有四點。

第一，保健性改革、激勵性改革與新改革時期的歷史方位。借用赫茨伯格的雙因素理論所提出的概念，我們把改革可以區分為保健性改革與激勵性改革。財政體制改革是由保健性改革向激勵性改革貫通的銜接性改革，牽動着憲政改革的經脈。財政體制改革是由暴力性改革到激勵性改革的銜接性改革。保健性改革大家比較容易理解，能夠消除一些不滿，能夠延長政權的壽命，譬如民生改革、工資、福利等，這是社會保障，這些能夠消除社會的不滿，但不能解決政權的合法權的問題。激勵性改革，激勵因素的滿足能通過增強公民意識、建構公民身份、保障公民權利、提升公民的責任心、參與度、成就感而帶來公民的積極態度。大家經常講政治消極情緒，為什麼消極？消極是某種制度造成的。激勵性因素的改革能夠提升政治的透明度，也能滿民公民社會自我實現的要素，同時也能提升政治的合法性。

保健性改革應該是必要的，前面三點改革就是這樣的改革，好比大手術前的保健措施。但改革的成敗還是取決於「腦瘤激光切除手術」與「憲政中樞重構工程」是否成功。有人説不改革等死，改革找死。腦子裏有一個腦瘤需要做手術，有沒有風險？有風險，到底做還是不做是一個問題，是等死還之找死？做的話有選擇，現在路徑要解決的問題是怎麼樣降低改革風險，提高改革的成功率。

回想中國的改革開放事業，從始至終都是在「去斯大林化」、適應全球化、走中國道路的過程中不斷推進的，並以 1982 年第一次憲政改革的成功為國家制度轉型的標誌。1982 年憲法從 1978 年真理標準問題大討論開始，通過 1982 年憲法結束了「文革」體制，確立了中國改革開放時期的國家憲政制度，為 30 年的改革開放起到一定的保駕護航的作用。總體而言，前 30 年改革（1982–2012）以第一次憲政改革為起點，以經濟與社會基礎改革為重點領域，基本遵循着「謀改革、求發展、促穩定」的三步走節奏，使經濟基礎和社會利益格局發生了根本性變化。

第一個十年是「謀改革的十年」，1982–1992 年是改革開放的十年，尤其是胡耀邦那一代人對文革有感受，他們都是其中走出來的，知道高度集權對於中國的改革開放危害有多大，改革的目標是解決高度集權的問題，這是十年是改革的十年。

第二個十年（1992–2002）是「求發展的十年」，核心命題是「如何在改革開放道路上加快發展」，強調「發展是硬道理」，實行「效率優先、兼顧公平」的新自由主義政策，確立了市場經濟基礎、法治國家目標和「三個代表」黨建思想。

第三個十年（2002–2012）是「促穩定的十年」，核心命題是「如何在改革開放道路上保持穩定」，促和諧、保穩定成為了硬任務，政策重點開始轉向倡導公平正義的和諧社會建設，並提出了以人為本、科學發展的新發展觀，強調以改善民生為重點的治理改革。這裏有一個很大的問題，轉成促穩定的十年後，維穩壓倒一切，維穩壓倒了維權，不是用憲政思維、法治思維解決改革開放中的問題，這是值得我們思考的問題。

未來 30 年改革（2012–2042）是以新一輪憲政改革為起點，以社會政治改革為重點，遵循「立憲、行憲、憲治」三步走戰略，力爭在鴉片戰爭二百周年之際全面建成遵循普遍規律、適應普世價值、富有中國特色、具有中國氣派的社會主義憲政制度，邁入富強、民主、文明、和諧的社會主義憲政社會。十八大也講了這個目標，在建國一百周年之前要如何如何。但那樣一個美好的藍圖不是一天能實現的，必須分步走，而怎樣在憲政建設上分步走卻沒有提出，我想高層領導也在思考這個問題，我接觸的一些人一直在琢磨和思考這個問題。

我一直認為未來 30 年是以社會政治領域改革為重點的新改革時代。其中，第一個十年是最為關鍵的「立憲十年」。如果我們不能在未來 10 年裏基本構建起社會主義憲政體制，那麼很可能會導致社會分化、經濟衰退、政治動盪、國家分裂。這不是危言聳聽，有人講我們已經失去了 10 年，而我們有幾個十年？下一個 10 年以後大家想想利益格局、政治對等關係會發生哪些變化？你再想改革時還能

改得動嗎？對於執政來說還有多少個 10 年？李老師講得非常好，今天爭論的問題一百年前就在爭論。

遼寧省黨校一個副教授寫文章批評我，他說黨國立憲是可以、可能的，說我是當代的康有為。他肯定對我有誤解，一是我不可能成為「當代的康有為」，也沒那想法。當時搞了君主立憲制，有主張共和的。現在是革命，我們主張憲政改革，有些人要推翻整套體制，另起爐灶。現在的改革和革命的這種辯論在一百年就出現了。我看一百年前的很多文章很深刻，我覺得一百年前的前車之鑒我們一定要吸取；如果不吸取，可能就會喪失掉改革機會。因為我們有國民黨的教訓、蘇共的教訓。正因為有前車之鑒，所以我審慎樂觀。

黨的十八大產生新一代中央集體，面臨着前所未有的巨大挑戰，肩負着重大責任，他們自己也意識到了。十八大報告充分體現出這種焦慮和憂患意識。我覺得我們表達的很到位，但關鍵是怎麼辦。我認為現在正在慢慢形成一套思路，我看到了希望，包括《憲政社會主義論叢》的連續出版。在省人大和中央編譯局去年一塊開的人民代表大會上第一次談《憲政社會主義論叢》，而且那個會上我們把《憲政社會主義論叢》第一輯作為會議資料給所有人發。

我們為什麼要辦《憲政社會主義論叢》？「法治三老」等著名學者都參與推動這個事情。沒有這個論叢，憲政社會主義研究成果很少出來，因為其他報紙、書刊不發這樣的文章，我們必須要有自己的一個學術平台為對社會主義研究有興趣的人進行交流而提供，這個平台很重要。我們對中國要有批評，有時候講悲觀因素很多，但再悲觀仍要做事，有所作為。推動憲政是一個艱辛的過程，不能簡單寄望於未來 10 年怎樣，我寄望於未來 30 年。從短期來看有時候會覺得很失望，《超越自由主義——憲政社會主義的思想言說》寫了十幾年，1995 年就出了一本小冊子叫《現實社會主義的誤區、困境與抉擇》，1996 年有了《關於十五年後中國新改革的思想提綱》。那時我認為在十八大之前是重要的歷史節點。當時我有自己的一套研究，1996 年市場經濟改革已經啟動，前面要有 10 年解決市場經濟改革中的一系列的問題，包括社會格局發生的變化。到 2012 年之前，我當時講的是 15 年後即 2011 年憲政改革更成熟了。新改革思

想提綱實際上就是憲政改革的思想提綱，裏面大部分內容是關於憲政改革。

　　樂觀的另一個理由是 2012 年 11 月 17 日，中共中央總書記習近平在十八屆中央政治局第一次集體學習時強調指出：「中國特色社會主義制度是特色鮮明、富有效率的，但還不是盡善盡美、成熟定型的。鄧小平同志 1992 年在視察南方重要談話中指出：『恐怕再有 30 年的時間，我們才會在各方面形成一整套更加成熟、更加定型的制度。』我們要堅持以實踐基礎上的理論創新推動制度創新，堅持和完善現有制度，從實際出發，及時制定一些新的制度，構建系統完備、科學規範、運行有效的制度體系。」我對這些話特別熟悉，為什麼？因為我在 1996 年所寫的那個新改革思想提綱中，大量出現鄧小平理論。我的立論建立在鄧小平的這番話上。在 2022 年之前也即未來 10 年之內，在原有社會利益結構發生重大變革的基礎上，最終要通過憲政改革才能使我們的政治制度、憲政體制有效進行。這是我於 1992 年所提出的一個構想。而且我在 1999 年有一篇 4 萬字的長文，關於中國政治體制改革的整體思考，算是 4 萬字的建言，也有一定的迴響。中央黨校 2004 年編的一套東西將我這篇文章收進去，2010 年我召集要推出《超越自由主義——憲政社會主義的思想言說》。今年 4 月 25 日，中國改革高層報告做了一期憲政社會主義專刊，我做了主論。那個專刊大家可以在中國改革網上看到。原文是四萬多字，刪節後兩萬多字，關於改革、政策建議全部保留，有積極反響。

　　第二，新改革的突破口——政黨民主與人民民主的制度性對接。革命黨時期的「人民民主專政」國體應當適應建設法治國家的新要求，及時轉換為執政黨時期的「人民民主憲政」國體。《超越自由主義》那本書裏面最重要的就是提出人民民主憲政，人民民主專政是一個革命黨概念，專政的對象是政治性的概念。我們在確立建設主義法治國家，用法治思維來治國理政時，就必須適應由革命黨到執政黨轉變的歷史要求，確立起人民民主憲政。所以中國共產黨的執政理念應當從專政思維轉換為憲政思維，從強調「執政為民」階段繼續推進到「依憲執政」新階段。胡錦濤總書記 2004 年講

過要「依憲治國」，依法治國首先是依憲治國，依法執政首先是依憲執政。問題在於怎麼走。憲政社會主義提出了一個思路，給政治改革、憲政改革提了一個很重要的選項，共產黨要轉型為依憲執政並監護憲政運行、保障憲法實施、維護憲政秩序的現代政黨。這種新改革的突破口在於實行黨政分開，也即黨權與治權分開，並實現政黨民主與人民民主的制度性對接。政黨民主包括執政黨黨內民主和黨際民主，以及和參政黨之間的關係如何都要進行設立。

具體改革思路是，把政治系統劃分為三個層面：一是政權共識層面。以政治領導為中心的憲政監護層面，中國共產黨領導人民制憲、行憲、護憲，維護戰略共識，保障憲政運行。二是治權競爭層面。以政策治理為中心的施政層面，中國共產黨全國黨代會通過競爭性提名，推薦支持度最高的兩個政策競爭團隊到全國人大競選政府組閣權，實現「治權為民所賦」。三是民權參與層面。以公民權為中心的參政層面，中國共產黨引領多元政團和社會公眾參政議政。這是政權共識層面、治權競爭層面、民權參與層面。共產黨執政方式在這三個層面上將遵循不同的政黨規律和憲政規則發揮不同的作用。

從某種便於理解的角度，我們也可以把這種「政權—治權—民權」系統（也即「憲政—施政—參政」系統）視為是萃取了「一黨制」「兩黨制」與「多黨制」優點的複合型政黨體制。憲政社會主義學派也稱之為「公意—眾意複合型」政黨合作體制。憲政社會主義所主張的政黨政治是「公意—眾意複合型」的政黨協商政治，即執政黨與參政黨合作協商型的社會主義多黨制。

在憲政層面是一黨制，共產黨管什麼？管政治，管憲政秩序，一個國家最根本的規則，大家都按照這個根本規則玩這個遊戲，管政治大方向，建設社會主義。社會主義是什麼？怎麼理解？不同時期不同情況下有不同理解，我們可以有一種新認識。馬克思主義最重要的思想是什麼？不是國家主義社會，而是社會主義國家。馬克思建立的國家是什麼樣的？不是一般的共和國，而是社會共和國，真正的理想是消滅國家，建立自由人的聯合體。這種思想長期以來

尤其是到斯大林時期專制體制後，把馬克思的精華東西糟蹋了。在19世紀馬克思講的階級鬥爭等東西分化很嚴重，工人沒有選舉權等權利，那種情況下講的東西一直被放大，便於掌握權力的人控制權力。我們的社會主義變成了什麼？變成國家主義。前中共中央宣傳部部長朱厚澤同志在一篇文章中說：「社會主義者以社會為主義，為社會而主義。不要迷迷糊糊，被人牽着鼻子走，把國家誤認為社會主義，進而去崇拜那個國家主義。」去年我參加北京大學公民社會的研討會議，發言題目是「社會主義以公民社會為主」，從馬克思主義基本原理論證公民社會對於社會主義建設的重要性。

對於社會主義的理解，我們不能簡單貼標籤去認識，而要了解它的體制機制到底是怎樣運轉的，目前發生了哪些變化。馬克思主義對21世紀中國有價值的是什麼？是關於社會共和國，由社會控制國家。社會怎麼控制國家？馬克思講到政黨，把希望寄托在工人階級政黨，政黨是社會控制國家的工具，不能變成控制社會的一種工具，政黨異化是不可取的。過去講黨群關係，現在講黨和公民社會之間的關係到底怎樣，這需要重新研究。

憲政社會主義所主張的政黨政治是什麼？是「公意—眾意複合型」的政黨協商政治，即執政黨與參政黨合作協商型的社會主義多黨制。從理論層面上分析，「公意—眾意複合型」政黨協商政治相較於眾意型政黨競爭政治對於轉型中的中國更具有制度適宜性與優越性。這是中國最大的現實，因為我們已經講了不走老路不走邪路。邪路指什麼？指西化的自由多黨制。在現在給定的空間裏能夠最大限度推進的是社會主義多黨制，在憲政基礎上落實它。其中最關鍵的問題是用「政策競爭」替代「政黨競爭」，既然不搞政黨競爭，必須得搞政策競爭。我在八月份到新加坡國立大學參加超越自由主義國際會議，國際學術界也關注憲政社會主義的研究，歐美很多學者關注各個國家憲政轉型的經驗。何包鋼教授專門介紹了國內憲政社會主義研究，而且把我請去參與討論。在那個會上我講中國走兩個老路已經不可能了，我原來的書裏首先把威權主義 pass 了。只有兩條出路：一種是體制外的出路（多黨競爭），一種是體制內的出路。共產黨有八千萬黨員，超大規模的一個黨。這樣的共產黨不實現民

主化的話，那我們的人民民主也是空談。所以從黨內民主到人民民主是中國目前具有可操作性的路徑。

那需要我們解決的問題是什麼？是黨內民主和人民民主怎麼實現制度性的契合。共產黨作為執政黨制憲、立法，共產黨在人大中佔有多席席位。但治權這一塊必須放權。若政黨要管所有事，這個黨最終會被壓垮。在這種情況下黨政分開，黨管該管的事。到治權層面要放權，怎麼放？發揮黨員的主體性作用，黨員的知情權、選舉權等。

要推進黨內民主，發揮黨員主體性作用已經成為全黨共識，這就自然意味着我們要允許和鼓勵黨員更為廣泛地參與黨的政策討論，並在黨內不同的相互競爭的政策主張中根據黨性與人民性相統一的基本原則作出自己的判斷和選擇。全國黨代會要根據廣大黨員的民主意志，提名支持度最高的兩個公共政策施政團隊到全國人大競選行政治權也即國務院總理，而當選者則依憲依法組閣，實行「基於人民同意與授權的治理」，此即「治權為民所授」的黨性與人民性有機統一的民主過程。

大家想想，美國兩黨制是怎麼運作的？美國兩個黨各自提名，其中兩個政策團隊，兩黨競選。競選時辯論什麼？是否墮胎、增稅等一系列民生政策。我們也可走到這一步，黨內提出兩個政策團隊到人大競選。改革是一步一步往前走的，不可能一口吃個胖子、一下要如何如何，那不可能，也沒那個條件。中國公民社會還沒有發展起來。在沒有完備的、成熟的、健全的公民社會體上要搞憲政非常難。共產黨現在很努力，我們應冷靜、現實地看問題。

對於憲政學者來說，我們能做的最大的、最重要的事情就是思考把中國最具有權力的力量怎樣轉化為憲政，且符合它自身的長遠利益。這是我們可以去努力、推進的一個研究方向。我們一直提出「政策競爭」要替代「政黨競爭」。這可能是我們走改革道路的唯一選擇。這樣做，能夠實現習近平所提出的「權為民所用，權為民所賦」。「權為民所用」是原來胡總書記講的。如果我們具體落實，首先是政策競爭手段要落實。為什麼競爭對憲政來說很關鍵？前面講

財政體制改革，有時我呼籲推動很艱難，原因在於缺乏動力，推到某種程度就推不動了，而若要改變整個格局最重要的是競爭，經濟體制改革就是把競爭機制引入經濟領域，政治改革是把競爭機制引進政治領域。

總結起來，關鍵有四句話：第一，讓憲政首先運轉起來。這很關鍵，哪怕運轉起來一點點都是一個不可逆的過程，有些意識形態可加以隔絕，推進最大的憲政共識。第二，以政策競爭替代政黨競爭。第三，治權為民所賦，給人民以選擇的權力。用什麼政策治理老百姓，治國理政，政府辯論、政策競爭，這是很重要的。第四，改革只有徹底才能贏得人心。僅就黨內民主改革，或者僅就財政方面的改革都很難，但改革必須徹底、系統，這樣才能贏得人心。

李少文：謝謝華教授的演講，那麼下面有請北京大學經濟學院的許雲霄老師。

許雲霄：我談一點對李教授就中國財政體制改革前景的論述的理解。李教授認為財政稅收的第一要務是憲政問題，在 2010 年有一本著作《李煒光說財政》。我希望研究憲法、法治的同學能夠多去看看財政。李教授的觀點我支持，因為在我們研究財政學的同時，發現財政和憲政密不可分，而且財政必須上升到憲政層面才能夠解決很多的政治和經濟層面的問題，有很多的經濟和法律問題需要我們共同解釋和理解。

李煒光教授提出憲政問題在抽象層面表現在政府權力與民間權力的平衡，具體層面上表現在私人產權保護和財政稅收上。中國這兩年對憲政的關注以抽象的政治權力為主，裏面只要有權力架構，就應該通過憲政政府的稅收來限制政府的行為。張千帆教授講「憲政民主應該成為基本共識。」這是他很重要的觀點。李煒光教授還談到張教授關於憲政是最高國家利益、國家最高利益問題的觀點博弈，我覺得非常有意思。剛才還談到關於國家最高權力機構和最高國家權力機構的表述，從我的觀點來看，我覺得權力沒有最高，只有制衡，並且認為制衡是憲政最重要的一個因素，制衡是憲政存在

的基礎，沒有制衡就沒有憲政。當然華教授對憲政社會主義有他獨到的理解，而且探討了體制內和體制外，時間關係我無法充分探討。

我從財學角度簡單談一下憲政問題。結合李煒光教授和張千帆教授對財政學和憲政的理解，我認為憲政民主的一個重要出路或者選擇是確定稅收與預算主體的法律權屬和權限。我主要研究政府預算管理和公共選擇理論。公共選擇理論主要是來闡釋政府的權力存在是因為它要解決市場失靈。但政府本身會帶來很多弊端，譬如政黨政治、政黨競爭，理性選民的非理性選擇，這些都會帶來公共決策的失誤。公共決策失誤加上官僚本身對於預算的追求，導致政府規模無限擴大。政府規模的擴大目前有兩種解決方式：一是在政府機構內競爭或者政策競爭。另外很重要的一個是憲政憲制，通過憲法從源頭上劃定政府的權限，規定納稅人的權利義務，對於政府官員的權力、政府各個層面各個權力的來源進行限制。當然作為一個財政和憲政之間結合的問題，首先要解決財政資源的分配問題，其次解決權力分配的問題。我的觀點是：預算、財政分配方面，政府佔有資源過多。我們國家宏觀稅負，根據國家稅務總局公佈，2010年已經將近百分之二十，實際上宏觀稅負達到了百分之四十，因為財政收入不僅僅包括稅收，而且它的稅收不是全面統計，所以整個政府財政收入範圍是前所未有的巨大。立憲的主要目標：第一要限制政府的公共權力，第二給予民眾以充分的私人權利，給予市場給予民眾，民眾包括市場上的企業、普通納稅人、個體、消費者。要給予民眾一個充分的權利，對政府進行限制，這是我的觀點！

六
新型城鎮化與中國土地制度改革

時間： 2013年4月23日

地點： 北京大學法學院

主講人

鄭振源： 原國家土地管理局規劃司副司長，中國老年科技工作者協會國土資源分會土地與環境專業委員分會主任、土地問題專家、上海財經大學高等研究院特聘教授。

張千帆：土地問題和憲政有什麼關係？關係很大，首先表現為憲法基本上沒有得到落實，得到落實的只有兩條：一條是 1982 年憲法序言中的表述；另一條是憲法正文第 10 條關於土地制度的規定，城市土地國家所有，農村土地集體所有。這一條可以說是憲法當中規定的一條「惡法」，一不小心就會對它產生錯誤的理解，進而產生很嚴重的後果。不幸的是，恰恰是這條落實得「很好」，效率很高。另外一條也涉及土地問題，第 13 條規定了公民私有財產保護，以及對財產的徵收（包括土地徵收）需要符合公共利益要求，同時給予補償。這裏的「補償」規定得很寬泛，但自從《城市房屋拆遷管理條例》改革以來，中國社會已經形成了基本共識，補償必須是按照市價的公正補償。這條規定很好，可惜沒有得到落實。今天發生在中國大地的各種強徵、血拆，歸根結底都是因為第 10 條落實得很好、第 13 條落實得不好造成的。

土地問題以及和土地相關的憲法問題直接關係每個人的生活，關係到我們身家性命，因為徵地拆遷鬧出人命的事情已經不少了。土地制度直接關係我們的住宅以及土地作為一種最重要的財產形式能否得到國家保護。另一方面，土地制度也可以說是「中國模式」的台柱子，而且和其他部分緊密相關中國的城市徵收、房屋拆遷、城市改造一起，成了中國名片，成為中國在國際上的形象。當然，這種方式不能說沒有一點優勢，即能夠「集中力量辦大事」，但除了給大家的生活、各方面帶來不安定之外，又浪費了大量的資源、造成空氣污染。

今天非常有幸請來研究土地問題最資深的專家鄭振源老師給我們解讀「新城鎮化」到底是什麼，中國的土地制度應該怎麼改？

鄭振源：今天講的題目是「新型城鎮化與土地制度改革」。我講三個大問題，第一是新型城鎮化的提出。大家知道現在我們國民經濟發展進入了經濟增速下行周期，在這形勢下中央提出發展戰略轉變，要調結構、擴內需，通過內需拉動國民經濟，穩增長，穩中求進。中央提出要培育一批推動力強的消費增長點，所以去年年底中央經濟工作會議上提出新型城鎮化的概念，而且李克強總理認為

新型城鎮化是當前擴大內需的最大潛力所在，新型城鎮化是現在經濟發展的新動力，同時也是改革紅利的重點。

那什麼叫新型城鎮化？「新」在哪裏？李克強總理做了一些解釋，很多專家也寫了一些文章，歸納起來我認為新型城鎮化「新」在五點：一是要改數量增長型的城鎮化為質量增長型的城鎮化。過去的城鎮化是儘量把城市做大做強，因此聚集了一批小而全、大而全的產業，但有些產業相互間沒有多大經濟聯繫，如此就降低了產業的集聚效益。過去的城鎮化注重工業發展，服務業相對比較弱，是一個第二產業強、第三產業弱的城鎮化。這種城鎮化生產能力很強，但消費能力不強，一個城市裏有很多豪華會所、高檔別墅，但同時也存在很多蝸居、蟻族（擠在城中村的居民）、鼠族（棲居地下室裏的居民），生活質量不高。現在要改變這種局勢，把數量增長型的城鎮化改成質量增長型的城鎮化。二是過去的城鎮化投入了大量資金、土地和勞動力，如此造成很多土地資源的浪費、資金的浪費，人力資源也沒有很好利用。所以第二個「新」是要把粗放型的城鎮化改成資源節約型的城鎮化。三是過去的城鎮化不注意城市環境，搞得現在地上交通擁擠，天上霧霾滿天，垃圾圍城，地下水污染。新型城鎮化要把這種城鎮化改成綠色、低碳、生態和諧、環境友好的城鎮化。四是過去的城鎮化是政府主導，層級制的城鎮化。城市有行政級別，如直轄市、省會市、地級市。縣級市。行政級別高，掌握的資源多，就能大發展；下面的小城鎮，掌握資源少，發展不起來。所以現在的城鎮體系是畸形的，上面大、底下小的體系，這樣使得城鎮的運行效率很低，要改為由市場導向的產業支撐、地域上合理布局、大中小城市協調發展的城鎮化。五是城鎮化要能推動農業現代化。按劉易斯的發展理論，城鎮化把農村的勞動力吸收到城鎮裏，這樣一來擴大了農產品的消費市場，把農村的勞動力吸收走了，農村可以擴大經營規模，採用新技術，提高農業的勞動生產率，把農業成本降低，使農業成為一個可盈利的產業，經營農業的人也可以得到社會平均利潤。這樣使工業化、城市化與農業現代化齊頭並進。可我們現在的城鎮化不是這樣的，把農村勞動力、土地吸走了，可是勞動力不能變成城市居民，他的承包地宅

基地還留在農村，如此農業生產規模就擴大不了，經營規模擴大不了，老是耕種那些零零碎碎、小塊的田地，就不能降低生產成本，生產效益很低，沒法現代化。所以應改為城鄉協調、三化同步、一體化發展的城鎮化。我認為新型城鎮化的內容是這五點。

第二大問題是現行土地制度對城鎮化的貢獻和弊病。城鎮化是三大生產要素（資本、土地、勞動力）在一定制度下不斷流動、重組的結果。我們要實現新型城鎮化就要研究支配生產要素運動的制度是什麼，這制度是在什麼思想觀念下形成的，它是怎樣運作的，所造成的利益結構、利益鏈是怎樣的，矛盾在什麼地方，造成矛盾的體制性原因是什麼，然後才能找到改革的重點內容。支配城鎮化要素流動的制度有三個：一個是財稅制度，一個是戶籍制度，一個是土地制度。現在來考察一下現行的土地制度是什麼樣的。

規定現行的土地制度有兩部法律：《土地管理法》和《城市房地產管理法》。《土地管理法》是在什麼情況下形成的？1985 年、1992–1993 年發生過兩次耕地面積大減少，反映了城鎮化與農業的矛盾。於是中央下了一個文件：要用世界上最嚴格的土地管理制度嚴格保護耕地，嚴格控制建設用地。怎樣保護、怎樣控制？採用計劃配置的辦法。在這種思路下形成了 1998 年版的《土地管理法》。這部法律的內容可以用三句話來概括：一是禁止農村宅基地流動，禁止集體土地進入建設用地市場，以國家徵地作為新增建設用地的唯一途徑，由政府壟斷整個建設用地的供給。二是由中央決定耕地和建設用地配置的指令性控制指標，通過總體規劃和年度計劃，把這些指標層層分解下達到基層，根據這些指標劃定土地利用區和確定每塊土地的用途，單位和個人必須按規劃確定的用途使用土地。三是為保證規劃計劃指標的實現，又規定了一套高度集權的、複雜的行政審批制度，大凡土地用途轉用、權屬轉變都要拿到上面審批。現在我們的土地管理制度就是這樣，這是世界上最嚴格的計劃配置制度。過去蘇聯都沒有這麼嚴格的計劃經濟式的土地管理制度。

這樣的土地制度對城鎮化有什麼貢獻？第一，通過低價徵地，2003–2012 年 10 年內提供了 374 萬公頃廉價土地，3 萬、4 萬塊錢一

獻就可以把地拿過來;第二,農民工不能市民化,這樣就保持了 2.5 億的廉價勞動力;第三,通過低價徵收、高價出讓,十年內吸收了 15.2 萬億的出讓金,這筆出讓金刨掉徵地成本、一級開發成本後,政府可以拿到 5.5 萬億的淨收益。這些淨收益裏百分之六十用在城市建設。政府拿到地後,還可以將土地抵押貸款。拿了多少貸款? 2012 年的統計數是 5.95 萬億貸款。兩項合起來,城市政府拿到 11 萬億低成本資金。這是筆大錢,所以我們的城市建設搞得飛快。這三項廉價的生產要素支撐着高速度的城鎮化。1981–2010 年城鎮化率從百分之二十一下提高到百分之五十,花 30 年時間走了國外 50 年、100 年走的道路。廉價的生產要素還保證了「made in China」產品價廉物美,以低成本優勢佔領國際市場,在國際市場上賺了 3 萬多億美元外滙,支撐了近 10 年的高速度經濟增長,很快躋身於世界第二大經濟體。這樣的土地制度對城鎮化確實做了很大的貢獻。

但這個土地制度造成的弊端也不小。第一,禁止農村宅基地流轉,農村宅基地不能賣、不能轉讓,禁止集體土地進入建設市場,特別是進入房地產市場,這樣就造成集體所有制、國有所有制產權的不平等。在國有土地上可以搞城市建設,在集體土地上就不能搞。這就斷了農民集體參與工業化和城市化的權利,斷了集體農民的財路。集體土地只能搞農業不能搞建設,使集體土地利用效率低下,損害農民集體權益。

第二,擴大徵地範圍,把徵地作為新增建設用地的唯一途徑,並且低價徵地,造成 6,000 多萬失地農民,其中百分之六十、即 3,600 多萬失地農民貧困化。因為徵地價格低,被徵地的人接受不了,於是運用公權強徵強拆,鬧出了人命。例如西安的唐福珍,唐福珍 3 層小樓估價是 110 萬,政府給她 41 萬,她當然不幹,唐福珍就自焚表示抗議,但抗議沒有用,還是被拆了,造成嚴重的社會矛盾。2007 年以來強制拆遷的惡性事件不斷,原因是徵地價格太低,剝奪了農民的財產。

第三,通過低價徵地、高價出讓,構建了 5 萬多億元的「賣地財政」,刺激地方政府多圈地、徵地、賣地。現在各地都在大辦開發

區、大造新城。開發區多了，地方政府的錢也就多了，結果是富了開發商，肥了貪官污吏，擴大了貧富差距。

第四，政府壟斷建設用地供給，通過指令性規劃計劃配置土地資源。但規劃計劃指標脫離實際，與地方需求不一致，不可能準確預測未來 10 年、5 年甚至 1 年各地的土地需求。指標發下去，有的地方多了，用不完，就先把指標落地，等項目過來，如果項目不來，土地就在那兒曬太陽，造成土地資源浪費；有的地方指標不夠，又拿不來指標，於是造成大量違法用地。指標一分到下面都給了城市，鄉鎮、村裏根本拿不到指標，拿不到指標怎麼辦？就違法用地，先用了再說，不管有沒有指標。所以指標分配的計劃配置方式，造成土地資源的浪費、降低了土地利用效率，還造成社會矛盾。另一方面，面對土地違法問題沒有從違法用地的制度根源上去解決，而是加強執法監督，建立 9 個督察局，用衛片拍照查你的違法用地。9 個督察局一年辦公經費就要 2 億，還不算衛片執法檢查的費用。增加了很大的管理成本，但效率並不高，現在每年還有幾萬起違法用地（沒有查出來的還不計其數）。

第五，建設用地指標下去後，1/3 的指標無償供給劃撥用地，政府辦公大樓、大學城、城市裏的大馬路、大廣場都是劃撥用地，不用交出讓金，結果每個城市都有豪華的政府大樓，禁而不絕；河北省一個大學門樓就有 100 米長，2 層樓高；南京一下辦了 3 個大學城，那些土地大學用不了，可劃撥用地不花錢，不要白不要，所以要下了，結果用不完，欠了債還不了，就賣地給開發商還帳。劃撥使用造成土地粗放利用，降低了城市土地的利用效率。

第六，2/3 的建設用地指標通過市場出讓給開發商，但現在的土地市場是一個行政控制的偽市場。下來的指標，地方政府首先給開發區用，給市政府拉來的項目用。為了爭項目，行政定價把地價壓得很低。因土地便宜，開發商和企業拿到地以後就粗放利用。剩下的指標提供給房地產用地。中央下達的指標本來就少，去掉開發商用地、企業用地以後，剩下的就不多了，而且地方政府為了抬高出讓金有意識的半饑餓供應，造成地價高漲。2003–2010 年的 8 年內，工礦用地全國平均單價一畝地是 9.7 萬元，供應了 101 萬公頃，佔

國有建設用地供應總量的 43%；住宅用地單價平均每畝 56 萬元，面積只有總供應量的 23.6%，其中普通商品房用地單價更高，每畝 62 萬，供應量只有 17.8%。所以說，對土地市場過度的行政干預，扭曲了土地價格，賤賣工業用地、貴賣房地產用地，使市場配置失效、資源誤配，過多的土地配置於工業，造成土地粗放利用和浪費；住房用地又供應不足，使地價房價高漲。通過行政干預的「偽市場」配置土地資源，結果是降低了整個城市的土地利用效率。

結論是：現行計劃配置式的土地制度雖然促進了高速度的城鎮化、促進了高速度的經濟增長，但是土地配置和利用效率不高，還擴大了城鄉差距、貧富差距，造成許多社會矛盾。大規模的低價徵地模式不可持續，粗放型的建設用地模式不可持續，以賣地財政為支撐的城鎮化也不可持續，所以要實現新型城鎮化必須深化土地制度改革。

第三大方面是土地制度的改革。土地制度怎麼改？十八大有一句話：「堅持社會主義市場經濟的改革方向」。經濟學家吳敬璉在制度改革頂層設計的討論中也說：各行各業的改革創新必須符合市場經濟的大方向、大目標、大框架。在土地制度上，據以上的分析，我認為現行計劃配置式的土地管理制度不可持續，必須改為市場配置。只有市場配置土地資源才能提高資源配置效率、土地利用效率、均衡各方面的利益，保證城鄉區域協調發展，實現新型城鎮化。所以我提出土地制度改革的核心就是改計劃配置為市場配置。

市場配置是用價格作為信號，通過市場機制來配置土地資源。所以搞市場配置首先要有一個能夠真實反映土地稀缺程度的土地價格，有了這個價格才能合理配置土地資源。這個價格怎麼形成？只有在開放、競爭、城鄉統一的土地市場上才能形成。所以我認為要搞市場配置第一件工作是要建立一個開放、競爭、城鄉統一而有序的土地市場。第二是建立適應市場配置的宏觀調控體系。搞市場配置就要做這兩件大事。

如何建立開放、競爭、城鄉統一而有序的土地市場，我認為要做四項工作：首先，要轉變政府職能，劃清政府與市場的界線。

政府不要再充當土地資源基本配置者，角色讓給市場。政府不要經營土地，不要圈地辦開發區、圈地造城；城市應由市場導向的產業集聚而成，不是政府圈地而成。政府不要給土地定價；土地價格由市場去定。政府不要給企業經營規定各種各樣的用地標準，現在為使企業節約用地制定了很多標準，譬如投資強度標準、產出標準、用地定額等等，這些標準應由企業根據地價的高低，自己來定；地價便宜，就降低標準，粗放利用土地；地價貴就提高標準，集約利用土地。這是企業經營的事，都應該交給市場去辦，政府不要攬在手裏。國有土地也不應該由政府經營，應該交給國資委或者與政府脫鈎的土地儲備中心來辦，真正做到政企分開。政府的責任是制定市場運行規則，培育土地市場，維持土地市場秩序，彌補市場不足。有些問題確實是市場做不了、做不好的，要政府來做。例如搞好基礎設施建設，吸引產業項目落地；但不要用低地價來拉項目，把基礎設施做好了，項目自然而來就來了。政府的責任是搞好公共服務，使進城的農民工在你的城市裏定居。再有就是土地利用的外部不經濟，譬如把工廠建在住宅區裏，造成住宅區環境惡化是不行的，環境問題實際上也是一個外部經濟問題，這些土地利用的外部不經濟問題政府要管。最後土地權益分配不均衡，政府也要管，在二次分配中調整。總之，要劃清政府與市場的界線，哪些是政府辦、那些是市場辦，這樣才能改變現在政府主導的城鎮化為市場主導的城鎮化。

其次，要完善土地產權制度，平等保護集體土地產權。有平等的產權，才能有平等交易的土地市場。哪些地方國有土地和集體土地產權不平等？第一，《憲法》規定城市土地國有，就是說城市只能建在國有土地上，不能建在集體土地上。這樣集體土地就不能參與城市建設，不能享受工業化、城鎮化的利益，所以我認為這條必須改。城市土地國有，是 82 憲法第一次寫上去的，以前的憲法沒有。怎麼寫上去的？當時的立法委員都主張土地全部國有化，國有化以後才能夠避免農民敲竹槓。但彭真看來全部國有化，震動太大，農民不會幹，所以從現實狀況出發（當時的狀況是在文化大革命中，已有一批城市把城市土地全部國有化了），第一步把城市國有化定下

來，農民集體土地的國有化以後再說，漸進式改革。所以寫上「城市土地屬於國家所有」這一條。

但是什麼叫城市土地？城市土地的範圍在哪兒，沒有說清楚；城市年年在擴大，擴大時，城郊的集體土地如何變成國有，通過什麼方式，經過什麼法律程序國有化也沒有說。這樣造成的後果是政府可以出一個紅頭文件，隨心所欲劃一條城市土地的界線，把農業戶口改了，那集體土地就國有化了，即可以通過行政手段無償獲得集體土地的所有權。這是極大的以公法侵犯私權，同時違背《憲法》第 8 條「國家保護城鄉集體經濟組織的權利」，也違背第 10 條第 2 款「為了公共利益才可以徵地」。現在不是為了公共利益而是為了開發商利益也把集體土地國有化了。所以我認為這條必須修改。

有些同志提出修改憲法很難，將憲法重新解釋就行。怎麼解釋？第一種解釋說：城市是指 1982 年憲法通過時的城市；可 1988 年、1999 年、2004 年修正後的憲法都還有這一條，不能解釋為城市是 1982 年憲法通過時的城市了。還有一種解釋是：把城市土地國有解釋為名義上的國有或者行政管轄權的國有，是沒有使用權和收益權的國有，但這個解釋也很勉強。《憲法》規定了礦藏、森林、水利都是國有，這個國有怎麼解釋？是不是名義上的國有？同時與《物權法》也有矛盾，國有土地的所有權有佔有、使用、收益、處分的權利，不是名義上的所有權。再有一種解釋是把這一條解釋為城市土地可以國有。可是從這條憲法的上下文看來，城市土地國有不是說城市土地可以國有，農村土地歸集體所有也不是說可以集體所有。這麼解釋也勉強。而且解釋權在人大，人大常委會要同意如此解釋才行。

另外，我認為修改憲法也不是很困難。1987 年深圳批租一塊土地，當時是違反憲法的，不允許批租的，但 1988 年就修改憲法，把禁止出租那一條去掉了，使用權可以出租。1999 年時，認為「土地徵用」一詞不確切，「徵用」是把你的地拿過來用一用，用後還你；憲法上說的集體土地徵用，是把你的所有權拿過來就不還了，所以不能叫徵用，要改成「土地徵收」，和「徵用」區分開。1999 憲法

馬上就改了。所以修改憲法不一定很困難。要能說服人大立法委員接受就可以。《憲法》裏規定國家所有、集體所有兩種公有制就可以了，具體的土地權屬由另外的法律規定。如此便能解決問題。

第二個產權不平等的地方是用益物權不平等。改革開放以後進行土地使用制度改革：在公有土地上設定了建設使用權、宅基地使用權、承包經營權等用益物權。土地所有權是公共的，但使用權可以私用。就是把「公有公用」的土地公有制改成「公有私用」的公有制。這項改革很成功，解決了所有和使用的矛盾，大大提高了土地利用效率。可是這個改革還有不完善的地方：國有土地有建設用地使用權，集體土地沒有，所以集體土地不能在市場上出讓建設用地使用權，不能在集體土地上搞城市建設。對宅基地使用權，城市裏的宅基地使用權可以出讓，農村不行，農村宅基地使用權不能轉讓、出租，所以農村宅基地即使不住、不用，也沒法轉讓出去，只好在那兒閑着、荒着，而且也不能把他的宅基地使用權變成現錢，到城裏買房、租房，阻礙了農民向城市流動。國有土地的建設用地使用權可以抵押貸款，集體土地的不行，不能抵押，這又斷了農村土地經營的財路。我認為這些都得改，要給集體土地與國有土地平等的建設用地使用權、宅基地使用權和擔保物權。

第三個不平等的地方是國有土地與集體土地的價格不一樣。在同一個區位，同樣的土地，同樣的所有權，但價格不一樣。國有土地可以是 50 萬，集體土地只能八九萬，三四萬。同地、同權、不同價，這樣也損害集體土地的權益，也要改。所以要建立一個開放、競爭、城鄉統一的土地市場，產權制度要改，改成平等的產權。

第三項工作是建立城鄉統一的土地市場。這個問題十七屆三中全會就提出來了，可是直到現在沒有動靜。要建立城鄉統一的土地市場必須打破限制集體土地入市的三道門檻：第一道門檻是要有合法取得的集體建設使用權才能入市。現在鄉鎮企業的用地大多數沒有經過審批，自己圈地佔用的，大都是不合法的。只有合法的才能進入市場。那合法的地有多少？浙江衢州市的調查發現只有 2.6%。只有 2.6% 的集體土地能入市等於是不讓入市。二是城市建設規劃圈內的不能入市，要徵收過來以後才能建設，城市建設圈外的才可以

入市。我們做了一個試點，發現：如果只許城市建設圈外入市，能夠入市的很少，建不起城鄉統一的土地市場。第三個門檻是集體土地不准進入房地產市場，如果進入就是小產權房，要封殺你，不准你賣。我們的小產權房，北京佔房地產市場 20%，深圳佔 70%。小產權房解決了農民工的住房問題，功勞很大，為什麼要禁止？尤其是現在政府出台的房地產調控政策說要增加普通商品房供應；這邊集體土地上已經建了許多商品房，增加了供應，但是不准蓋、不准賣，這兩個政策豈不是矛盾？城鎮中低收入人群買不到房子，因此政府要建大量保障房保證他們的住房供應；可是集體經濟組織建了很多廉租房，不讓建，非要政府自己建，政府又沒錢，為什麼非要攬這個大包袱呢。所以，我認為這三道門檻都應該打破，要允許集體土地的承包經營權、建設用地使用權、宅基地使用權，在接受城鄉規劃指導和土地用途分區的用地規則限制下，自主有序地進入市場，公平競爭，平等交易。這才能使地價房價降下來，城鎮居民才能租得起、買得起房。

第四項工作是改革徵地制度。第一，要縮小徵地範圍，縮小到公共利益需要的範圍之內，不要為開發商、為企業去徵地。第二，要給被徵地人公平的補償。什麼叫公平？在市場經濟中等價交換就是公平，土地、房子值多少錢就補償多少錢，使被徵地人的利益不受損害；同時做好就業安置工作，給失地農民勞動權補償，兩方面做到公平補償就可避免強徵強拆。第三，要規定並嚴格執行合意加公示的徵地程序。徵地程序包括三個階段：政府徵這塊地先發公告，開聽證會，讓被徵的人發表意見，徵這塊地是否符合公共利益，是不是必須徵這塊地，最後大家同意了就徵。下一步就進入調查、制定徵地補償方案。補償方案不是政府來定，要和被徵地人平等協商定下補償價格和補償方式。達不成協議，交法院仲裁、判決。達成協議，定下雙方合意的補償方案後，進入下一道程序，先補償後交地，登記換證。這樣才能使徵地變成和諧徵地，而不是現在要命的徵地。

所以，建立一個開放競爭城鄉統一而有序的土地市場需要做以上四項改革。

　　第二方面的改革是要建立適應市場配置的國家宏觀調控體系。市場配置不能沒有國家宏觀調控，但國家宏觀調控體系是市場配置的調節者，做市場配置做不好、做不到的事情。

　　政府有四種調控手段：第一，要有公眾參與式的規劃和計劃。這和現在的規劃、計劃不一樣：一是功能不一樣。它不再是土地資源的基本配置者，而是土地利用的信息引導者。二是規劃內容不一樣。它不再是一部指令性規劃、計劃指標的彙編。規劃裏要規定未來五年、十年以後土地利用目標和指導性指標，以目標、指標來引導土地使用人按照目標去使用土地；規劃裏要有基礎設施、公共設施的配置，這是市場提供不了的，要由政府在規劃中確定；規劃還要提出為實現規劃目標政府要採取的政策和管理措施，讓大家知道。三是編制規劃方法的轉變。它不再是中央決策、地方執行，而是公共參與、共同決策。現在西方市場經濟國家的規劃是怎麼做的：他先把規劃有關利益相關人找來，看各自有什麼要求，然後大家討論、協商，相矛盾的要求就一起討論解決，然後定下規劃目標和規劃方案。這樣，在規劃過程中就把各方面的利益協調好。這樣的規劃、計劃才能保證實施，避免違規、違法用地。意大利一位城市規劃專家跟我說，規劃不是科學而是一個合同，大家一起制定的合同。以後城市規劃、土地規劃要用這個方法來做，如此，規劃才能夠遵照執行，得以實施。

　　第二，正確實施土地用途分區。《土地管理法》上有一條要「劃分土地利用區」，按照分區確定的用途使用土地。但現在的土地用途分區做了各類用地的聚類，由分區來規定各類用地的規模和位置。這樣制定的分區，就沒有市場配置的餘地了。所以要改，改成美國式的分區（zoning）。美國的分區制是把行政區裏的土地劃成幾個區（zone），譬如農業地區、住宅區、工業建設區，規定這些區裏允許的土地用途是什麼，要限制的土地用途是什麼，禁止的土地用途和利用方式是什麼，只規定這些用地規則，不管那塊土地做什麼用，只要符合土地用途規則就行。這樣土地使用人就可以按照市場需求，怎麼有利就怎麼用，只要不違反規則就行。這個分區辦法主

要是防止土地利用之間的外部不經濟，住宅區不能蓋工廠，工業區裏不能蓋住宅，農業區不能搞建設，把土地利用之間矛盾解決好。這個做法是限制了你的土地使用權，以提高總體的土地利用效率，但並不完全取消土地使用權。所以《土地管理法》所確定的土地用途分區應該這樣做。用這個辦法就不用擔心集體土地入市後大家都來蓋房。用土地用途分區的辦法，規定哪個地方能蓋房，哪個地方不能蓋房，就可以管住，但這種分區要由社區用公眾參與的辦法來制定，不要由政府單方面來制定。

第三，建立能促進節約用地、優化配置、公平分配土地收益的財稅制度；要使稅收、投資、補貼成為國家調控土地的主要手段。怎樣建立這樣的財稅制度呢？一是要清理、降低土地交易環節的稅費。現在土地交易的稅費佔房價百分之三十至四十，這是房價降不下來的一個重要原因。要把土地交易環節收的稅費清理一下，不要稅費重複徵收，如既收耕地佔用稅又收耕地開發費。二是增加保有環節的稅費，徵收房地產稅、土地增值稅，以控制囤地、囤房、投機性土地房屋需求，同時增加政府稅入。三是徵收耕地佔用稅、城市維護建設稅等行為稅，調節土地利用行為。四是政府應將公共財政投資於基礎設施建設、公共設施建設，以吸引企業落地，吸引農民工落戶。五是利用財政補貼推進土地整治、耕地保護、保障性住房建設等有利於公共利益的工作。第六，最重要的是要完善分稅制，建立地方政府事權與財權相匹配的分稅制，擺脫對「賣地財政」的依賴。

第四，改革行政審批制度，簡政放權。行政審批還需要有，但實行市場配置後，許多事情可以交給市場去辦；市場能辦好的，如市場主導的農業生產結構調整引起的農地轉用，政府就不用審批。這樣，審批工作量可大大減少。諸如宏觀、中觀的規劃、計劃、重大建設項目等大事拿到上面審批；規劃批准了，規劃怎麼落實，具體的項目用地交給地方審批，這樣就可以減少中央和省級政府很大的審批工作量。現在國土資源部的幹部忙得要死，很多工作都是規劃審批、項目審批。人手不夠，就找一些地方掛職幹部、離退休幹

部來幫忙，忙到這種程度。李克強總理號召要改革審批制度，簡政放權，但部裏做不到，計劃配置就必需要審批。所以要推行市場配置才能進行審批制度改革，簡政放權才能提高土地配置效率。

最後一個問題，土地制度改革的突破口。建立開放競爭、城鄉統一的土地市場要做四件事，國家調控體系也要做四件事。但是，現在徵地制度改革、集體土地入市，地方政府接受不了。因為集體土地入市、徵地範圍一縮小，徵地補償費一提高，土地出讓金就沒了。現在地方政府對出讓金依賴到什麼程度：地方政府能收到近 6 萬億的出讓金收益，百分之十用作水利基金，百分之十用作教育基金，百分之十用在土地整治，大規模的城市基礎設施建設也要靠出讓金收益；地方政府欠了 10 萬億地方債，其中 2.5 萬億，要用土地出讓金償還。沒有土地出讓金收益，債還不了，地方政府要破產，銀行要垮台。因此就不能接受集體土地入市和徵地制度改革。所以，土地制度改革要以財稅制度改革為突破口，首先要完善分稅制和轉移支付制度，讓地方政府有與其事權相匹配的財稅收入，擺脫對出讓金的依賴；這樣，土地制度改革才能一項一項地推動。所以，我說土地制度改革要以財稅度改革為突破口，隨着財稅制度改革的進度，漸進地、協調地推進各項土地制度改革。

張千帆：非常感謝鄭司長的精彩演講。他非常系統地總結了目前中國土地制度問題和今後的改革方向，直接關係到我們切身利益。

我想利用主持人之便，澄清剛才鄭司長講的一個問題：怎麼看待憲法第 10 條？《土地管理法》幾次修正都以憲法第 10 條為名，假借了它的名義。按照現在的通常解釋，這一條就是「惡法」，但我還是認為它沒有必要一定成為一條惡法。鄭司長提到要刪除第 10 條不是絕對不可能，但在我看來，要通過修憲糾正目前它造成的各種弊端的難度很大。有些學者認為，中國土地制度改革的方向應該是土地私有化，但土地私有化在一個社會主義國家是否有可能？我覺得難度很大。中國現在還有什麼是「社會主義」的？以前企業是國有的，公社是「人民」的，沒有私人的份，現在格局從根本上已改觀了。那現在什麼還是「國有」的？只有一個，那就是土地。所以要改第 10 條是很難的，至少近些年不可能。但能否換一種合理的解

釋？我認為還是有可能的。我提出的主張無非是要把「所有權」虛化，無論是國有還是農村土地集體所有，所有公有產權必然帶有不確定性，只有把它虛化後，把使用權落到實處才是今後的根本出路。無論如何改，是改條文還是改解釋，都要沿着這樣的方向。

這樣改法理上行不行？我覺得不是不可以。鄭司長提到第 9 條，我們的礦產資源都屬於國有；這個國有好像是實際所有，那麼第 10 條似乎也應該是實際所有，而非名義上的國有。但我認為兩者不能完全劃等號，因為礦產資源一般是政府直接管理，以前幾部憲法也都規定了礦產國有，原來私有的就極少；如果原來是私有的話，那麼第 9 條宣佈國有也應該是名義所有。但是對於第 10 條的土地，有的是原來就屬於中央或地方各級管理，是實際的國有，但也有的是原來私有，這樣的土地並不因為第 10 條就變成實際國有，而只是虛的名義所有。

這種做法在其他國家也很普遍。在幾乎所有英聯邦國家，土地在名義上都是英國女王所有。加拿大是一個獨立國家，但名義上加拿大的土地還是英國女王所有，但英國女王怎麼管得到加拿大的土地呢？所以他們的「所有權」必然是十分虛化的，比英國的虛君制還要虛。我們也可以用這種方式解釋憲法第 10 條。怎麼協調第 9 條、10 條？我們並不是講國家不可以實在地擁有土地，美國也有國家擁有的土地，有聯邦政府直接擁有的土地和各州政府擁有的土地，但他們那種土地都是聯邦或者州實際管轄的土地，真正行使管轄權。我們現在政府大樓，下面的土地歸政府自己管；馬路、公園，私人沒有行使實際使用權的土地，也都可以變成真正意義的國有或者集體所有。但是原來私人或者單位所有的土地，使用權還在我們這兒。1982 年憲法並不因為第 10 條宣佈城市土地國家所有，就把私有土地實質性的國有化，或者充公了。這種做法是不正當的。

在座的馬老師在北京有一祖宅四合院被政府拿走了，《鳳凰周刊》曾對這個故事進行了報道。他們有 50 年代給土地發的所有權證，白紙黑字都有。文革時，紅衛兵抄家要將其拿走。如果我們把1982 年憲法第 10 條解釋為國家不分青紅皂白充公她家的土地，這就是紅衛兵做法的憲法化，「文革」做法的憲法化，因為文革就是這麼

做的。1976 年打倒四人幫，1978 年改革開放，1982 年制定憲法，都是對「文革」的根本否定，要建設法治國家，要保護私有產權，這些憲法裏都有，今天怎麼還能以「文革」的方式解釋憲法第 10 條？對於公民實際享有的使用權，1982 憲法第 10 條並沒有從根本上改變。後來國土部屢次出台過政策，防止這一條對目前土地使用格局造成根本顛覆或者振蕩。這些都表明國家希望土地使用的政策具有一定的連續性，並不受第 10 條影響。所以我認為我們當然應該爭取這一條得到根本修改，但在目前還不知道什麼時候才能實現的情況下，首先應該推動第 10 條的合理解釋。

下面時間留給大家。

提問：關於土地管理，長期來看中國大政府不可能完全變成小政府，但可能變成中政府，有些權力怎麼放？有什麼樣的度？

鄭振源：土地利用有社會性，這塊地怎麼用會影響社會，有些符合社會公共利益，有些不符合。西方資本主義國家對土地所有權、使用權有很多限制，限制的辦法是：分區制的辦法，另外可以用稅收來調節。英國 1947 年《城鄉規劃法》用的一個辦法是把城郊土地開發權花 3 億英鎊買過來，將開發權國有化，你要開發必須經我的批准和同意，交開發費才能開發。這個辦法實行得並不好，凍結了土地市場，五年以後就取消了，改成以稅收辦法調節。要使土地利用能把個人目標與公共目標協調起來，有好的收稅辦法，但不要採取剝奪財產權的辦法。徵地制度要有，但要等價交換，徵稅要有，但少用行政手段，更不要用剝奪人家產權。

七

醫療衛生體制改革的前景

時間： 2013年6月20日

地點： 北京大學法學院

主講人

李楯： 清華大學當代中國研究中心退休教授，曾任清華大
學公共管理學院社會政策研究所執行所長、中國人
民大學法律社會學研究所所長。主要研究當代中國
問題、法律職業和司法改革。此外，從事婦女研究、
愛滋病研究。

李楯：我講的東西可能沒有用，沒有用為什麼還要講？這是價值選擇的問題。我們不是發達國家也不是發展中國家，我們是世界上極特殊的轉型國家，醫療體制、醫療保障問題在各個國家都會是問題，因為人是活的，因為這個事很複雜，會不斷有問題提出，都會有一些解決的辦法。但這些辦法對中國來說，我們往往要看一下為什麼不能照搬，因為別的國家沒有我們國家這種城鄉分治的結構，沒有我們國家經過計劃經濟體制時期的經歷。不要說發達國家，發展中國家也沒有計劃經濟體制的經歷，也沒有城鄉分治的結構。也就是說我們有很特殊的情境。

「全面深化體制改革」，我覺得這裏面有 6 個字需要我們特別認真對待：機制、體制、弊端。一方面改革講了那麼年；另一面改革步履艱難，為什麼？因為有機制、體制、弊端。今天我講這樣一個題目，這是健康權，副標題是「人權法與憲政的視角」。我想講出來的問題是：我們站在做法學研究的角度怎麼來看待這樣一個問題。

首先，人是投入還是產出？在人類歷史上，很長時間都把人看作一種勞動力。要生產，勞動力是一種投入；打仗作為兵源是一種投入；大學裏，各位是了不起的人才，叫人力資源還是一種投入。我們能不能改變一種思路，把人看作一切工作的產出，能夠更好地活着，能夠自己感覺、自我評價，覺得我活得不錯，把這樣一種人看作我們一切工作的產出。也就是說，我們不是像歷史那樣講文功武略，能夠徵服誰、戰勝誰，創造什麼樣的經濟奇跡。上世紀快結束時，聯合國提出人類發展的概念，其中提到一點是人的基本需求在於豐衣足食、安居樂業，而一切成功人士最大的貢獻是讓更多人豐衣足食、安居樂業。有一個健康的身體是豐衣足食、安居樂業的基本前提。

第二，以人為本還是國家社會本位？在我們這個國家，在差不多十多年前提「以人為本」，這非常好，但要做到這點非常不容易。八十多年前國民黨執政時明確提出其法律政策的核心理念是「國社本位」。從國家社會為本到以人為本，講的是一個個的個體。早期評價社會發展怎麼樣、國家發展怎麼樣，是看經濟增長、人均 GDP。後來說不能光有經濟增長，還要有社會發展。五年計劃改成經濟社

會發展計劃，後來改成社會經濟發展規劃。我們講社會時看的是人均數，人均 GDP，有多少醫生和多少病床，人均預期壽命是多少。當我們提出人類發展時，關注一個一個人的生存發展，這種情況下看健康權。健康權出自於聯合國《經濟、社會及文化權利國際公約》第 12 條。中國於 1997 年加入這個公約，2001 年全國人大批准此公約。所以我個人認為這是在憲法層面的法律。而且我注意到它屬於第二代人權，是具有社會主義性質的人權。第一代人權為：這是我的，你不能隨便拿走，拿走還回來碎了要賠，否則告到法院。只要消極地不侵犯我的權利就可以。第二代人權需要國家提供條件，使每一個人在實質上享有這個權利，所以是一種社會主義的權利。相對這種權利設計的是國家的積極責任，我們要保障一個一個人的健康，聯合國機構、世衛機構講的健康不只是沒有病，不只是身體，還有精神。所以是健康的身體、健康的社會、健康的精神。要做到這一點，國家要承擔積極的責任，使人的健康不受到傷害。

人的健康會受到哪些傷害？一個是暴力。衛生部預防醫學會成立了一個傷害預防與控制分會，我是常務理事。我們不大想提「暴力」，但對人的健康傷害最重要的是直接暴力。既包括家庭暴力、校園暴力、職場暴力，也包括一些不指向特定個人的暴力行為，如戰爭、恐怖主義行為以及惡性的暴力犯罪。還有自然災害如地震海嘯洪水泥石流，人類的行為往往會誘發或者加重這種災害、對人本身的災害。再有交通事故、生產安全事故、環境污染事故、火災，包括現在愈來愈多的環境災害。例如不合標準的飲用水、食品、藥品以及保健品、化妝品，不合格的建材、紡織印染品以及生活用品，不符合衛生標準和安全標準的工作場所、工作環境和職業病，不符合衛生標準和安全標準的公共場所以及學校、核輻射、電磁輻射、傳染病、地方病、非傳染疾病以及精神疾病，不良的生活方式和嗜好，最後是自殘和自殺。這些都會傷害到人的健康，有些可以避免，有些不能避免，這時候需要國家承擔積極責任。

面對這些問題，我有一個想法是「大公共衛生」概念。我們要把環境保護、食品安全、公共衛生看成一個整體，才能夠相應地保障一個一個人的健康權。與這個相關的是人類發展概念。人類發展

概念提出後得到國家認可，由國家發改委定期向聯合國做中國的人類發展報告。這裏面非常重要的是不只是活着，而且好好地活着。所以要關注人的生存質量提高，強調國家對本國公民和對人類的積極責任。這是人類發展的概念。

在這個概念之下看健康權的核心內容，任何國家的任何人都不應該生活在健康基線以下。中國是聯合國《經濟、社會及文化權利國際公約》的締約國，全國人大常委會批准了這個公約，具有不可克減的核心義務。我們知道人權有些是非常絕對的，絕對的有生命權，不得以任何理由傷害人的生命權。但人的自由權利，不是絕對性權利。談到疾病，嚴重傳染病流行時，對一些病人的隔離就涉及人的自由權問題，那在什麼情況下可以限制這些人的權利？非典發生後，我認為《國務院應急條例》是違憲的，因為《立法法》規定這類規定只有通過法律才能設立，行政法規是不能設立的。那國家不可克減的核心義務是什麼？提供最低限度的必要的水、食品、衛生設施和住房，保障健康設備的公平分配，公平分配是健康權利的必有之義。

醫改之前我們面對的是什麼狀況？看病難不難、貴不貴？有些人說不難也不貴。我說仍然是難和貴。怎麼看這樣的問題？在世紀之交以後、非典之前，我們的衛生狀況在世界衛生組織 190 個會員國裏排名倒數第一，比伊拉克要糟糕。城鄉地區貧富差別怎麼樣？我想每個人心裏都有數，有的研究者說「一個中國四個世界」。如果我們按照一些非常重要的指標，如人均預期壽命、人均可支配可享有的醫生、床位來看，中國可以算作「四個世界」：有些進入中等發達行列，有些在中等發達行列以下，有些更低一些，有些比最不發達的國家略高一些。國家做了四次調查，最近一次是 2008 年。2003 年將城市分三個檔次：大中小城市。我們只講簡單的數字，因為經濟困難有病沒有去看的，官方給的數字是城市為 47%，農村為 49.1%；需要住院沒有住院的，城市為 74.8%，農村為 77.6%；住院後因為經濟負擔沒有治好就出來的，小城市為 65.8%，農村為 73.2%。也就是說，我們的不公正達到這樣的程度。我們總講應保盡保，那 13 億人誰是不該保的？2003 年公費醫療佔總人口的 2%。基本醫療保險當年佔總人口的 8%，新農合佔總人口的 8%。衛生部的數字是

城市 44.8%、農村 79% 的人不享有任何醫療保險。這是我們當時的狀況。而且關於衛生總費用，政府支出在 1982 年佔 38.9%，2000 年降到 15.5%，差不多每年降一個百分點。個人現金支出在 1997 年是 20.3%，2000 年上升到 60%。當時一般發達國家佔 27%，一般發展中國家佔 42.8%，最不發達國家佔 40.7%，世界平均是 38.2%。也就是說我們比一般發展中國家、最不發達國家的個人掏的都多。當然現在狀況有所好轉，但我不認為有根本好轉。

再來談以人為本。以人為本有一個基本問題：如果全民醫保，咱們沒那麼多錢，那誰有那麼多錢？是保看病還是保公平？如果保看病，一個人躺在那兒都不行了，哪個國家也承擔不起。如果保公平就是另一個樣子了。另外，沒有一個人、一個家庭或者一個國家錢會多到沒有地方去花。對於一個國家而言，單子上怎麼排序尤為關鍵，如果民生在前就是優先給老百姓看病，如果民生不在前就是另一個樣子。

這些年我一直在考慮中國為什麼不是一個發達國家，日本、韓國卻是後發國家進入發達行列？日本被打開國門簽訂不平等條約比中國晚十幾年。韓國上世紀 60 年代到 70 年代初整體不如中國。因為我們沒有把事做好。中國現在走了一條特殊的道路，處於轉型之中，需要修復人心、修復社會、修復生態。這個轉型從權力系統、政治上說是這個黨要從革命黨轉變為執政黨，執政黨應該怎麼面對醫療這樣的問題？第二是這個社會能不能走出孫立平教授所提的「後總體性社會」？跟計劃經濟體制比，要開放，搞市場經濟。走過這個轉變後，是不是已經達到了我們期望的目標？所以我覺得現在要從「後總體性社會」「半開放性社會」走向法治國家，這在中共十五大提出，從提出到做到有距離。只有黨從革命黨轉向執政黨，從後總體性社會、半開放性社會轉向法治國家，我們才能順理成章地解決我們今天談的醫療問題。我覺得不是我談的健康權太理想化，而是現在確實不具備走出這一步的可能。

多年前我在清華大學開課，談健康權在今天的意義，個人感覺是人權中最不敏感的一塊。人權中有很多很敏感的，健康權相對不敏感，但和每個人密切相關、息息相關。說人身自由，不經批准不

能逮捕，我被逮捕的概率不能說沒有，但好像不是很大，13億人不可能都被逮捕，但13億人都面臨看病的問題。所以它是人權中最具有一般性的，是一個實實在在的人權，是人全面發展的基礎。一個人的健康狀況不好，怎麼可能全面發展？所以我覺得健康權在今天，就和幾百年來我們談所有權和由所有權發展出來的一種現代法律中的權利意識或者權利文化的地位相當。也就是說，這是我的，不是你的，這是基本。當然中國改革走到今天基本問題還沒有解決。

在幾百年的市場經濟發展歷史中，所有權問題、物權問題就是這麼關鍵，所有權這種權利是市場經濟和法治國家的共同根基。在今天，健康權也是這樣。一個國家如果把健康權問題解決了，別的問題、別的權利問題自然都解決了，健康權的重要性就在這兒。我們講的那些權利，第一代人權是別人不侵犯你、不隨便把你關起來、不隨便搶走你的財產、不干涉你的自由就行了，是消極的。第二代人權是國家積極履行責任。第三代人權中有一項和健康相關的權利——環境權。環境權在國際法中仍然不構成一個強制性的權利，但在一系列國際法律文件中都涉及這一點。而健康權在《經濟、社會及文化權利國際公約》中已經得到明文規定，而且中國已經加入該公約，得到全國人大常委會的批准。這裏我談談我的一些看法。

第一，我們到底是要社會保障還是社會保險？現在做的是社會保險。我一直認為應該建立覆蓋全體國民的、城鄉一體的、由中央財政承擔的，包括義務教育、職業培訓、醫療衛生、生育、工商事業、最低生活保障、養老以及法律援助在內的社會保障制度。真正做實中央十幾年來一直說的把更多的財政資金投向公共服務領域，實現基本公共服務的均等化，醫療服務就是這類。當然還有提高居民收入在國民收入分配中的比例、提高勞動報酬在初次分配中的比例、提升每個人的生活質量，提供空間使每個人有權選擇和通過努力活得相對滿意和有尊嚴，都涉及健康權問題。要使每個人都能健康地生活，前提條件是要有最基本的食品、清潔的生活用水、能遮體的衣服、抵禦風寒的住房、必要的食品安全、環境衛生、職業衛生方面的保障。還有一些具體的保障，例如能夠獲得健康所需要的

信息,在必要時能有最基本的合格的預防和治療方面的服務。我們總講為什麼不到社區去看病,我們社區的醫療服務就全國而言到底有多少地方有了,到底在什麼水平,到底怎麼銜接起來?當然,醫生和醫療機構的信譽問題是另外一個問題,不只是醫療方面的問題。我們要把問題剝離開。

健康權的設置要求政府對國民的健康承擔積極責任,但不是包攬所有人的醫藥費,而是保障人享有由政府衛生支出而形成的公共產品上的公平對待。對此,國際組織有很多具體要求。譬如政府衛生支出在國民生產總值中佔的百分比,初期保健支出佔政府衛生支出的百分比;譬如對於普通的傷病,有機會得到培訓的人員與醫治人員的百分比。譬如孕婦在懷孕期間有機會接觸到受過培訓的人的比例和生孩子時受到這些人照料的比例。有兩個數字經常被拿來作為我們的成就:一個是產婦的死亡率,一個是嬰兒的死亡率,但沒有講有兩項工作在這裏面起到的作用,過分地把它當作是新中國的成就。這兩個因素是新法接生和疫苗注入,對孕產婦和嬰兒死亡率的下降起了積極的作用。中央電視台報道農民工自己拿菜刀給自己做剖腹產,為什麼?城鄉交界那麼多所謂的黑診所是因為什麼人的需要?就因為不公正、缺乏衛生公平,所以進城謀生的人只有到那個地方就醫。還有嬰兒經過培訓人員護理的比例、嬰兒接受的主要的免疫措施、預期壽命、嬰兒死亡率、獲得安全用水的人口等,現在大概還有 3 億人存在着飲用水問題。在這些具體指標上,政府能不能定出期限做到?進一步是作為社會主義國家實行醫療保障而不是實行現在這種分人口、分地區、分身份的醫療保險,怎麼做到這一點?唯有整體的改革。

前面我講了,應該建立覆蓋全體國民、城鄉一體、中央財政承擔、公民均等享有、隨處享有,不是這兒看病得回老家報銷的醫療保障制度。再有處理好政府、市場、私人和公共四個空間的關係。當前,我們存在的是一種什麼樣的醫療市場?是一種扭曲的和壟斷的,是一種政府行政的不當管制和默許縱容下屬機構謀利的狀況下出現的一種產物。醫療和其他社會保障制度不一樣,它是一個複式結構。政府出錢給自己的國民看病一視同仁,這時候不能講任何市

場。但政府為了給自己的老百姓看病，給醫生開工資、給藥廠付藥價、給醫療器械廠付產品費必須遵守市場規則、市場規律，否則買不來合格的服務。這裏頭我們講市場時，我非常同意顧昕教授所說的，不在於是否營利，而在於誰買單，錢由政府掏還是老百姓自己掏。政府掏第一位是為了保公平，作為政府財政這一塊承擔的醫療保障應該是人人公平的，應該是在全國範圍內同行的。這種情況下誰來執行都可以，所以要放開民營和公立的區分，恰恰這兩塊我們都沒有做到。

最後，講到健康權問題，既然全國人大常委會已經在 2001 年批准《經濟、社會及文化權利國際公約》，有一個問題是公約的規定怎麼進入中國的憲法。中國《憲法》有相應的規定，即第 21 條第 1 款和第 45 條第 1 款，但基本上是規定國家在醫療衛生上做什麼。第 45 條談到公民的權利，可以得到物質的幫助，有這樣的權利，但沒有做實。「健康權」的表述是在八二憲法後，2011 年全國人大批准後，也就是說在法律上認可「健康權」這樣一個概念。我剛才說的沒有十分確定的環境權，只在很少的國家進入憲法。在中國憲法中應該考慮健康權和環境權，我覺得這是中國真正做實以人為本的關鍵所在。而且我覺得將這樣一個非常不敏感、與每個人每日生活相關的權利——健康權實現好了，可以作為中國走向法治國家的一個鑒定標準。

我個人認為，中國在有些事的具體處理上弄反了。法律在處理一些問題時，一種是事先防範，一種是事後追查。涉及健康權的問題恰恰應該事先防範，從乾淨的水、新鮮的空氣、放心的食品到各種醫療的問題都要事先防範，否則就直接傷害了人的健康權。現在我們對言論事先防範，對造成危險的事後追查，如三鹿奶粉，這就是弄反了。如果以人為本，就要把關係人的健康問題，要求政府承擔起責任，這樣才能真正做實這些權利。謝謝大家！

八
宗教管理法治化的路徑與前景

時間:　2014年5月26日

地點:　北京大學法學院

主講人

劉澎:　中國社會科學院美國研究所研究員,北京普世社會
　　　科學研究所所長,曾任北京大學人大與議會研究中
　　　心兼職研究員、國務院發展研究中心民族發展研究
　　　所客座研究員,美國宗教、政教關係及宗教與法律
　　　問題專家。

高師寧:　中國社會科學院世界宗教研究所二級研究員。最早
　　　從事宗教社會學在中國大陸的譯介和研究的學者之
　　　一,宗教社會學研究在中國大陸的積極推動者。

劉澎： 晚上好！很高興有這個機會跟各位探討中國宗教立法的問題。這個問題有互相關聯的兩個內容，一個是宗教、一個是法律。我先對中國的宗教問題做一個簡單的介紹，作為一個背景，然後再談法律問題。

中國有五個官方認可的宗教：佛教、道教、伊斯蘭教、天主教、基督教。所謂官方認可有兩層意思：一是官方認可的宗教有五個；二是這五個宗教都有官方認可的組織。除了這五個宗教，還有一些宗教或信仰團體，沒有受到官方的認可，或者在中國宗教的名單上沒有名分。譬如東正教、摩門教、巴哈伊教等。

宗教方面存在什麼問題？基督教、天主教各有各的問題。它們內部分成政府認可的愛國會和三自教會、不認可的地下教會或家庭教會。天主教是一個老問題，主要是中國跟梵蒂岡的關係問題。1949 年以後中國的天主教和羅馬教皇的關係發生了是否要繼續承認教皇權威的問題。到 1958 年，中國天主教完全和羅馬教廷及梵蒂岡切斷了關係。這時中國的天主教還叫天主教，但和羅馬教廷沒有關係了。和羅馬教皇沒關係，就產生了一個天主教內部的問題，即誰有權來任命主教。中國天主教自選的主教，梵蒂岡不認可；梵蒂岡任命的主教，中國政府不認可。到底誰是合法主教的問題非常嚴重，一直到現在都沒有解決，影響着雙方關係的正常化。基督教存在的問題主要是家庭教會問題。基督教是政府認可的宗教，但基督教家庭教會不被認可，因為沒有加入到官方認可的基督教三自教會中來。政府為了管理宗教，想了很多辦法，設立了政府認可的「愛國宗教團體」，通過它們貫徹黨的方針政策，實現黨的政治目標。

這些問題是怎麼產生的？主要是宗教領域用的還是舊體制、老辦法，很多欠帳沒有還。20 世紀 50、60 年代政府管理宗教的那一套做法沒有隨着社會轉型而變化，用的還是計劃經濟、階級鬥爭時期的辦法——行政管理。

改革開放以後，這種管理模式有了很大變化，中國實行了法治。行政許可、行政命令的程度大大降低。但在宗教領域裏還是通過行政命令、行政手段管理宗教，這樣就很難適合轉型社會的現

實。我們的理論也沒有及時改過來，理論、政策與實際相互脫節。最重要的是宗教領域沒有實行法治，沒有法。這就造成了前面說的各種問題。舊的問題一直存在沒有解決，又出現了新問題，矛盾愈積愈多，愈來愈複雜。這是關於中國宗教情況的一個簡單介紹。

從剛才的介紹中大家可以知道，中國宗教領域存在許多問題。所謂「問題」，其實是看誰在說。政府說宗教方面有「問題」，信仰宗教的人也說有「問題」，雙方都說有「問題」，都對宗教領域內的現狀不滿意，但雙方說的「問題」並不是一回事，各有所指。至於怎麼解決這些「問題」，雙方的分歧就更大了，沒有什麼好辦法。因為雙方沒有共識，也沒有一個透明的遊戲規則。

但中國宗教問題繞不過去，因為信仰宗教的人很多，沒辦法忽略。13 億人中有多少人信仰宗教，沒有一個確切的數字。1956 年周恩來總理跟外賓說「中國有 1 億多人信仰宗教」。從 1956 年到現在，五十多年過去了，中國的人口翻番，各種宗教都在增長，今天信仰宗教的人不可能還是 1 億多人，但官方用的還是這個數字。上海有兩個學者做過調查，調查結果是這個數字太保守。他們認為中國的宗教信徒人數至少要翻三番。假如當時宗教信徒是 1 億多人，翻三番就是 3 億多人。如果中國有 3 億多人信仰宗教，儘管在 13 億人裏面仍然是少數，但絕對數並不小。這麼多人信宗教，宗教內部、宗教和非宗教、宗教和政府、宗教和社會之間出了問題怎麼解決？中華人民共和國是一個法治國家，任何領域、任何問題，都應該依法辦事。宗教方面有問題，不應該例外。但遺憾的是中國目前還沒有關於宗教的法律。沒有關於宗教的法律，怎麼解決宗教領域的問題？過去是政治處理，一切問題都用政治辦法或者行政手段解決。有什麼問題，搞一個文件，發一個指示，甚至是領導人一個批示、一句話，就把事情辦了。但 1978 年改革開放之後，國家確立了市場經濟的主體地位。社會變化很大，法治成為大勢所趨。在依法治國的大前提下，是否還要堅持用傳統的政治的、行政的方式處理宗教問題？顯然不行。處理宗教問題應該使用法治。既然如此，我們首先需要看看中國宗教方面的法律體系到底是一個什麼情況。

　　中國的法律體系中，有沒有涉及宗教的內容？說起來還真有，而且很龐大，很「全面」，從憲法一直到最基層的政府法規、規章都有。這個體系有什麼問題嗎？有，問題還不小。因為中國現有的關於宗教的法律體系，在解決具體宗教問題時不起作用。為什麼不起作用？請看對中國現行宗教法律體系的具體分析。

　　先說憲法。《憲法》是中國的根本大法，憲法第 36 條專門談宗教問題，這是不是能解決問題呢？不能。因為大夥兒都知道中國憲法沒有司法化，這意味着我們在司法實踐中如果遇到涉及宗教的問題，不管是原告還是被告，都不能使用憲法作為訴訟的依據，單憑憲法要打贏官司沒有可能性。那麼如果有人違反了憲法怎麼辦？這就牽扯到了第二個問題：如何進行違憲審查。中國沒有憲法法院，沒有建立違憲審查機制。如果某人違反了《憲法》第 36 條，到什麼地方告、什麼地方受理，確實是一個問題。理論上，在沒有憲法法院的情況下，可以向制定憲法的立法機關提出違憲審查。但全國人大一年開一次會，人大常委會一個月開一次會，是否受理違憲審查問題，大家可以想像有無可能。據我所知，中國人大從未受理過違憲審查問題。宗教問題是日常生活中的普遍問題，每個問題都要通過人大進行違憲審查來解決，不現實。

　　憲法不能用，但生活沒有停止。宗教問題層出不窮，總得有個應對的規矩。於是國務院制定了一部行政法規——《宗教事務條例》。在這個條例出台之前，各省有關於宗教的地方政府的規定，有的是由地方人大常委會通過，有的是由地方宗教部門或者政府部門通過。如果國家要在宗教方面立法，應該由誰做？應該由作為國家立法機關的全國人大或者人大常委會做。現在全國人大或者人大常委會不立法，由各省自己制定地方法規、規章，順序就成了從低往高做，先地方後全國。

　　這麼做是否合適？不合適。關於其他問題的立法，這樣做也許可以，但關於宗教的立法不行。因為宗教立法涉及公民基本權利。對事關公民基本權利的問題進行規範，應該用法律的方式，而不是行政法規或規章，或地方法規、規章的方式進行。宗教立法的核心

是保護公民的宗教信仰自由，信仰自由屬於公民的基本權利。沒有全國最高立法機關的審查、批准，地方政府自己立法對涉及公民基本權利的問題進行規範，是用下位法代替上位法，不符合《立法法》的原則，法理上說不過去。如果國家立法機關設立了《宗教法》，各地根據《宗教法》的精神再制定地方性的法規、規章，是可以的。現在的問題是，沒有國家層面上的《宗教法》，卻有各地自己的宗教法規、規章；沒有國家的「大法」，卻有一堆地方的「小法」。著名佛教領袖趙朴初曾經說過：「如果沒有關於宗教的法律，部門法規、規章再多，也不起作用。」其意思是呼籲要先解決關於宗教的基本法問題。否則，用法學界老前輩郭道暉先生的話說，就是典型的「以小法反大法」。

還有一個問題，就是現有法律體系中涉及宗教的法律不少，但能解決宗教問題的不多。中國宗教法律體系裏涉及宗教的法律有18部，這18部法律都不是針對宗教的立法，譬如《兵役法》《教育法》《廣告法》的內容中有「宗教」兩個字，但這些法不是針對宗教、解決宗教問題的，不能成為解決宗教問題的法律依據。各部門法立法時都是從各部門角度考慮的。這些部門法不涉及宗教，涉及宗教的不是通盤考慮。因此，我們需要一部針對宗教問題的法律，一部宗教法。

《立法法》裏規定涉及公民政治權利、基本權利的問題需要全國人大或者全國人大常委會通過立法解決。行政機關是執法機關，自己又要立法，這就產生了矛盾。憲法承認宗教信仰自由是很重要的公民基本權利，聯合國有很多文件涉及此問題。我們在這方面對這個問題有很多聲明和說法，但在法律方面沒有具體措施。怎麼落實《憲法》第36條關於公民基本權利的法律保障，沒有制度安排。

再下來是地方法規、規章的局限性，這個問題也很有意思。對於某種宗教，政府可以承認也可以不承認，但即使政府承認這個宗教是宗教，這個宗教就沒有問題了嗎？實踐中也不儘然。譬如某人信仰某種宗教，在甲地可以，在乙地不可以，為什麼？因為政策在中華人民共和國內部不統一，沒有全國性的法，只有地方法規。我

這兒認可這個教，其他地方不認可。東正教在哈爾濱可以有教堂，到廣東就有問題。廣東地方行政法規認可的宗教裏沒有東正教。大部分地方說的宗教都是指五大教，五大教之外不可以。但誰能說東正教不是宗教？這就顯示出地方法規的局限性。北京關於宗教事務的規章裏有一條：允許在廟裏抽籤。北京把這個規定說成是一個重大的改革，這就意味着在其他許多省市的廟裏不能抽籤算卦。

對抽籤這件事，允許也罷、不允許也罷，應該一視同仁，不能說在這個地方是個問題，在那個地方就不是問題。那這個問題怎麼辦？只能回到法律道路上，依靠法治，完善法律體系，制定《宗教法》，作為國家處理全國所有宗教的政教關係、宗教和社會之間的關係、規範宗教和其他團體的關係、調節宗教團體和宗教信仰者及他們外部關係的依據。如果沒有這樣一部法律，好幾億人信仰宗教，拿什麼辦法解決問題？也就是說，有的地方寬有的地方嚴，今天寬明天嚴，造成無數的問題，各個地方對於解決問題的標準理解不一樣。中國非常大、矛盾非常多、人口非常複雜，處理宗教問題沒有統一的標準，甚至連什麼是標準都不知道，怎麼能行？《宗教事務條例》畢竟只是一個行政法規，不能代替法律。

說到這裏就涉及根源問題，為什麼會這樣？因為宗教的管理體制有問題，用什麼態度、什麼思想管理宗教是一個問題。宗教沒有被作為一個正常的社會存在，而是受到了特殊化對待。國家設立了一個專門的政府機構，由公務員進行專門管理。這種模式在20世紀50年代、60年代很普遍。但現在宗教領域有各種問題和衝突，大家都看到了。中國人有信宗教的、有不信宗教的，問題是我們生活在一個空間裏，不可能把信宗教的人都分出去，因此這個問題必須要解決。如果沒有一個公認的、大家達成共識的遊戲規則，這個遊戲就沒法兒進行下去。現在是把所有問題都掩蓋起來，不談論。但事情在不斷發生、問題在增加，舊的矛盾沒有解決，新的問題又出現了，怎麼辦？首先要有法可依，設立中華人民共和國的宗教法，有一個基本法，這樣就有了標準。至於有法不依的問題是第二個層面的問題，現在連依據都沒有。

立法有幾個具體問題要考慮。一說立法，有人就說我們現在這個樣子就挺好。宗教是人頭腦裏的東西，制定宗教法管得太寬，這個法不能立，這是一種意見。還有一種意見，現在沒有宗教法，我們可以隨便管。有了宗教法，宗教倒是管住了，把我們也管住了，弄不好宗教信徒還可能起訴我們。所以管理部門心裏想現在這樣挺好，擔心立法對自己不利。另外兩種人正好相反。管理部門想，沒有法我怎麼管？管理於法無據。立了法，管起來容易。宗教團體和信仰宗教者希望有一個法保護他們自己的權利。這四種意見歸結在一起是兩個利益：立法究竟要對宗教信仰者好還是要方便政府管理；是立一個宗教自由保護法還是立一個宗教管理法。大家都說立法、都講法治，實際上指的不一樣。

我認為宗教要立法，這個法主要是保護公民信仰自由，保護了公民信仰自由也就維護了社會安定、民族團結，從根本上有利於國家。宗教法除了要保護公民信仰自由，還要明確政教分離。政教分離以後，明確責任和權利，誰有問題依法辦事。所以宗教法不能立成宗教事務管理法。立成管理法很容易，把各部門規章制度叫成法律就得了，但這不是法治。因為宗教立法涉及管理部門的利益，管理者與被管理者利益對立，當然難有共識。但是不是因為沒有共識就可以不實行法治了呢？當然不行，我們還是要堅持法治。

有了宗教法，其他法律中內容與《宗教法》相抵觸怎麼辦？可以以《宗教法》為準，後法優於前法。另外要消除明顯歧視性條款。宗教作為一個正常的社會團體進入社會公共領域，發揮它的積極作用，十七大、十八大都提到這一點，發揮宗教促進社會經濟建設的積極作用。我們還簽了一些國際公約，對外的承諾要與國內法一致，要履行國際公約的要求。

宗教立法這個事情需要多長時間？目前沒有時間表。這個事本應由國家來辦，可是政府不主動辦，當然就沒有時間表。但不等於說政府不辦這個事就永遠不辦。民間在辦、老百姓在辦，有人在說、有人在寫。如果我們今天不把這個問題提出來，當然不會有進展。

最後是結論，中國宗教信仰者人數不少，宗教問題是一個重大的公共政策問題，涉及國家、社會各方面。解決宗教問題不能靠政治、不能靠高壓，還得回到法治。怎麼實現這點？開門立法、民主立法，讓大家對這個問題進行討論、發表意見，尊重多數人的意見。共識是相對的，絕對的共識不存在，但如果不討論，永遠沒有共識。

高師寧：今天劉老師講關於宗教立法的問題，我作為一個宗教社會學方面的學者，從另外一些角度，講講自己的體會。

宗教是一個很敏感的問題。電視幾乎不談宗教問題。這種敏感，做這一行的學者都能感覺到。今天講宗教，我站在自己的專業立場，先給大家大致介紹一下中國宗教的概況。

截止到 2010 年，全國的信眾大概有 3 億左右，其中五大宗教的信眾有近 2 億人。五大宗教就是剛才劉澎老師說的，得到了中國政府認可和承認，在中國有合法地位的宗教。其餘 6%–7% 的人信仰其他宗教，如巴哈教、摩門教等從國外進來的宗教。還有 26% 以上的民眾，尤其在底層民眾信仰民間宗教。雖然「民間宗教」的說法有爭論，但不可否認有 26% 的人有這類宗教的行為和活動。全國大概有 5,500 多個宗教團體，在政府進行登記的宗教活動場所有 14 萬多，宗教的神職人員有 36 萬多人，1.7 萬人在各級人大、政協任代表。當然，與中國總體人口比起來，在中國宗教信徒是少數，但絕對數字很大。所以立法可以說有兩個方面的意義：一個是可以依法管理，還有一個是可以保護這些信仰者的權益。我作為一個宗教研究者，這麼多年來進行了很多田野調查，不僅是採訪了很多信眾，而且採訪了一些地方的宗教局長，問他們在管理宗教中遇到了什麼樣的問題。我自己也常常思考我們的宗教有哪些問題，我想跟大家分享一下自己的觀察。

首先，作為一種信仰，宗教要處理的是人和神的關係，這個神可以是上帝可以是佛陀可以是安拉（Allāh）[1]，可以是你崇拜的一

---

1. 安拉，是阿拉伯語中對亞伯拉罕諸教中的神的稱呼，通常指伊斯蘭教中的神，穆斯林和阿拉伯基督徒也已將其用作對神的稱呼。

切對象。但宗教組織和宗教信徒卻是在社會上生存的，必然與社會發生關係。這種關係包括宗教與其他社會制度，如政治、經濟、藝術、文化、法律等發生的關係，宗教組織還跟政黨、民事部門發生關係，宗教組織之間也有關係，宗教的信徒之間也會有各種各樣的關係。這些關係的構成必然會產生很多問題。我覺得有三大問題：

第一是宗教政策。中國執政黨的宗教政策核心是宗教信仰自由，這個提法無數次地出現在各種各樣的文件中、各級領導的講話中。的確，宗教信仰自由非常重要。雖然憲法規定有宗教信仰自由，可真正實行宗教信仰自由、真正使信徒能夠過比較正常的宗教生活，是在文化大革命以後，那時候情況才開始好轉。

我經常想到一個問題：宗教信仰自由跟宗教自由有什麼區別？憲法中宗教信仰自由的提法是否是一個完整的、完全能夠保障信教公民權益的提法？我們知道這兩個表述有區別。我經常說，人和動物的區別不是人會使用工具、會思維、有語言，那麼區別是什麼呢？根據動物學家的研究，許多動物能夠使用簡單的工具，有它們自己的溝通語言，只不過我們不了解而已。那人和動物的區別究竟在哪兒？在於人有信仰。信仰可以各種各樣，我告訴大家一個簡單的事實：全世界 82% 的人具有宗教信仰，也就是說，信仰宗教的人在全世界佔絕大多數，而且這個數字還在增加。宗教信仰是思想上、心靈上、精神上的追求，它與宗教是有區別的。我們講宗教，就要講到它的構成要素。首先，宗教包括信仰，信仰是宗教的核心部分。信仰表現了精神上、心靈上的追求，但宗教不僅如此。信仰是需要表達的，特別是當信仰人數達到一定數量之後更需要表達。這就牽涉到信仰會有組織形式，即我們常說的宗教組織；有了宗教組織就會有宗教活動；有了宗教活動就會有宗教經典為其信仰及活動做解釋，表達信仰也會有宗教情感。一言以蔽之，宗教不僅包括了信仰，還包括組織、活動、經典教義和情感。信仰是宗教無形的、內在的部分，宗教經驗、宗教活動、宗教組織是宗教有形的、外在的部分。

當我們講宗教信仰自由時，確實是讓我們首先想到可以自由地選擇我們的信仰。但是你可以反過來想想，難道精神追求不是自由的嗎？你能禁錮我的行為，但可以禁錮我的思想、我的心靈嗎？

當然不能。因此，信仰就其是思想和精神現象而言，本來就是自由的。「信仰自由」至少不是最終的，信仰的表達、信仰的表現需要有很多的方面。宗教自由當然包括信仰自由，這是首要的，但也包括與我們前面提到的關於宗教的其他方面對應的自由，如結社自由、出版自由等等，這是我們應該思考的問題。

第二個問題是政教關係。政教關係反映的是宗教在一個國家裏的政治地位和社會作用，涉及的是國家或政府與宗教組織的關係。世界各國政教關係的模式大概有以下四種：

一是政教合一，比較典型的是某些伊斯蘭國家，如伊朗，這不用多說。二是政教分離，政教分離意為宗教組織不能干涉政治事務，政府也不能干涉宗教事務。美國憲法第一修正案中就提到這點。還有一個模式是國教，它指的是在一個國家中具有官方地位、並在社會意識形態和價值取向中起主導作用的宗教。一般而言，一個國家中只有一種宗教能夠獲得國教的地位，而這種宗教也自認為是真正的或最好的宗教，如英國的安立甘宗。它是英國宗教改革的產物，歷史上一直是英國的官方宗教，但現在安立甘宗在英國的地位已經發生了變化。又如天主教之於法國。隨着社會發展，特別是到近現代以後，國教觀念慢慢淡了。按照法國一些學者的說法，法國現在是一個「需要傳教的國家」。

再一種是國家控制宗教。這樣的國家有很多，我認為中國的政教關係基本上屬於這一種：國家對宗教進行管理和控制。關於中國的政教模式，很多學者提出：中國的政教關係應該是「政主教從」，也就是說政治是主要的、佔領導地位的，宗教是從屬的。實際上這也屬於國家控制宗教的模式，只不過換一種說法而已。當然，「政主教從」不僅是中國的歷史事實，也是 1949 年以後的現實狀況。可問題是，現實不一定是合理的。劉老師講到制定宗教法一定要講政教分離，我們應該向這個目標邁進。

第三個問題是對宗教的認識問題。這屬於觀念上的問題，但觀念上的問題很重要。與過去相比，我們已經有了很大改變，但沒有徹底改變。長期以來我們把宗教當成敵對面，僅從意識形態角度

去看它。我記得我念研究生時，我們的提法都還是「宗教是意識形態、上層建築，是與社會主義格格不入的，是反動的、落後的封建迷信」。這樣一種看法伴隨着 1949 年以後各種各樣打擊宗教的政治運動，在很多人腦子裏依舊根深蒂固，也就是說只從政治的或意識形態的角度看問題，把宗教與政治對立起來，這是非常錯誤的。最近浙江拆教堂事件中，有人說那麼多十字架，哪裏是共產黨的天下。這個說法聽起來似乎有理，但實際上是把宗教與政治、政黨對立起來了。按照社會學家帕森斯（Talcott Parsons, 1902–1979）的說法，家庭、教育、政治以及宗教對任何一個社會來說都是基本結構。自有人類以來就有宗教，宗教社會學的鼻祖杜爾凱姆（Émile Durkheim, 1858–1917）說「不存在沒有宗教的社會」，全世界所有國家所有地區都有宗教。有人的地方一定有宗教，哪怕是宗教的初級形式、不完備的形態。一種視宗教為負面甚至敵對面的觀念必然會導致「格格不入」的觀念，以致長時期以來一些人一提伊斯蘭教就是分裂，一提基督教就是西化、滲透，一提佛教、道教就是封建迷信。

我們可以想想，為什麼這麼多人相信宗教？我採訪了很多信眾，他們最初也許是為了某種功利的原因而信宗教，但後來情況發生了變化，也就是說他們的信仰在成熟後，從功利目的變成了一種精神追求。我經常講，人作為人，生活的意義是什麼，為什麼活着，這些問題也許你眼下沒想，但總有一天會想。當你想這些問題時你就是在嘗試着超越當下、超越自身。當你想超越當下和自身時，你就有了一種宗教的自覺。當你發現自己的有限性時，你就有了一種宗教情懷。所以人在本質上是一種宗教性的存在。

在舊的宗教觀念的影響下，多年來對宗教採取的辦法是打、壓、堵，不是疏和通，沒有交流，沒有對話，但是在這樣的情況下宗教發展得卻很快。我採訪過全國最大宗教組織之一的頭兒。他跟我說：「高老師，1949 年時，我們基督教是 70 萬人，壓了 30 年，我們變成了 700 萬人，再壓 30 年就變成了 7,000 萬人，再壓就變成 1 億。」我說如果不壓呢？環境寬鬆了呢？他一分鐘沒有說出話，之後說「也許我們就不行了」。我是這樣解讀他的話的：中國宗教是在不正常的環境下發展的，許多宗教組織習慣了一種畸形的、受

壓的、有對立面的環境。在這樣的環境、這樣的逼迫中，他們的生存有一種反面的激勵，當然會快速發展。如果給他們一個寬鬆的環境，也許發展就會很平和。而且，沒有自由競爭和發展的空間，許多宗教不得不改變自身，否則它會自生自滅，歷史的事實就是這樣的。因為選擇宗教信仰的是老百姓，他們可以對不同的宗教組織進行比較。我們的觀念一定要改變。

具體方面我想談談宗教管理中的問題。

第一是宗教和宗教組織的合法性問題。剛才劉澎老師介紹了五大教是合法的，其實在今天的中國遠遠不止五大教存在，只承認五大教勢必會把其他宗教歸入不合法的範圍裏。而且五大宗教的有些組織也沒有被承認，如天主教的地下教會、基督教的家庭教會。此外，在中國發展很快的不只是佛教和基督教，還有民間宗教，民間宗教恢復的速度遠遠大過佛教和基督教。另外還有新興宗教問題。在中國我是第一個研究新興宗教的學者。我研究時，雖然拿了國家課題，但有些相關部門卻說「五大教就夠折騰的了，你還搞新興宗教」。我說不是我搞新興宗教，而是現實中確實存在新興宗教。如果把存在的宗教排除在管理之外，當然會有很大問題。

第二是宗教場所問題。雖說全國有 550 多個宗教場所，但關於宗教場所的規定不明確，問題非常多，而且上級管理部門很多。宗教場所永遠是作為下級單位被管理，而且很多地方是以行政手段來管理。譬如很多宗教場所沒有獨立的賬號，結果是奉獻的、捐獻的錢可能流入私人腰包裏，導致財務的混亂和腐敗。沒有獨立銀行賬號的宗教組織很多，而且在這種情況下公益事業也無法進行。雲南一個廟的主持死後，留下了一大筆財產，寺廟一方說錢應該是寺廟的財產。後來跳出一個女孩說「主持是她爸爸」，那這個錢當然是她的。後來叫兩個學者去評論這個問題，兩個學者各執己見。無法可依，這是管理上的重要問題。

第三是宗教領袖的選拔問題。誰來選拔宗教領袖？標準是什麼？此外，管理方面也還有不少具體問題。宗教管理部門設到縣級，有的地方設到鄉級。我跟宗教局長談話，他們的問題主要歸結

為不知如何管。很多幹部說不敢管，一管就傷害信教人的感情。

還有一種不公平的管。很多地方的宗教管理部門裏只有兩個人，一人管四個宗教，即佛教、道教、伊斯蘭教、天主教，另一人單獨管基督教。我說這樣分工不公平。他們說：「高老師你不知道，基督教的事情最多，我們只能這樣。」

再就是無效的管。我去某市調研時，正好碰到一個事。有人在河邊擺聖經，被電話舉報到宗教局。宗教局的第一反應是打電話給城管，第二是打給交通部門，第三是打給衞生部門。我說為什麼要這樣？他們說這樣可以各負其責：如果他們有礙公共衞生，那是衞生部門的事；堵塞了交通，那是交通部門的事。其實這是一種無效的管理，相互推卸責任。

還有形左實右的管理。還沒有搞清楚什麼叫滲透就把來訪的宗教團隊趕出去，管理部門的人說他們只能這樣，這樣做至少能應付上級，保險一點。

還有從中獲利的管。2011 年時武當山的門票是 220 塊錢，實際上分到道教協會手上的只有 20 塊錢。那剩下的 200 塊錢去哪兒了？我問當地宗教部門的人，他們說他們需要很多管理費。後來我才知道，其實除了武當山的金殿以外，很多道觀都不是真正的道觀，只是以道觀形式出現，但為地方政府所設。

還有事無巨細的管。我去的一個地方只有一個教堂，這個教堂只能容納 800 人，但每到周日來禮拜的有上千人。這個教堂是危房，而且是 D 級。當地宗教管理部門的領導說，每到周六、周日他們就擔心，怕出事。有些地方宗教場所太破舊，當地領導說掉片瓦都要去管。還有一個方面是要求宗教組織辦事，過年過節宗教組織要負責掃街、寫春聯等，有時宗教組織也覺得很為難。有些地方添一把椅子、一個空調都要報告。

還有一個教產的落實問題。教產的落實和退還是一個很複雜的問題。很多地方的教產退回了但不徹底，還有相當多數量的教產沒有退回，為什麼？因為過去了很長時間，很多宗教組織的的

財產變成了居民的住宅，而住宅裏的人也變了，已經是第三代，這該找誰？

還有城鎮化帶來的問題。城鎮化使很多地方的宗教場所遇到了搬遷、改建或者撤掉等問題，這時候關於怎麼為宗教場所選地址、如何建、建多大等問題，管理部門和信教徒之間產生了很多問題。溫州教堂被拆的事很複雜，一下說不清楚，但至少反映出當時地方政府管理部門的隨意、不負責任、甚至是不正當地批文。

這麼多問題怎麼辦？根本是依法，靠法來治理。劉澎老師最後講宗教立法沒有時間表，沒有時間表是不是就等、就不管？這個空當時間我們怎麼辦？研究宗教的學者都應該思考怎麼辦。劉澎老師曾提出過宗教特別行政區的模式，既然經濟可以搞特區，宗教為什麼不可以搞特區？可以搞幾個地方試一試，摸着石頭過河。還有學者提出了宗教備案制。我根據我的專業提出開放宗教市場。當今社會的宗教是多元的，宗教組織很多，它們相互競爭形成一個宗教市場。它們競爭的對象是沒有信仰的民眾，它們要吸引民眾就必須要公開、有透明度，可以讓人們去辨別，必須不斷改進自己的產品讓人們去選擇，在市場中可以淘汰一些民眾認為不好的東西，使大家真正需要的產品能有更大的自由度去正常發展。

還有宗教場所的法律地位問題。宗教局的研究中心提出過很多意見，譬如搞法人資格。我曾經為解決基督教的家庭教會和天主教的地下教會問題寫了東西上報。等待當然可以，但現在的局勢是我們等不起了，所以特別希望法學界的朋友一起加入宗教立法的隊伍中。

提問：我想問一下關於溫州基督教的問題。我知道在溫州有一批老闆基督徒，他們在當地有經濟地位，對當地政府的稅收、經濟貢獻很多。溫州基督教非常繁盛，甚至得到了當地政府的默許。有學者在著作裏認為溫州的政教關係超越了打壓和反抗的模式。兩位對這個觀點怎麼看？另外，上個月出現了溫州拆教堂的事件，為什麼他們的關係進一步惡化了？

劉澎：溫州的事情很有意思，是一個很長的故事，現在我簡單說說。溫州是中國基督教發展最外露的地方，但是不是溫州基督教徒最多？不一定，河南、江蘇、山東的基督教徒非常多，但這些地方的教堂沒有溫州教堂蓋得多。有人曾說「溫州是中國的耶路撒冷」，比喻是否恰當不知道，但有這樣的說法。

溫州的政教關係是什麼樣的？今天溫州的基督教這麼繁榮發達，是因為 50 年代末期，當時的中央領導李維漢曾帶着工作組到溫州試驗共產主義，搞無宗教區、無宗教鄉。結果當時很成功，一個鄉、一個縣什麼宗教都沒有。但文革以後溫州就變成中國宗教反彈最厲害的地方之一。溫州在文革後變成基督教最發達的地區，就是由於它以前受到過極大打擊，後來出現極大反彈。這個問題一直給當地領導造成心理壓力。溫州基督教發展太厲害，但始終沒有一個機會再把它壓下去。但最近這 2 年，各種因素的共同作用讓事情發生了變化。浙江省領導感覺到現在可以對浙江省的基督教尤其是溫州的基督教降降溫，可以採取一些措施了。這是「打壓—反彈—發展，再打壓—再反彈—再發展」模式的一個中間過程。再過 20 年，溫州基督教只會比現在發展得更好。有一個溫州的基督徒問我怎麼看溫州拆教堂，我說你應該感謝這個領導。發展基督教有很多種辦法，這也是其中一種。

高師寧：我在溫州時，發現溫州人有一個特點：敢做敢為。譬如有一個地方有條河，但沒有橋。當地人申請架橋，但政府沒有批。當地人就自己出錢修了一座那麼長那麼大的橋。所以溫州的教會、蓋教堂確實可能有這樣的情況。基督教發展很快，需要建教堂。這不能說他們關係很好，但相對來講他們的關係還可以。溫州還有既不是三自的也不是家庭的獨立教會，它們也在發展，得到政府默認。馬克思、恩格斯曾認為促進宗教發展的最有力的辦法是行政打壓。所以劉老師說要謝謝政府的打壓不是沒有道理。

劉澎：馬克思是這樣說的：「在我們時代能給神的唯一效勞，就是把無神論宣佈為強制性的信仰象徵。」列寧說過，「打倒宗教，無神論萬歲，這是一種膚淺的、資產階級的、狹隘的文化主義觀

點」。馬克思還說過，「取締手段是鞏固不良信念的最好手段」。但今天有多少人讀馬克思的書是一個問題。

> **提問：法輪功與政府對立過，被定義為邪教。基督教、伊斯蘭教也不同程度地與政府對立過，為什麼它們沒有被定義為邪教。這種對宗教的定義是否合法？**

劉澎：我談一下我的理解，這裏有幾個層面。從馬克思主義來說，馬克思主義是放之四海而皆準的真理。但現實生活中有些人就是相信宗教，所以《憲法》裏規定了宗教信仰自由。但憲法裏所說的宗教是否涵蓋了所有信仰？不一定。1949年我們承認了五大宗教，其他一概不承認。這五個宗教實際也不怎麼好受，到了文革要徹底破四舊，文革後依然以這五個宗教為限。在現實中對於沒有樹立辯證唯物主義世界觀的人，黨認為要加強教育；對於已經相信了宗教的人，要團結。但黨並不認同宗教。統戰部一位前副部長的說法是：「共產黨員不能信教。」因為共產黨員不能向宗教妥協，要堅持黨性。這說明宗教是負面的、反動的，但它又受法律保護。這時候就有一個問題：在馬克思主義之外還有一個信仰跟馬克思主義不一樣，如果是法律認可的叫宗教，如果不認可叫什麼？我有一次聽宗教所老所長任繼愈先生在中央黨校省部級學員班上講話，一個學員問「什麼是宗教，什麼是迷信」，任先生的回答是「政府承認的是宗教，不承認的是迷信」。這是你的問題的第一個層面，邪教是沒有得到官方認可的信仰。宗教與邪教在哲學上、神學上都相信超驗的信仰，本質上沒有區別，但有政治上的區別。

第二個層面，什麼是邪教？這個問題不好說。在中世紀宗教裁判所的時代，對於正統宗教而言，不正統的宗教是邪教、異端。共產黨人不相信任何宗教，沒有好的唯心論、壞的唯心論，所有的唯心論都是壞的。馬克思主義者如果非要在唯心論裏分一個好的唯心論、壞的唯心論，就很滑稽。1999年批法論功高潮時，我給人民日報編輯部發了一個文章，希望立即停止使用「邪教」的說法。為什麼？因為馬克思主義經典作家在他們的著作裏沒有使用過這個詞。馬克思主義認為唯心主義沒有好的，共產黨沒有必要在唯心主

義中分正教和邪教。真要這麼分，那誰是正教？如果說五大宗教是正教，其他教是邪教，判斷的依據是什麼？是根據道教定義伊斯蘭教，根據天主教定義佛教，還是根據佛教定義基督教？是根據什麼教的教義來定義，還是根據某個教的某一派的教義來定義？

第三個層面，是誰來定義邪教的問題。誰賦予了你定義正教、邪教的權力？你怎麼知道一個教是正還是邪？你本身不相信任何教，然後又來定義一個教的正邪，等於把自己放在了宗教裁判所所長的位置上，這個過程是怎麼來的？你根據什麼標準或者什麼程序來認定它是正教或是邪教？國家有權力說你是非法組織，因為國家有法律；但國家沒有權力說你是什麼教不是什麼教，因為國家不承認任何宗教。不承認任何唯心主義也就無從判斷它是好的唯心主義還是壞的唯心主義，這是從馬克思主義角度來說。

從法律角度來說，定義邪教是宗教裁判所的任務，不是人民法院的任務。定義邪教的整套概念沒有法律依據。邪教問題出來後，高院出了一個司法解釋，符合這個解釋的就是邪教。但實際上任何人破壞社會秩序、危害他人權益，國家用什麼罪名都可以對他進行懲罰，唯獨不能用「邪教」這個詞。美國政府不評價任何宗教、任何信仰團體，以至於為了保持政治上的正確，美國發明了一個詞生動地體現了政府在宗教問題上的態度，這個詞就是「Faith based organization（基於信仰的團體）」，簡單說就是「信仰團體」。至於信仰的什麼東西，不做評價，不做價值判斷，遵守法律就可以了。我們如果用「邪教」這個概念，是不是要有評價邪教的標準、評價邪教的機構？如果沒有程序性的規定，這個「邪教」的判斷是怎麼得出來的？這是一個法理上的問題。

提問：關於宗教基本法，呼籲了這麼多，現在有沒有看到一些希望？如果不是要立宗教基本法，宗教政策的改變在這個階段有沒有可能？

劉澎：過去十幾年，我一直在做推動宗教立法的事情。我的努力是不是會被國家立法機關採納，我不設想也不考慮。我認為宗教

立法是一個遙遠的、漫長的過程。既然如此，為什麼還要搞宗教立法？因為我覺得一個社會如果不用法律解決問題，那就只能是用拳頭解決問題。我們只能回到叢林裏，誰屬害誰說了算。如果想理性地解決問題，只能訂立規則，訂立規則需要建立在共識的基礎上。現在宗教信徒對很多問題不滿意，如教產問題。你去問佛教，他會「痛說革命家史」，告訴你有多少多少廟被佔了。基督教有一部分教會存在合法性問題，天主教也有，每個教都有各自的問題。要解決這些問題只能通過法律，不能靠情緒、靠武力。由此，宗教法治就變成了社會公共問題。對於宗教問題，我們最好理性地解決，用法律解決。我的立法建議是不是會被政府所採納不重要，重要的是是不是有人把這個問題提出來，並且把它實實在在地作為一個立法草案做出來。如果我們現在有一個立法草案、立法建議稿，大家不同意，可以批評。你說你的道理，他說他的道理，公共辯論，在公共辯論的基礎上形成多數人的共識。如果多數人對這個問題有關注、有共識，執政者可以選擇一是不理甚至打壓，二是允許繼續討論，三是對話。

到底採用哪種方式取決於執政者，我不是執政者，不知道政府的想法。可我知道一點：當現實中提出的挑戰，到了政府原來的管理成本已經不能承受他用原來方法要達到的效果時，政府就會考慮採用新的管理方法。立法這個事本來應該由政府做，政府沒有做；民間做了，是向法治社會進步的表現。如果整個社會不做，在一場混戰中要分清是非就很困難。在這種情況下我呼籲宗教立法，要讓立法變成實實在在的事。政府聽不聽沒有關係，重要的是老百姓，用現在的話講就是「群眾路線」。要看這個事情是不是群眾需要的，是不是符合老百姓的利益。群眾需要的事我們做了，離實行的可能性就進了一步。要做事不能等着政府許諾後再開始。只要是正確的事，我們先主動做出來，相信隨着社會進步，執政者會有很多變化。我對前途是樂觀的，為什麼樂觀？不是因為政府一定要用我的這個法或者政府認為我做得好，而是我認為它是一個客觀需要。我不做也會有別人做，這個國家總會有人提出解決的辦法。如果解決辦法代表了大多數人的利益，必將被社會所認可。但不做這件事，就不能促進宗教領域的法治，不能推動社會的進步。

> **提問：**如果從政治功能角度來看，你說意識形態和宗教之間有什麼區別？與此相聯繫的問題是，我們都談政教分離，在中國語境或者中國歷史上談這個問題，和西方語境下政教分離的含義是否一樣？尤其是其中的「教」，在中國語境和西方語境下是否一樣？

劉澎：先說第一個問題，意識形態和宗教有什麼區別？有一個共通性：都是信仰體系。意識形態是政治信仰，宗教不是。信仰有多種，有人信仰宗教、有人信仰科學、有人信仰哲學、信仰不可知論，有人信仰政治，把政治作為自己的使命，為了共產主義而奮鬥，信仰什麼的都有，但都是信仰。只不過信仰的目標不一樣，構成要素不一樣。有的信仰涉及靈魂，有的涉及來世，有的不涉及。對於政黨來說信仰就是意識形態，政黨所主張的就是它的意識形態，如果它掌權就是官方意識形態。當然我們可以把意識形態定義得更科學、更複雜。

宗教不是意識形態，宗教是人類對自身、對自然、對宇宙的認識。人類一直都有宗教。宗教和意識形態根本不在一個層次上，按照馬克思主義的觀點，階級政黨國家產生之前就有宗教，階級政黨國家消亡之後才能考慮宗教的消亡。所以說宗教的壽命一直伴隨着人類。意識形態與宗教裏的某種成分很相似，但只是過程中的一段。從層次上來說宗教比意識形態大得多。一個人沒有政黨、沒有組織，他也可以有宗教思想，也會思考靈魂、思考過去、思考未來。人有宗教的想法和需求很正常，從遠古的壁畫就可以看出來。所以宗教和意識形態是兩回事。

第二個問題，關於政教分離。什麼是政教分離？政教分離不是政治與宗教分開。政治和宗教分不開，但國家和宗教組織一定要分開。政治和宗教如同生活中人和空氣一樣，誰也離不開誰，互相影響。但政府和宗教組織若不分則災難無窮。這裏面涉及非常多的問題。簡單說，如果國家不搞政教分離，不在組織上、實體上對宗教組織做政治特權、經濟特權的切割，那麼宗教中的一派有可能成為國教；其他宗教或教派被壓制，這時就產生了政教衝突、宗教矛

盾。過去人類歷史中發生了很多悲劇，因為宗教發生了很多衝突甚至戰爭。

中國語境下的政教關係或者政教分離是什麼意思？意思是「你和我一定要分離，我和你不分離」。任何宗教不得干涉行政、司法、教育、危害公眾身體健康，説的是宗教要與政分開；但黨是領導一切的，這個關係是分不開的。所以説中國是政教分離還是政教不分的國家，首先要看中國有沒有官方意識形態之外的宗教。如果有，那麼宗教應該得到尊重。如果宗教沒有得到尊重，意識形態變成了宗教，其他宗教變成了意識形態的附屬，這個政教關係就沒有辦法處理了。這就是一元結構而不是二元結構。我們要的是二元結構——「上帝的歸上帝，凱撒的歸凱撒」。這個問題要説清楚。

> **提問：現在許多有信仰的人加入共產黨，請二位談談具體的情況。**

劉澎：這個問題很尖鋭。《鳳凰周刊》今年 3 月份刊發了採訪我的一篇文章——〈共產黨不必排斥有神論入黨〉。文章的題目本來是〈應該允許共產黨信教〉，但文章寫好以後，編輯把文章題目倒過來，意思一樣，但變成了以共產黨為主，共產黨不應該排斥有神論入黨。共產黨員可不可以信教？中共黨章中沒有規定，但黨的紀律上有。中央統戰部副部長朱維群在《求是》雜誌上專門寫文章説共產黨員不能信教，我這篇文章也可以是回應他的——共產黨不必排斥有神論入黨。為什麼這麼説？今天世界上相信馬克思主義並且繼續執政的共產黨國家有五個：古巴、越南、老撾、中國、北朝鮮；允許黨員信教的有古巴、越南、老撾。古巴為此修改了黨章、憲法；越南黨和國家大力改善與宗教的關係；老撾規定重大宗教節日黨員幹部必須參加。不允許黨員信教的只有中國和北朝鮮。

如果中國共產黨仍然是一個革命黨、意識形態黨，當然沒有黨員信教的希望。因為一個意識形態黨會把意識形態上升為宗教，上升為宗教以後，就具有了一個很典型很特別很強硬的宗教特徵——排他性。也就是説我是百分之百的真理，除我之外是百分之零的真

理，我和別人無法調和。利益問題可以調和，真理問題不可調和。不能說我有七分真理你有三分真理，不可能。只能說，你們都是謬誤，我才是真理。這種對於真理的壟斷就是排他性，決定了信仰上的不可能調和性。但如果黨不是意識形態上壟斷真理的黨，而是一個為全體人民服務的黨、一個具有現代化國家管理與治理能力的黨，按照這個方向發展，黨為所有老百姓服務，其中包括信仰宗教的、不信仰宗教的，包括所有公民，這樣黨與宗教就沒有矛盾了。黨員信不信教，教徒入不入黨，都不是問題了。

高師寧： 黨員的身份可以叫做政治信仰，跟宗教信仰完全不一樣。黨員信教的，據我所知不少。這是第一。第二，我們在採訪中，很多官員說「我一退休就要信教」，這說明什麼問題？要搞清楚你的政治信仰跟宗教信仰完全不一樣。宗教信仰是生命的問題，是你對大自然、對人生的回應，而政治信仰很多時候會有一種利益摻雜其中。我的很多學生說要入黨，問我的意見。我說這是你自己的選擇，不用問別人，但是你得想清楚你的動機是什麼。他們說入黨以後才好找工作。這些情況不能代表所有人，但這樣去信仰確實有個人利益。你有政治信仰，但生活中遇到很多事情是否能解決？譬如你炒股虧了、離婚了、女朋友吹了，政治信仰幾乎不能解決你的苦惱，但宗教信仰可以從心靈上安撫你，讓你重新看待這些問題。宗教可以解決很多生活上的問題、心靈上的問題。政治信仰和宗教信仰不是一個層面上的，不具有同樣的功能。因此我認為兩種信仰可以並存，有政治信仰對你工作有好處，但這並不妨礙你接受另外一種宗教信仰。

劉澎： 不同的信仰可以並存，因為宗教信仰與政治信仰不是在一個層次上。有人問我：宗教信仰者進入黨內，是否會在黨內另搞一套？因為宗教也是一種組織，進入黨內會不會妨礙黨的純潔性？我說，宗教是一種組織，是一種信仰，沒錯。但宗教信仰者進入黨內是為了當書記、奪權還是為了保持個人對上帝、對佛祖的一種信奉？關鍵在於他的目的是什麼。如果他以宗教徒的身份在黨內進行政治活動，當然不能允許。但如果懷着宗教信仰的人進入黨內，和黨的政治目標沒有直接聯繫，根本不影響黨實現自己的政治目標，

那麼為什麼要懼怕他們？說到這裏，還要考慮到現實。在少數民族地區、以宗教為主的地區，一個人信不信教不是問題，能不能把黨的方針政策和政治路線帶到群眾中去，才是關鍵。如果因為入了黨而拒絕宗教，就等於自絕於那個地方的群眾。再譬如在宗教聚居村，一個村要傳達上級的指示，村長只能等着宗教聚會結束時來說。不和宗教打交道怎麼貫徹黨的路線？

在共產黨員能不能信教的問題上，列寧說得很清楚，對於俄國社會民主黨來說是打倒沙皇更重要，還是講有神無神、有沒有上帝更重要？在實現打倒沙皇的目標之前，把黨的精力放在區分有神無神、有沒有上帝的問題上，這樣的人是反黨分子，只能在沙皇面前削弱革命的力量。在中共歷史上，王明曾經要「為中共百分之百的布爾什維克化而努力」，但正是王明幾乎斷送了中國革命，這個教訓直到今天很多人還沒有吸取。把個人的宗教信仰和黨的政治信仰對立起來，打着要為「黨的純潔性」而奮鬥的大旗，在黨的支持者中製造有神和無神的對立，這樣做的結果只能是削弱黨的執政基礎。所以卡斯特羅（Fidel Castro, 1926–2016）修改古共黨章、越南允許黨員信教、在廟裏掛政治局委員的像、老撾讓黨政幹部參加宗教活動，並不是因為這些國家的共產黨要向宗教投降。恰恰相反，因為他們知道要鞏固和擴大黨的執政基礎，就要團結宗教信徒。他們是實事求是的馬克思主義者。

提問：中國歷史上有一個很奇怪的現象，譬如從漢朝一直到太平天國，在歷史更迭裏一直有宗教的影子或者類似於宗教的影子。解決宗教立法問題，要研究宗教與政體之間的關係。不知是否有人做過此類研究以及有何結果。

劉澎：你說的問題是政教關係問題。你其實是問，歷次農民起義都披着宗教外衣，今天的宗教會不會威脅我們的政權？這個問題很多人都問過，應該給予一個明確的回答。我的理解是，統治者和被統治者之間發生矛盾，以致於當矛盾不可調和時，要通過大的社會變革，如革命、起義、叛亂等方式進行改革，這在人類社會中一直存在，每隔若干年都會發生這樣的事。宗教在其中起什麼作用？

在整個人類歷史上看，宗教從來不是革命、起義或者叛亂發生的原因，但為何會有這樣一個問題產生？因為當統治者與被統治者或者統治者內部不同集團之間的矛盾達到不可調和時，當社會變革的危機到來時，為了在更大程度上動員群眾、依靠群眾獲得自己的利益，並且使自己的行動具有神聖性、合法性，發動起義、革命的農民領袖就要去尋求宗教。換句話說，宗教是最好利用、最能為起義或革命提供合法性、正當性、神聖性的一種外衣或者工具。一旦權力到手，新的統治者該幹什麼幹什麼，宗教該幹什麼幹什麼。搞宗教的人從來不想奪權。陳勝吳廣推翻秦始皇的統治，因為誤工遲到要被殺頭，怎麼辦？裝神弄鬼，給魚肚子裏放一個白綢子，上面寫上「陳勝王」，讓人以為是天意顯靈。這完全是人造的，但革命需要這個東西。最後推翻秦朝的是宗教還是人民？當然是人民。

再看菲律賓，當全菲律賓人都反對馬科斯（Ferdinand Marcos, 1917–1989）總統時，紅衣主教也同意了老百姓的要求。因為百分之九十的人信仰天主教，紅衣主教的表態成了壓跨馬克斯總統的最後一根稻草。波蘭團結工會也是如此。所有宗教都可能被統治集團或者政治派別利用，但說到底宗教的本質不是奪權，不是搞政治，不是當總統、省長、司令。想要利用宗教的人很多，不能因為宗教有可利用性就說宗教是壞的。刀可以切菜也可以殺人，我們不能因此而不用刀。繩子可以綁東西也可以用來上吊，不能因此說不要繩子。看問題要分析問題的本質。在歷史長河中，宗教與統治者合作的時候佔絕大多數，推翻統治者只是非常少的時候。所以從政教關係上來說，統治者善待宗教可能要比壓制宗教對自己的統治更為有利。很多統治者在壓制宗教後發現壓制的結果使自己的政權更加不穩定，最後因為世俗利益自己也加入了宗教，羅馬皇帝就是如此。

> 提問：關於宗教開放的問題，我現在想到西藏和新疆是單一民族，宗教佔大頭，在西藏是藏傳佛教、在新疆是伊斯蘭教。我還知道西藏某個地區有 800 多人是藏族，那個地區信天主教。國家在宗教領導方面有沒有考慮在新疆和西藏地區放開別的宗教，改變宗教文化的氛圍？

高師寧：現在的情況有很多變化，維吾爾族地區、藏族地區都有很多變化。有學者提出少數民族地區的少數，就是指少數少數民族群眾信仰了其他宗教。這是現代社會的必然趨勢。現代社會是多元的，精神追求也是多元的。所以在上述地區一些少數民族信仰其他宗教的現象是正常的，而且現在已經是事實。就我知道的回族，在甘肅、寧夏信佛教、天主教和基督教的已有不少。雖然現在是少數，但這個變化已經存在。他們信仰其他宗教之後，在信仰方面與漢族是一樣的，其禮儀可能會有些不同，但僅僅是有一些習慣被保留下來了。

劉澎：我要從法律權利的角度說一下這個問題。我們應該尊重和承認每個人的選擇權，不管你原來信什麼宗教或者信不信宗教，法律應該賦予每個人平等的選擇權，保護每個人的信仰。哪怕信仰的是無神論，都應該保護，而不應該把自己的信仰強加給別人或者替某些人、某些地區來設定某種信仰，這樣的想法是對個體生命、宗教信仰自由的尊重。法律應該做到宗教信仰面前人人平等，同時實行宗教寬容、宗教自由，讓所有人可以自由平等地選擇自己的宗教，而不問這個人過去信什麼、信不信。做不到這一條，宗教問題不可能得到真正的、和平的解決。

九
轉型時期的族群關係

時間：　　2014年3月13日
地點：　　北京大學法學院

主講人

馬戎：　　北京大學社會學系教授、博士生導師、原系主任、社
　　　　　會學人類學研究所原所長。北京大學藏學研究院籌
　　　　　備專家。研究方向包括區域發展研究、人口遷移研
　　　　　究、城市化研究、民族關係研究、人口社會學、民族
　　　　　社會學。

熊文釗：　天津大學法學院教授，原中央民族大學教授、博士
　　　　　生導師；中國法學會立法學研究會副會長、中國憲
　　　　　法學研究會常務理事、中國行政法學研究會常務理
　　　　　事、北京大學憲法與行政法研究中心客座研究員。

主持人：馬戎教授來自北京大學社會學系，是北京大學社會學系的前任系主任、社會學人類學研究所前任所長。馬戎教授對民族社會學、區域發展及民族關係有着非常系統深刻和獨到的研究。熊文釗教授來自中央民族大學法學院，是法治政府與地方制度研究中心的主任。他對憲法和行政法、對民族區域自治制度有非常深刻的研究。

馬戎：在座各位有許多是學法律的，法律注重的是正式頒佈的條文。我自己是學社會學的，社會學注重的是對社會現實情況的調查研究。憲法、法律頒佈後地位是很神聖的，概念的定義都很清楚，但是在現實社會中，法官、律師、當事人、旁聽者、網民對於法律條文的理解、案情的理解、各自提出的道理等等的理解肯定是不一致的。那麼，他們為什麼會有不同的理解，觀點為什麼不一致？這就是社會學家關注的問題。説到中國的民族關係問題，我想大家至少都承認一個現實，這就是近十年來中國的民族關係確實在不斷惡化。

作為一個社會學研究者，我更多地是從我個人的生活經歷和調查研究實踐來思考民族問題。我在北京上的小學和中學，文化大革命時我是高中生，1968–1973 年我作為北京知青去內蒙古草原插隊當牧民。那時候我們感到民族關係很好，雖然需要相互學習語言，但是在相互交流和共同生活中彼此很親近。牧民教我們放羊、教我們在草原上如何生活，大家互相幫助，至今我們大隊的知青還和牧民保持着聯繫，有時還回去探望。1985 年我到內蒙古赤峰農村調查，感覺依然很好。1987 年春天我到北京大學任教，同年夏天到西藏做調查，發現當時已經出現了一些問題。拉薩發生了燒八角街派出所的事件，但是我們和當地居委會藏族幹部座談時，藏族幹部和我們訴說並不是民族問題，而是中國共產黨政策的變化。過去黨的工作依靠的是廣大農奴，改革開放後為了團結在外流亡的貴族回來，給貴族們在政府、人大、政協安排位子，用大量金錢來補償他們在1959 年民主改革中遭受的「損失」。這些做法使那些出身農奴、在1959 年平叛前後始終堅定跟黨走的藏族幹部感到被共產黨拋棄。他

們最關心的不是民族關係問題，而是階級政策問題。1997 年我到南疆調查，切身感受到當地維吾爾族與漢族之間出現了很深的隔閡和彼此的不信任，這時我才感到中國的民族關係開始出現了質的變化。

所以，我想我們的民族關係並不是一直處於這樣糟糕的情況。今天一些地區出現的少數民族與漢族之間的隔閡，與 30 年前、40 年前的情況是不一樣的。那麼究竟是一些什麼原因起了作用？是哪些制度、文化、政策方面的原因導致中國今天的民族關係在急劇惡化？大家都非常關心這個問題，特別是拉薩「3·14」事件、烏魯木齊「7·5」事件和近期的昆明「3·1」事件發生後，都在思考這個問題。

但是，我們的民族理論界似乎沒有能夠回答這個問題。中國的民族理論教科書的內容 60 年不變，沒有能夠根據社會的快速發展與時俱進，提出新的思路。這六十多年來，中國社會和整個世界發生了多麼大的變化！怎麼可能還用六十年前制定的話語體系來指導今天的社會實踐呢？從我多年來對中國民族關係的實地調查和理論思考來看，我認為如果我們現有的民族理論、民族制度和相關的民族政策不做重大的反思和調整，那麼中國的民族關係只能持續惡化。許多人說我太悲觀，我說這就是嚴酷的現實。

在座的法學院學生和老師不一定特別關注民族問題和民族政策方面的討論，我希望大家今後也多關注一下。關於反思中國民族理論、制度、政策的呼籲，我已經提了十幾年了。我在 2000 年的文章中就提出要關注各群體「民族意識」的變化、建議主要從文化的角度和層面來看待族群（民族）問題，不要把中國的民族問題「政治化」。2004 年我在《北京大學學報》發表文章，題目就是《理解民族關係的新思路：少數族群問題的「去政治化」》。現在，我們在兩個層面使用「民族」這個概念：一個是「中華民族」，一個是 56 個「民族」。這實際上是兩個性質完全不同的層面，特別是把 56 個「民族」作為民族理論的主體和基本單元，英文譯為「nationality」，我認為這給民族問題基礎理論和實際運用帶來了很嚴重的問題。所以我在 2004 年明確建議保持中華民族（Chinese nation）的稱謂，同時把56 個民族改稱為「族群」（ethnic group）。

　　給我衝擊最大的另一件事是前蘇聯的解體。前蘇聯解體後，中國的學者們對蘇聯解體的理論和制度原因都做了哪些系統深入的研究？我不知道法學界如何，但是民族理論界一直強調我們不是「蘇聯模式」，中國跟蘇聯的體制不一樣。他們是聯邦制，我們是民族區域自治，憲法規定民族區域自治的地方是中華人民共和國領土不可分割的一部分。所以中國不會出問題。

　　但是實際上，中國共產黨自建黨開始長期是蘇聯扶持、資助和領導的。1922 年中共二大的政治綱領就參照蘇聯體制提出建立聯邦國家。1931 年《中華蘇維埃共和國憲法大綱》提出「中國蘇維埃政權承認中國境內少數民族的自決權，一直承認到各弱小民族有同中國脫離、自己成立獨立的國家的權利」。1945 年抗日戰爭勝利後，考慮到蘇聯對中國的領土野心，我黨民族政策調整為主張「民族區域自治」，放棄聯邦制。1949 年中華人民共和國成立後，許多方面效仿蘇聯經驗，包括民族理論、制度框架和相應政策。特別是斯大林民族理論的核心概念如「民族」的定義和蘇聯模式的民族政策，如由政府組織進行「民族識別」並認定國民「民族成分」、劃定「自治地區」、開辦民族學校、實行民族優惠政策等等。蘇聯處理民族關係的這些基本思路和做法，除了聯邦制這一點外，其他的在 50 年代基本上被新中國政府接受。

　　我們在 50 年代的許多制度學習蘇聯，這在當時的歷史條件下可能也是歷史的必然。蘇聯成功地建成了世界上第一個社會主義國家，經濟發展很快，打敗了德日兩大法西斯國家。新中國政府在當時「以蘇聯為建設社會主義國家的楷模」，是有充分理由的。但是後來在中國的實踐中，有些體制的效果不好，那就必須與時俱進進行改革，如城鄉的所有制改革、人民公社改為家庭承包制、國有企業改制、實行對外開放，這在過去的傳統思維中都是錯誤的，是與社會主義革命和社會主義建設的公有化方向相違背的，但是後來都改革了。我們在很多領域、許多學科的知識體系方面都進行了改革，唯有中國的民族理論教科書六十多年沒有變化，還在講斯大林的「民族」定義，講列寧的「民族自決權」。這種僵化的態度是不可理解的。況且，我們當年學習的對象蘇聯已經不存在了。

　　我覺得中國人並沒有真正地從蘇聯解體中學習一點經驗和教訓，沒有好好思考一下蘇聯為什麼解體，蘇聯的發展過程中有什麼東西能為我們所借鑑。美國學者對這些問題非常關注，1991 年蘇聯解體後，他們對蘇聯解體根源的研究許多都指向蘇聯的民族問題。因為蘇聯就是非常整齊地以 15 個加盟共和國為單元解體的，各加盟共和國在解體前後表現出高漲的「民族主義思潮」，而且在蘇聯解體後的各國內部又出現了車臣、南奧塞梯、克裏米亞等又一波分裂運動，這些都是偶然的嗎？這些現象能夠給我們帶來什麼啟示？美國學者在蘇聯解體後出版的 20 多本書裏專門討論蘇聯是如何進行民族構建，這一制度如何強化各民族的民族意識，加盟共和國、自治共和國、自治州等行政區劃又是如何把這些民族「領土化」並固化了各民族之間的地理區隔，每個人身份證上的民族成分如何使族群的人口邊界清晰化和固化。蘇聯的體制和政策在這六十多年裏大大強化了各民族的民族意識，而一旦戈爾巴喬夫（Mikhail Gorbachev, 1931–）的政治體制改革使得中央政權的控制紐帶放鬆，蘇聯迅速走向解體就是一個歷史的必然。雖然我們沒有採用聯邦制，憲法規定民族自治地方不能分裂，但是思考「民族」的基本概念、民族理論的整體思路、制度特徵與政策的實施效果，在我看來和前蘇聯有着許多共同點。

　　2011 年，我在《領導者》雜誌上發表了一篇文章，題目是〈21世紀的中國是否面臨國家分裂的風險〉。我認為中國的民族理論、制度和政策如果不儘早進行反思和調整，中國各民族的民族意識將會愈來愈強，民族之間的隔膜會愈來愈深，各族精英和普通民眾都會愈來愈從「民族關係」的視角和邏輯來看待、處理中國社會上出現的各類問題和矛盾。

　　在解放初期，我們的滿族基本沒有很強的民族意識。我在北京大學開設《民族與社會》通選課，一個學生發言說她觀察「滿族在線」10 年了，發現網上言論表現出來的民族獨立意識愈來愈強。其實「壯族在線」「維吾爾在線」等民間網站的趨勢都是如此。因為我們的政府把這些群體都定義為「民族」，那麼無論是按照西方傳統的民族理論，還是按照列寧的民族理論，「民族」都有獨立建國的權

利。按照列寧的觀點，如果你不承認民族自決權，你就不是一個馬克思主義者，甚至不是一個民主主義者。

我們政府承認的「民族」在這些年都出現了程度不同的「民族主義思潮」。這又與中國在民族關係上的制度性分隔有着密切的關係。我們在國務院各部委中有一個專門負責少數民族事務的國家民委，在教育體系中有民族學校和民族大學，在學科體制中有以少數民族為對象的綜合性的「民族學」，在影視節目製作中有「少數民族題材電影」和相應獎項，在體育運動中有區別於全國運動會的「少數民族運動會」。以學科分隔為例，有了綜合性的「民族學科」後，其他學科會涉及少數民族嗎？北大的法學院研究少數民族的習慣法嗎？北大的教育學院研究雙語教育嗎？我們的經濟學院研究少數民族經濟特徵和少數民族企業家現象嗎？這樣一種把漢族與少數民族加以制度性區隔的做法，必然導致彼此之間的隔膜、生疏、猜忌和誤讀。

關於今天我們是否需要對現行的民族理論、制度和政策進行反思，這個問題已經爭論了很多年。2011 年清華大學的胡鞍鋼教授發表了一篇文章談「第二代民族政策」，提了許多具體的政策調整建議，一石激起千層浪。過去反對我觀點的很多人把我的觀點與胡鞍鋼的觀點放在一起來批判，所以我不得不在 2012 年又寫了一篇很長的文章來澄清我的觀點。我不站在任何民族的立場上，而是站在 13 億人的立場上，我考慮的是 13 億人的根本利益和長遠利益。

那麼什麼叫「民族問題去政治化」？2004 年我提出應當把國內 56 個「民族」這個層面的民族意識「去政治化」，這些群體存在歷史記憶、祖先血緣、語言宗教等文化特點，也有社會經濟發展中的權利和利益追求，但是否需要給這個層面的群體以那麼強的、西方經典民族理論中的那種獨立政治身份和特殊政治權利？西方經典理論認為任何民族都有自決權，認為最好的政治安排是「一個民族，一個國家」。從長遠來說，一個現代國家最重要的權利應當是公民權利，完整的、得到切實落實的公民權利應當可以涵蓋任何個體和群體的基本權利，如生存權、發展權、文化權、政治權利等。也即是

說，現在中國少數民族關心的這些權利其實都是可以得到滿足的，問題在於落實。我主張現在考慮的少數民族權益應當在落實公民權的框架下來處理，因此建議中國學術界反思 1949 年建國以來中國的民族理論和民族政策。我主張加強全體國民對中華民族的政治與文化認同，同時淡化「13 個民族」這一層面的政治意識，建議以「政治一體、文化多元」的框架來思考中國民族關係格局的結構與發展趨勢。

我的考慮基於兩點：第一，我們黨的民族理論和 1949 年中華人民共和國成立以來實踐的民族制度、基本思路和政策承襲了蘇聯模式和斯大林民族理論。但是在 1997 年，俄羅斯聯邦已經正式取消了國民身份證上的「民族成分」，認為這是造成「民族分隔」的制度性原因，不利於建立各族民眾對國家的認同。中國現在處在社會轉型期，面臨很多矛盾和大量群體性事件。在漢族地區的社會矛盾也很多，譬如城管與小販的矛盾、強拆問題、重污染企業引發民眾抗議、對一些法律判決不接受，具體的形式包括上街遊行、衝擊政府機關、集體上訪等。但是這些矛盾大多是針對一個特定組織或企業，而且一般是為泄憤、抗議，不至於導致國家分裂。但如果中國各少數民族的民族意識很強，那麼就會從「民族矛盾」的視角來解讀以上各種治安事件、民事糾紛、資源開發問題、環境污染、刑事案件等社會問題，把這些問題歸結為「這個民族剝奪少數民族的權利和利益」，這樣矛盾就很難化解了。矛盾激化後自然就會想到用民族自決、獨立的方法來找出路。如果社會矛盾、階級衝突結合了民族聚居地區要求獨立主權的民族主義運動，就可能導致國家分裂。

第二，在 50 年代、60 年代為什麼中國民族關係比較好？因為那時講階級鬥爭，人們之間的階級情誼超過了民族感情。當時共產黨發動所有民族的窮苦農民、農奴起來剝奪地主和貴族，這些民族的絕大多數人不論從自己人身解放還是獲得基本生活資料來看，都從心裏擁護共產黨。但是從文化大革命以後，對文革中的政治路線進行批判，推行市場經濟，又出現了新的貧富分化，社會政治結構改變了，財富分配機制改變了，那些 50 年代的「民族團結」口號和一整套宣傳話語，在今天已經沒有了當年的政治和經濟基礎。因為

整個政治體制和社會話語改變了，隨着代際更替，年輕一代人的觀念和思維方法完全變了。到了今天再來講土改分田、憶苦思甜這些號召已經不適應今天的國情了。

所以，現在我們討論今天中國的少數民族問題，最後歸結到中國各族民眾對中華民族和國家是否認同的問題。2007年我在內蒙古大學講座，提出加強各民族對中華民族的認同。當場有位蒙古族青年教師站起來說：「你的意見我不同意，我只知道自己是蒙古族，我從來也不承認有什麼中華民族。」在他講完後，在場約一半的蒙古族學生熱烈鼓掌5分鐘。我接着講中國發展至今，已經形成了一個休戚與共的共同體，一榮俱榮、一損俱損，以及為什麼在今天我們需要強調對中華民族的認同。在我講完後，剩下的一半聽眾熱烈鼓掌5分鐘。還有一次我在新疆大學講座，一個學生問我「世界上人口超過一千萬的民族有哪一個沒有獨立的」？事實上在中國境外的人口達到一千萬的民族都獨立了。大家知道車臣的分裂運動鬧得很凶，把前蘇聯、俄羅斯折騰得人仰馬翻，但車臣共和國只有80多萬人，80多萬人如果民族意識很強、政治獨立的願望很強，可以把幾億人的大國搞得不得安寧。

我在新疆、內蒙、甘肅、西藏、青海、雲南等許多地區做過調查，感覺到一些少數民族精英當中確實存在着不認同中華民族的問題。有的少數民族理論權威學者當着一些領導同志的面對我說：「馬老師，我們以後不要再講中華民族了，講民族就是56個民族。」有些學者寫文章明確提出要講民族只能講「中華諸民族（即各個民族）」，沒有中華民族。所以，現在國內的民族理論討論上出現了兩個完全相反的觀點。我的觀點是希望加強全體國民對中華民族的認同，但是同時要考慮到所有少數民族的文化權、發展權和宗教信仰自由。各個方面的權利都必須得到尊重，應當以公民權涵蓋這些少數族群的權益。美國的印第安人、黑人過去曾經被屠殺、曾經是奴隸，有制度化的種族隔離。但是在民權運動中，他們所要求的並不是獨立、不是暴力、也不是特權。馬丁‧路德‧金（Martin Luther King, 1929–1968）在演講「我有一個夢」中呼籲的是爭取平等公民權，認為在這種思路下黑人的所有合理訴求都能夠得到滿足。

　　但是國內的另外一些學者認為，中國的民族關係之所以會出現問題，並不是 50 年代制定的制度有問題，而是這些制度沒有真正得到落實，《民族區域自治法》沒有得到落實，應該提高少數民族的自治權，給少數民族提供更多的優惠政策，制訂各自治區的《民族區域自治法實施細則》，強調中國的民族制度沒有學習蘇聯模式，是我們自己結合國情的創新安排，認為我們的民族理論、制度和政策都是正確的，批評我的「去政治化」觀念和胡鞍鋼教授的「第二代民族政策」。

　　我想在這裏把我的觀點與 2011 年胡鞍鋼教授的「第二代民族政策」之間的重要區別作一個說明。第一，「第二代民族政策」強調的是中華民族融合，強調一體，不講多元。而我覺得一體、多元這兩個方面必須要兼顧。長期以來我們只講 56 個民族而不講中華民族，我比較強調今天必須加強全體國民對中華民族的認同，但我同時也強調必須尊重現實中存在的「多元」的一面。藏族地區、新疆地區與東部存在很大的差別，在宗教、文化、語言、傳統經濟活動方式等方面是不一樣的。所以，我覺得「一體」和「多元」二者不可偏廢。

　　從我對人口普查數據的分析來看，維吾爾族這兩年的社會問題比較多是有原因的。從 2000 年到 2010 年期間，在 16 歲以上就業人口中，在維吾爾族中黨政幹部的比例從 0.84 下降到 0.47，絕對人數下降了 32.3%。維吾爾族除了農民比例在增長外，專業技術人員、辦公室人員、生產工人的比例都在大幅下降。換句話說，這十年裏維吾爾族人口在社會分層結構和流動性方面急劇地邊緣化和惡化。在這樣的大背景下，自然會產生很多社會問題。

　　民族區域自治制度和當年建國初期的很多制度一樣，在當時有着歷史的必然。那當時為何西藏、新疆是自治區？為什麼在 1947 年國共決戰之前就搶先在內蒙古東部建立民族自治區？是因為當時存在特殊條件，這些條件跟今天的條件完全不一樣，所以不可能把當時特定條件下制定的制度和方法完全變成一種歷史慣性永遠保持下去。完善民族區域自治是對的，但如何完善需要非常慎重的考慮。

　　第二點是必須尊重各族群之間的多樣性和社會發展的漸進性。我很高興最近中央關於新疆工作的講話裏不再提「跨越式發展」。跨越式發展很危險，很可能翻船。過去認為只要經濟發展了，好像新疆的民族問題就解決了，這個思路有問題。古今中外，一個民族問題，一個宗教問題，從來不是靠金錢和槍桿子可以解決的。所以過去很多思路是簡單化的，沒有尊重各地區各族群的多樣性，這個問題非常突出。

　　第三點是必須尊重和信任少數民族幹部。在「第二代民族政策」中，對少數民族幹部的提法讓許多少數民族精英不高興。在今天，如果有些少數民族幹部和知識分子有比較強的本民族的民族意識，但這能怪他們嗎？他們都是建國後我們自己培養出來的，是我們自己的民族理論教科書培養出來的，許多是在民族院校培養出來的。很多孩子在上大學之前的觀念是很樸素的，看到的差別主要是文化差別，如語言差異和宗教差異。但是進入民族院校學習了「民族理論」，學習斯大林的「民族」定義和民族政策，學生們的民族意識中的政治色彩馬上被激發和強化。現在的很多問題其實存在於我們的教育體制內部和政府管理體制內部。我們對少數民族幹部要看到他們有對本民族前途利益關切的一面，也要看到他們在接受了黨的多年教育後對國家認同的一面。他們有較寬的理論視野和現代知識。我們在民族地區的各項工作必須要依靠這些少數民族幹部，這是我們面對的現實。少數民族幹部和知識分子依然是我們推動各項工作的重要力量，必須信任和依靠他們，要努力調動他們的積極性，否則整個民族地區會發生更大的問題。

　　第四點就是必須不斷地重申反對大漢族主義。在座的同學們可能不會想到自己身上有什麼「大漢族主義」的東西。但是假如你對藏族、維吾爾族等少數民族的情況不大關心，對他們的歷史、語言、宗教幾乎不了解，不感興趣也不在乎，覺得他們凡是跟我們不一樣的就是缺陷，而沒有把這些差異看成是一個平等的多元統一體的不同部分，這實質上就隱含了「大漢族主義」意識。譬如你在街上看到維吾爾族小商販或者藏族小商販在街邊賣古董時，你是否在心裏很平等地對待他們，希望了解他們並尊重他們的語言與文化？

還是把他們看作是「主流社會」之外可有可無的邊緣人、不關心他們的感受和命運？

現在許多媒體報刊一講到中華民族，大家心裏想到的只有漢族，「想不起來」還有其他 1 億人。我曾經寫了一篇文章，談到《中國社會科學報》討論中國文化傳統只講孔子、老子等，沒有一個少數民族人物。這樣一種漠視，在我看來本身就是一種大漢族主義。我曾經當過幾屆北京市政協委員，寫過提案，希望北京電視台招收並培養幾位藏族、維吾爾族主播和節目主持人，這樣可以提高少數民族觀眾對北京這個首都電視台的認同度。他們答覆說必須要通過漢語考試和有主持人證才能上崗。

以上四點，就是我認為我的觀點與「第二代民族政策」之間的主要區別。

把民族問題「政治化」的表現，就是把很多一般性的社會、經濟、文化、教育發展中的問題都扣上政治帽子，說你提出這個問題就是「民族情緒」，就是狹隘民族主義，甚至扣上一個「民族分裂」的政治帽子。其實地方政府有很多做法是不妥當的，譬如讓清真寺掛國旗。內地的佛教寺廟道觀都必須掛國旗嗎？如果不是國家政府機構而是宗教場所，有必要一律掛國旗嗎？藏區提出領袖像進寺廟，佛教寺廟裏供的是佛像，領袖像在寺廟裏應當安置在哪裏？很多時候我們把許多行為賦予了太多不必要的政治色彩。

政治化的另外一類表現，就是把很多普通的社會問題、當地群眾的正常利益訴求、民事糾紛、社會治安問題與「藏獨」「疆獨」等政治分裂活動聯繫起來。新疆和西藏問題非常複雜，這兩個民族的宗教信仰和人生觀和漢族不一樣。我們現在的做法是不斷地賦予「民族」愈來愈強的政治色彩，認為這個民族成員的任何過激行為都是「民族性的政治行為」，而且不斷以民族為單元制定不同標準的「民族政策」，而且不同的民族享受優惠政策的內容和力度也不同，這些做法實際上都在不斷強化民族意識和民族邊界。

中央非常重視新疆的經濟發展，組織「對口支援」。我在喀什調查，上海、山東、廣東和深圳對喀什 10 個縣的對口支援總金額達

到 600 億元。政府一直強調以經濟發展為主導，以為拿錢能買到社會和諧。如果我們對口支援的項目設計和實施不與當地少數民族幹部群眾進行商量和討論，西部大開發的建設項目不考慮當地的民情和社會條件，不考慮這些項目是否符合當地群眾的真正需要，這樣怎麼能夠期望得到良好的社會效果呢？有些地方的建設項目對當地的社會經濟生活和文化氛圍帶來了很大的衝擊，修建了許多高樓大廈、公路鐵路，但是當地少數民族青年的失業問題解決了多少？當地少數民族農民的收入提高了多少？對口支援、西部大開發的本意是好的，是希望加快新疆、西藏的現代化步伐。但是老百姓的就業和生活狀況切實改善了嗎？

我認為目前需要做兩件事：一是繼續開展有關民族基礎理論以及如何認識中國當前民族現象的學術討論，努力解放思想、實事求是、與時俱進，推動創新性思維和理論探索。二是積極關注少數民族最關心的各項切身利益問題。援藏援疆的「對口支援」項目要增加兩條指標：一是這些項目在解決當地老百姓的就業方面發揮了多大的作用；二是項目實施後對當地民眾的收入提高發揮了什麼作用？沒有這兩條，GDP 上去了有什麼用？和老百姓有什麼關係？我們一定要關心當地少數民族民眾的切身利益，由易入難，由表及裏，逐步解決，這樣才能為民族理論的反思和制度調整創造更為寬鬆的社會氛圍。

這些年來我花了很多時間專門去調查這方面的專題。第一個是資源開發中的環境保護問題、青海生態移民的安置與再就業問題。第二個是雙語教育的問題。雙語教育的方向是對的，但一定要實事求是，尊重家長和學生的意願，不能強迫。第三個是少數民族高考的優惠政策問題。應當讓各民族都感到公平。我當時建議給當地少數民族考生再加考一門本民族語文，成績加入總分；如果漢族考生有本事也來考維族語文，也計入總成績。關於優惠扶助政策的對象，有些外國學者建議用「區域」來替代「族群」。如果喀什或者和田的學校教育資源較差，這兩個地區的所有考生都加一百分，有漢族學生也一樣加。城市就可以考慮取消加分。譬如自治區主席的孩子從小學到高中都上的是最好的學校，按照目前的優惠政策，由於

他的民族身份是維吾爾族，高考加一百分，各族群眾都會有意見。現在真正享受到政府制定的很多少數民族優惠政策的，並不是那些最需要幫助的農牧民，而是少數民族中級階層，其實少數民族的基層民眾也有意見。

第四個是民族地區老城區改造問題。我去過喀什調查老城區改造中存在的問題，怎麼在現代化城市建設的目標下保護好當地的少數民族傳統建築文化。其他的專題還有大學生和青年就業問題，流動人口問題，保護文化的傳承問題，經濟建設的社會效益問題，一些特定地區的脫貧問題，資源開發的利益分配問題。譬如新疆維吾爾族說新疆有這麼多石油和天然氣被開採運走了，不能理解為什麼天然氣的價格在上海比在烏魯木齊還要便宜。其實是上海市委為了控制生活消費，通過財政補貼壓低了天然氣銷售價格，這一點烏魯木齊市就做不到。這就給了那些恐怖分子對青少年進行動員的最好藉口。如果不能很好地調查研究並妥善處理這些具體的民生問題，少數民族的許多切身問題得不到改善，很多深層次的理論和制度問題得不到反思，那我們今後在民族關係方面還會遇到更加嚴峻的局面。

熊文釗：今天專題的是「轉型時期的族群關係」，我作為一個憲法和行政法領域的學者，供職在中央民族大學，所以也會用憲法和行政法的觀念來觀察、分析、研究民族問題以及民族關係的法律調整問題。

第一個問題，涉及一個基礎的術語——「族群」和「民族」。剛才馬老師對這個問題講得很清楚，我們有一個很重要的語詞「中華民族」，還有一個與此有區別的語詞「全國各民族」。這兩個用語的「民族」所指代的意義是不同的。馬老師認為這個不同會帶來很多問題，主張用「族群」這一用語將其從英文中進行區分。但我想借這個機會就這個問題進行討論。

一是關於漢語中「民族」一詞，可以追溯到漢代。當時「族」是家族、宗族、類族、部落，沒有將「民」和「族」連用。連用是在 19 世紀下半葉，中國陸續出現了現代意義上「民族」這個詞。根

據考證，1882 年王韜在《洋務在用其所長》中有「夫我中國乃天下至大之國也，幅員遼闊，民族繁殷」的描述，這是「民族」的連用先例。20 世紀初「民族」這個詞被普遍使用。根據考證，現代意義上「民族」的表述和前面古漢語中「民族」的説法沒有多少瓜葛，而是借用了明治維新時期日本知識分子拼湊的「民族」二字，對西文 nation 做了漢語的翻譯，作為一個新詞。可見在最初的意義上，我們國家的「民族」指向族類共同體，是「國族」，也就是現在廣義上「民族」的意思。對此，可以從語言的譜系、地域、文化特徵、經濟類型、社會經濟形態、政治、人口數量的標準進行細分。比較典型的是「中華民族」的表述，還有美利堅民族、法蘭西民族、德意志民族，這是「國族」的概念。

除了廣義的「民族」之外，還有另外一種對「民族」的理解，即狹義的——構成這個民族的各個成員。關於廣義民族和狹義民族的語義，馬老師覺得這是一個需要嚴格區分的問題。「中華民族」包含着漢族在內的 56 個民族，印度民族包括了 300 多個族群。為了便於區分這兩種不同層次的主體，有的學者把構成國族的叫「民族」，在漢語圈形成了不同意義的民族局面。

二是關於「族群」，在中國語境下是指狹義的民族。但意思也不只是我們所談的少數民族的意思。「族群」比少數民族的意思多一些，包括漢族也可能有不同的族群劃分，例如有學者認為可能會有十幾個、幾十個不同的族群。對於「民族」這個詞通常溯其本源置於「民族國家」的語境之下，由此產生的民族自決、民族主義等都是在宏觀或廣義層面上同漢語中的「民族」相對應。第二，「族群」這個詞，一方面近似於狹義的民族，另一方面還可以指代那些基於特定國家或者地區的標準，暫時無法被認定為「民族」的族類共同體。中國少數民族之外還有一些沒有被識別的群體，譬如摩梭人、苦聰人等尚沒有被識別稱其為民族的「族群」則屬於此類。可見無論是廣義的「民族」還是狹義的「民族」，還是「民族」與「族群」，在東西方都已經形成了相對固定的使用場域和規則。

三是對於「民族」和「族群」的語義，我們何去何從？問題的關鍵在於對於狹義的「民族」，我們究竟是繼續稱為「民族」還是依

據西方改稱為「族群」？馬老師比較早地注意到這個問題，認為狹義的民族要改稱為「族群」。主要的理據一個是中國少數民族在含義上跟其他國家的族群大致相對，改成「族群」可以反映中國民族結構的實際情況；另一個是避免在「中華民族」和「屬於中華民族的各個民族」這兩個層面，使用同一個詞滙所造成的概念體系的混亂。我研究法律，非常忌諱廣義狹義，希望語言更精確、明確。將中國56個民族和地方的民族主義等詞滙變成英文時，國外很容易想到民族自決，並且進行建立民族國家這樣的政治實體和分裂主義運動，從而在國際社會中造成一定的影響。這是馬老師注意到的問題，確實很重要。我對這樣的問題也深有同感，尤其是在避免不同意涵的「民族」被混淆以及促進與西方學術話語體系的統一方面，這種觀點非常值得我們注意。而且我也反對動輒用廣義和狹義，這樣容易造成困擾。但我們是否就可以這樣貿然改變了？我覺得這個問題沒那麼容易。

第一，雖然有廣義和狹義的劃分，但在日常表述時往往不會特意說明，而均用「民族」來指稱，在理論上和實際中並沒有引起迴響，所以沒有把「中華民族」的「民族」和「少數民族」的「民族」混淆。這反映了是否有區分必要性的問題。

第二，狹義的民族和西方族群僅僅是大致上相對應，不是完全對應。我們56個民族和西方族群不能夠劃等號，而且即使在西方，對「族群」的使用也沒有完全形成共識。譬如著名學者金里卡（Will Kymlicka, 1962-）就明確地將「少數民族」和「族群」區別使用，認為它們屬於不同範式，並且提出「多民族國家」的表述。這顯然早於中國狹義意義上「民族」的使用。除此之外還有一些，譬如剛才馬老師多次提到民大培養了學生的民族意識，這裏「民族」顯然是狹義的，是指少數民族。中央民族大學是為少數民族服務的大學，原先英文的名稱 Central University for Nationalities 顯然不準確。趁着校門翻新時，學校英文的名稱就改成了 Minzu University of China。如果我們狹義的民族和西方的族群概念完全一致的話，為何沒有用「族群」的英文來表述？卻不惜使用頗有爭議的「民族」的拼音？這說明中央民族大學在這個問題上的主張，沒有採納「族群」的英文詞

翻譯。如果把「中央民族大學」改稱為「中央族群大學」，這恐怕是大家不能接受的。

第三，我們對於民族的表述已經形成了特定的語言習慣。如果貿然改變，不僅會引起學術混亂，而且會造成現實困擾。小則中央民族大學變成中央族群大學，大則涉及民族問題的文獻、文件、法律法規都要做修改，從中央到地方的民族事務部門的名稱也要修改，國家民族事務委員會變成國家族群事務委員會。這有沒有可行性？

第四，中國對於「民族」的表述已經成為一個法定的術語。我是研究法律的，憲法上的詞應該說說。但我一般是說法言法語，不敢自說自話。《憲法》序言說「中華人民共和國是全國各族人民共同締造的統一的多民族的國家。」我翻了半天憲法文本，中華民國辛亥革命的憲法有「中華民族」這四個字，現行的憲法我沒有看到「中華民族」，而是「全國各族人民」。但馬老師的關心提醒了我，修改憲法時是否可以把「中華民族」寫進序言裏？憲法作為國家的根本法，是否對此要提？可憲法中沒有用「中華民族」這四個字，反而是中華民國的憲法或者《臨時約法》中有。現在談中華民族偉大復興，對兩岸關係也談中華民族共同的理念，這倒值得我們注意。

第二個問題，「政治化」和「文化化」。馬老師提到「去政治化」，那「政治化」和「文化化」是必選其一、不能同時有嗎？馬老師認為從人類社會歷史以及各個國家情況來，政府對族群關係的引導大致體現為兩種政治導向：一種是把族群看成一種政治集團，強調它的主體性、政治權利和領土交易，也就是「政治化」的導向。另一種是把族群視為文化的主體，既承認族群的人之間有共性，也願意從分散各族的角度處理族群關係。強調少數族群文化特點的同時，淡化政治利益，在人口自然流動的進程中淡化少數族群與其傳統居住地之間的歷史聯繫，也就是「文化化」的導向。並且認為前蘇聯繼承了歐洲近代民族問題政治化的立場，以聯邦制、聯盟制統一前沙皇俄國統治下的各個族群，這樣的安排導致各個族群擁有自己的地域和各項政治權利，在聯邦制和聯盟制之下相互聯繫在一

起，為後來各個族群脫離蘇聯、在法律上獨立建國提供了可能，這應該引起我們對中國民族問題的警醒。

首先，中國是否照搬了前蘇聯政治化模式？第一，中國的民族區域自治制度雖然一定程度上參照了前蘇聯治理民族問題的模式，但還是結合了中國的具體國情。譬如 1947 年 5 月 1 日建立了第一個少數民族自治區──內蒙古自治區。這在當時有特定的歷史背景。如果不這樣，內蒙古可能跟外蒙古一起被分出去了。當時我們參照了蘇聯的模式，但依照中國傳統觀念和客觀現實進行了相應變革和創新。中國選擇單一制形式下的國家結構形態，或者更準確說，是多元一體的國家形式；而且憲法中關於「單一制」的表述，只有「中華人民共和國是全國各族人民共同締造的統一的多民族國家」。民族邊界與行政邊界的重合狀態究竟是人為還是客觀存在？中國沒有通過人為的邊界來圈定特定的區域，而是依據特定民族分佈的態勢劃定邊界，是在大雜居、小聚居的情況下劃定的區域。而且民族區域自治並不是我們國家獨有。在中國 155 個民族自治地方，實行民族區域自治的少數民族在人口上最多也只佔當地總人口的一半左右，甚至有的比例很小，蒙古人佔 17.5%，漢族超過了 85%。所以少數民族人口比例並不多於漢族。此外還有許多民族設有相對的聚居區，甘肅、青海、四川、雲南等地也有藏區，有他們自治的地方，如自治州或者自治縣。還有大量的散、雜、居的少數民族，不是居住在民族自治地方的人，這個比例愈來愈大。據我了解有 4、5 千萬人是散居的。原來沒有這麼多，但隨着社會轉型和市場經濟條件的變化，愈來愈多。少數民族是 1 億多人，佔總人口數的 8.4%。這 1 億多人中有 4、5 千萬人是散居的，接近一半。

其次，「政治化」與「文化化」似乎並不是絕對的二選一的博弈。一方面，不論是民族還是族群，文化都是判斷其類型化的核心標準，很大程度上決定了其本質屬性。另一方面，任何國家對民族問題的處理都勢必無法避免對特定民族或者族群政治地位的明確。確定其文化劃分時，也沒有辦法迴避其政治地位、關係協調政策的設定等問題。可見在處理民族問題時，「政治化」和「文化化」其實是一體兩面的關係，沒有辦法分割。如果要「去政治化」，我覺得

可能是要「去民族化」，要去則可能這兩個東西都去掉了，不去則可能都存在，這是問題的一體兩面。「文化化」反映了本質，「政治化」則為這種本質的延續和傳承提供了制度的挑戰。當然，在具體關係的協調過程中，可能會呈現側重於其中一方面的情況，這就需要結合特定國家的民族問題實踐加以選擇。這就是民族政策的導向問題。如果籠統地說選擇「政治化」或者「文化化」，恐怕不太客觀。

最後，政治化是一個過程，法治化才是目標。我們向來重視少數民族的特定文化屬性的保存和傳承，並且使用政治、經濟、社會等各種手段加以實現。自 1949 年《共同綱領》正式確立新中國的民族區域自治制度後，中國在 1954 年通過《憲法》加以確認，條文篇幅在「五四憲法」中是 1 段序言和 19 個條文，而憲法總共 130 多條。現在是 138 條憲法條文，提到民族地方的有 28 條，直接的有十幾二十條，所以憲法對民族問題的規定所佔篇幅相當大，佔了 1/7，甚至有人說佔了 1/6。是否管用是另外一回事，但從憲法文本上很重視。1984 年《民族區域自治法》通過法律進一步明確，採取了政治先行、法治跟進，政治反哺、法律核心的策略。政治化是發展過程中的一個特定階段，用法治的框架建構制度顯然要比純粹的政治化模式好。當然無論是政治化還是法治化的進程，少數民族的文化屬性都應當得到最大程度地彰顯。換句話說，文化化的趨勢、進程一直都在，只是你用什麼視角來看待、審視這樣的問題。

第三個問題，民族區域自治究竟是一個什麼樣的制度？現在官方文件講這是「國家的基本政治制度之一」。那民族區域自治制度是不是前蘇聯的？前蘇聯解體了，問題出在其制度架構設計有問題，留下蘇聯解體的口子。中國開國元勛們在設定之初沒有留下前蘇聯的這個口子，而是有中國自己的選擇。

我認為民族區域自治制度有三個思想來源。共產黨在早期綱領文件中是主張在沒有奪取政權時談民族自決的。所謂民族自決，是指具有某種明顯的族群認同感的群體決定自己政策利益的權利。聯合國憲章規定所有民族都有平等的權利，能夠自由地表達自己的意思，決定是否參與和從事政治經濟文化等各項事務。各國均有義務尊重這種平等權利的實現。國外大部分是從這個角

度理解民族自決。其實可以把討論民族自決的背景分為兩類：一類是國際關係中的民族自決，主要涉及弱小的民族；另一類是現代國家建構中的民族自決，主要涉及少數民族。在民族區域自治範疇中主要是後一種，是內部的自治或者內部的自決。馬克思、列寧不反對民族自決，相反把民族自決作為處理民族問題的重要指針。所以中國共產黨建立之初主張建立實行民族自決，建立聯邦制的國家政權。但 1937 年 7 月 7 日震驚中外的盧溝橋事變後，中日之間全面爆發戰爭，中國共產黨逐漸轉變了民族政策，從民族自覺決轉而強調民族自治。雖然從名稱上看，共產黨從建黨之初到中日之間戰爭全面爆發，民族自決並沒有演化成處理各個民族共同建國問題的制度選擇。但從思想內涵上看，民族自決所提倡的尊重弱勢族群、弱小民族自主權利的想法，得到了共產黨的肯定。後來因為形勢，沒有教條式地推行民族自決，而是對其進行中國化的創造性改造，從民族自決發展演變出了民族自治。這是民族區域自治制度的一個思想來源。

二是地方自治思想源流。中國在 20 世紀 20 年代，地方自治運動不只是在民族地區，在其他地方實行聯省自治，聯省自治是世界範圍內的，包括共產黨早期對地方自治是肯定的。這是一個思想來源。

三是大一統的思想。剛才馬教授談的中華民族的一體性就是大一統的思想。其最早建立是在《春秋公羊傳》：「何言乎王正月，大一統也。」大一統的思想認為中國必然是一個統一的體系，統一是必然的走勢。天命所歸，中央政權是整個中國的主宰。1902 年梁啟超提出了「中華民族」的概念。中國近代革命先行者孫中山先生贊同並大力倡導這個概念，從而大一統中的「中國」一詞有了科學和符合事實的載體。1912 年 1 月 1 日孫中山提出要整合漢、蒙、滿、藏、回等多地成為一個國家，使漢、蒙、滿、藏、回等多族成為一個民族，此後進一步明確中華民族的概念，宣稱「漢族當犧牲其血統、歷史與夫自尊自大之名稱，而與滿、蒙、回、藏之人民相見於誠，合為一爐而治之，以成一中華民族之新主義」。從此之後，「中華民族」的概念被廣泛接受，愈來愈深入民心。在中國革命的進程

中，大家逐漸認識到大一統對國家事業成功的重要意義。中國共產黨最終放棄民族自決和民族自治基礎上的聯邦思想後，開始主張建立單一制的中央集權國家。孫中山先生也是帶着聯邦制理想回到中國，最後也放棄了聯邦制的思想主張。中國共產黨發現在半殖民地半封建社會的中國，為爭取反抗封建主義和帝國主義的革命取得成功，所有中華境內的各個民族必須要結合在一起，團結鬥爭。

在新中國建國過程中，中國共產黨對國家結構形式進行過慎重的討論。1949 年全國政協籌備時期，毛澤東曾經就新中國國家結構形式問題，徵求過時任中央統戰部部長的李維漢先生的意見。李維漢說中國和蘇聯不同，不適合實行聯邦制，應當建立一個單一制國家，核心理由是單一制符合中國歷史的實際情況。後來周恩來說歷史發展給了我們民族合作的條件，革命運動的發展也給了我們合作的基礎。所以中國共產黨大一統的集權思想的另外一個思想資源就是馬克思、列寧的思想理論。從國家結構形式上講，馬克思、恩格斯原則上是反對聯邦制的，蘇聯採取聯邦制僅僅作為一個過渡形式，結果沒有過渡好，七十年後就解體了。在他們看來集中的單一制是有利於無產階級革命事業的最好的國家結構形式，包括總結巴黎公社經驗的論述都有很多說明。實際上馬克思也是強調要大一統、強調要整合，因為資本主義世界在搞社會化的大生產，包括歐盟現在在往一體化方向走，他說社會主義陣營也應當建立統一的中央集權制的政體，這是社會的進步。

所以民族區域自治是上述三個思想源流整合在一起所形成的基本制度。

由於現行的民族區域自治制度從形成至今已有六十多年了，在轉型時期遇到了許多新的問題，不少學者認為需要調整，我也同意，覺得要重視這個問題。但民族大學的一些學者，跟馬老師在關心和觀察問題時有共同感受。我們經常不自覺地有大漢族中心主義的問題。我們究竟選擇什麼樣的方式來處理和調整政策？

建國初的民族政策做得不錯，當時還有維漢通婚的情況。馬老師也說到他自己的觀察，1985 年之前民族關係好，沒有這些問題。

現在的問題是民族區域自治制度不行、重新制定一個新的民族政策，還是民族區域自治制度在 1957 年反右後沒有得到落實？20 個世紀 80 年代以後的撥亂反正時期，民族區域自治制度得到了重新落實，包括寺廟等其他地方也恢復了。現在有人說這個恢復太遲就了，所以造成很多問題。這個問題是撥亂反正落實一些民族區域自治政策制度所帶來的問題，還是說我們不應該選擇這個制度本身？我們不要忘了當時建國時如果不承認多元性，新中國有沒有可能建立這麼大版圖？我們要歷史地來看待這個問題，知道問題究竟出在哪裏。今天有人攻擊撥亂反正時期落實民族區域自治制度的舉措，我有點不理解。民族區域自治的政策趨勢一是恩威並用，二是和親政策。歷朝歷代有很多關於和親政策的制度經驗。不去注意歷史過程，現在突然從天上掉下一個「第二代民族政策」，我覺得很難站得住。

另外是中央與地方關係。我的觀察是中央與地方的關係是一體多元的格局。剛才馬老師也談多元一體，而且對多元性文化給予更多的關注。我們要平衡來考慮這個問題，其實多元一體是辯證的關係，「多元」最後歸結為「一體」，二者不是對立的。中國處理這些問題要考慮整體性利益，「一體」是全體中華民族國人的切身利益所在。歐洲一些主權國家放棄自己的主權，把人權標準統一了、貨幣統一了，馬克、法郎都不要了，哪怕造成那麼大的經濟壓力也尋求歐元區的共識，這是因為有他們的共同利益。中華民族已經形成了這樣一種格局，各個民族的共同利益在裏面。所以不是站在哪個民族的角度，而是站在每個民族的切身利益、根本利益的角度維護一體性。但「一體性」不是簡單劃一，所以我不太用「單一制」，單一制只有一個主體、一個身份、一個憲法、一個司法主體，這種單一制理論不太適合對中國國家形態的描述。中國多元一體有民族文化、香港問題、澳門問題，未來有台灣問題。如果不承認多元，就會出問題。這樣的格局帶來多元一體的地方和國家結構的形態，不只是一個文化，也在政治架構中呈現了這樣一種結構。

今年是《民族區域自治法》頒佈 30 年，確實應該借此機會對民族區域自治制度回顧和反思。總體而言，我認同《民族區域自治法》

所確立的基本制度。作為一個憲法學者，我覺得在憲法架構中所確立的基本制度總體上說是比較成功的，但有四個問題：一是《憲法》和《民族區域自治法》中規定得不錯，但很多沒有做到。5 個自治區在六十多年裏沒有一個自治區有自治條例。香港、澳門實行高度自治，兩個特別行政區都制定有基本法，根據基本法行使高度自治權。但這 5 個民族自治區沒有，這是否能真的實現自治？如果因為沒有做到而廢除條款，恐怕是因噎廢食。

二是激活《憲法》和《民族區域自治法》中的「稻草人」條款。有許多條款擱在那裏，從來沒動過，久而久之人們就認為那是假的。如果實施了，哪怕就適用了幾回，也會產生法律的威懾作用。譬如《憲法》中有一條「民族自治地方可以建立自己的保衛部隊」，有沒有真想實現這一條？類似這樣的問題要重新審視。

三是《民族區域自治法》中缺乏法律責任條款，有很多規定過於原則，沒有長牙齒，屬軟法。應該讓它變成一種可操作的法律程序，將「軟法」轉變為「硬法」。

四是在新型轉型時期，民族區域自治的法律體系並沒有形成，沒有自治條例和其他配套制度。另外是新的散居少數民族權利被忽略了，沒有條例對此有所規定。我們簽署了《國際人權宣言》，但缺乏保障這部分群體的人權和文化的制度。再如基本的生活習慣，譬如清真食品法規到現在還是沒有出台。

對於民族區域自治制度我們應當採取堅持和完善的態度。法律注重解釋和實施。而且不要造成狹隘民族的情緒，而是真正地實現大中華民族。我們要正視這樣的多元性，促使這樣的制度能夠從紙上走到地上，將民族區域自治制度的優越性發揮出來。現在我們究竟是要把所缺的東西改過來，還是把整個東西廢掉？這才是我們要關心的問題。把這些問題做好，才是我們現在國家治理的正道、民族興盛的重要法寶。對於少數民族同胞，我們的思維方式應從「攻心為上」轉變為「交心為上」。對口支援的制度應當法治化，尊重當地的區域自治制度，不要居高臨下，忽略了當地人的主體地位。

提問：我想請教馬教授兩個問題：第一，處理民族文化問題時更傾向於文化相對論還是文化進化論？第二，馬克思認為民族和國家最終會消失，胡錦濤提出了民族區域自治制度「三個不能動搖」。你怎樣看待這兩者之間的關係？

馬戎：關於第一個問題，現在人類學家往往強調文化的相對性，哪怕是沒有文字的、形式和內容相對比較簡單的文化都有它的獨特價值。這點我是同意的。這和生物多樣性一樣，每一種生物、每一種文化都在人類歷史上都具有獨特的價值。如果失去了，那就是整個人類的損失。但是，實際上現在的人群又不是彼此隔離的，必然會相互競爭，而競爭有時候是很慘烈的。每一種文化在競爭中的優劣比較，一上戰場立見分曉。我們不可能避免工業化、現代化、全球化，而且這些少數民族的普通民眾也希望過一種現代化的生活。所以，我覺得少數民族面對文化之間的競爭態勢必須有清醒的認識，要努力把一些文化的實質和精華部分保存下來。對於一些沒有文字的語言，我認為該做的工作實際上更多是一種文化資源的保護和開發研究。這些方面有很多問題要實事求是，也要充分尊重當地民族的意願。對於維吾爾族、藏族、蒙古族這些有悠久燦爛文化的民族，不保護、不留存下來無疑是全人類的文化損失。我們今天發展出來一個全國性的就業市場，為了改善少數民族青年的就業情況，鼓勵學習漢語，但是有兩條：一是我同時主張民族地區的漢族學生應當學習當地的民族語言，在西藏要學藏語，在南疆要學維語；二是在各地雙語教育招生過程中，應當完全尊重學生和家長的自願。政府應當提供各種選擇，譬如應當保留維語、藏語教學的學校，給希望努力學好維語、藏語的學生有這樣的學習機會。希望政府尊重少數民族文化權利，對其會有更妥善的安排，這既能順應少數民族發展自己、加入現代化進程的需求，又能夠為人類保存不可替代的文化價值。

第二個問題，其實人類會消滅，地球也會消滅，人類和每個民族都是滄海一粟。但是我覺得目前不必要講民族、國家消亡的問題，那是非常遙遠的事情。我們現在面對的國際競爭是很現實的問

題，北邊有俄羅斯，東邊有日本，南邊有印度。做為一個政治實體和經濟實體，中國如何整合全國的自然資源和人力資源，把 13 億各族人民的才智充分發揮出來，讓 13 億人平等地受惠，這是我們要做的事。而且文化權、發展權也包括了宗教信仰自由的權利，這是憲法明確規定的。現在在新疆和西藏，一些生硬刻板的宗教政策和管理方法給當地民族關係和民眾與政府之間關係帶來了負面作用。但那是一個非常複雜的問題。

> **提問：**我在網絡上搜索與馬老師觀點相左的人，他們所有觀點的支撐點基本是不可證偽的理論依據。譬如某某領導人說、某某領導人制定的政策，沒有考慮到這種制度的歷史變遷過程。所以我想請教馬老師兩個問題：第一，你怎麼看與你意見相左的觀點。第二，中國有一個學科叫民族理論與民族政策，你對這個學科以後發展有什麼看法？你認為其理想狀態是什麼？

馬戎：有很多批評我的文章，但我基本上不反駁。那些批評我的人很多都是屬於傳統馬列主義民族理論界的，總是引證列寧怎麼說的、中央幾號文件怎麼說。我的態度是，你要跟我討論問題，但不要跟我說這是誰誰說的。社會學講的是事實，分析事實的邏輯，解讀事實的邏輯必須接受事實的檢驗，「實踐是檢驗真理的唯一標準」。有的學者說「由於斯大林對馬克思主義民族理論的重大貢獻，所以我們還認為他是馬列主義經典作家」。斯大林是 20 世紀重要的政治領袖、軍事家，這沒有問題，但是現在誰還把斯大林當成重要的學者和思想家？

另外，真要說到馬列主義民族理論，2012 年我在《中國學術》第 32 輯發表了一篇文章〈如何理解馬克思、恩格斯論著中的「民族」和「民族主義」〉。為了寫這篇文章，我花了 3 個半月把《馬克思恩格斯全集》讀了一遍，摘出來的原文有 4 萬多字，在我的文章中直接引用 1 萬多字。馬克思認為民族主義是各國的資產階級用來分化國際無產階級運動的武器，《共產黨宣言》講「工人無祖國」「全

世界無產者聯合起來」。在 1848 年歐洲大革命時，馬克思和恩格斯把一些民族稱為「反動民族」，把另一些民族稱作「革命民族」。現在誰敢說哪個民族是反動民族？我這篇文章發表後，沒有一個人反駁我。

剛才熊文釗老師談到憲法，在法律上憲法是最神聖的，在社會學的角度來看憲法，看到的是在當時歷史、社會場景中各種政治力量之間達成的政治協議。憲法的各條款是在當時場景下協商和妥協的結果，是當時人們政治智慧的彙集。我們應當尊重憲法，但是根據社會形勢和政治結構的變化，憲法的某些條文也需要進行修訂，體現與時俱進和實事求是的態度。

列寧一直是不贊成聯邦制的，寫了好幾篇文章。但是為什麼在十月革命後又同意蘇聯建成聯邦制？這是當時現實情況下各方力量妥協的結果。所以列寧說聯邦制是過渡階段，希望在聯邦制下加強融合，過渡到單一制。但是斯大林後來沒有推動這個體制轉換。換句話說，斯大林沒有按照列寧的初衷把聯邦製作為一種過渡性的制度，而且把它固定化了。假如斯大林遵照列寧的設計，利用二戰後自己的崇高威望修改了蘇聯的憲法，把當時的聯邦制改為單一制，以他當時的威望沒有任何人會制止，這樣就消除了最後分裂蘇聯的法理制度，也許 80 年代後期蘇聯的政治體制改革會走上另外一條路。

直至 1904 年當時沙皇的皇家科學院才說烏克蘭語是一種語言，不是俄語的一種方言，其實那時的烏克蘭人和俄羅斯人之間並沒有清晰的人口和文化邊界。直到現在也沒有人能夠告訴我們赫魯曉夫是哪一族人。他生在烏克蘭，在他出生的年代人們之間沒有清晰的民族成分劃分。那時候烏克蘭人和俄羅斯人很難分別，最早的俄羅斯國家是以基輔為中心的。現在中亞有 5 個民族國家，在沙皇時期是一個大的突厥斯坦。十月革命後地方部落勢力很強，布爾什維克政府就請了原突厥斯坦總督的秘書，根據不同部落體系和語言差異，把突厥斯坦分出 5 個民族，建立 5 個加盟共和國。通過幾十年的「民族構建」，彼此隔閡愈來愈深，民族彼此仇視。

在討論民族問題時，我最不願意聽的就是引經據典地對我説「這句話是誰誰説的」。對於社會學家來説，我更願意擺事實講道理。

熊文釗：我對馬老師的論證過程有一點懷疑，對於其分析過程我覺得可以考慮。事實上南斯拉夫解體了，前蘇聯解體了，我們沒有解體，沒有解體説明制度面向是好的，有一個整合統一體的前提在那兒。現在出了問題，是制度不完善的問題還是因為這個制度跟前蘇聯一樣？在這個問題上我們有不同的結論。

另外馬老師講了民族識別的問題。我們新中國承認了 55 個少數民族，後面一些民族還想再被承認，怎麼辦？民族的識別標準是什麼？是否有政治性的目的？

馬戎：鐵托時代把一些克羅地亞人、塞爾維亞人根據宗教信仰的差別劃分出了一個「穆斯林民族」，最後在南斯拉夫解體過程中，「穆斯林民族」真的作為一個民族實體參與了波黑的內戰。

熊文釗：我們有 10 個少數民族信仰穆斯林，但我不認同這些民族識別。這些民族有文化差異也有歷史文化的傳承，是否有政治訴求、地位問題，是我們基本制度面臨的，這是兩個層次的問題。民族識別存在一些標準問題，但不管怎麼説中國是一個多民族的國家，這是中國的現實。

> **提問：**現實中漢族也有許多權利無法實現，少數民族的這些權利應該如何讓漢族也享受到？你説在西部大開發過程中邊疆少數民族沒有分享到資源開發的利益，其實這個問題在漢族地區也很普遍，譬如國企拿走了山西的煤炭，把污染留給當地民眾。

馬戎：民族問題研究，嚴格説不能算是一個學科，在美國是一個多學科共同研究的領域，政治學、社會學、法學、經濟學、語言學、人類學、教育學等許多學科的學者都會參加進來。民族和族群關係是由許多不同社會群體的互動、很多社會矛盾糾結在一起形成的研究領域，把它限定為一個學科的專屬範圍是很狹隘的，應該各

學科的學者各自發揮本學科的理論智慧、不同的研究方法，從不同角度探討分析現實社會中的民族關係。

關於少數民族的權利問題，你說得很對。少數民族的各項合法合理的權益是必須得到維護的。如果淡化了自治權利、淡化了民族優惠政策，少數民族的生存和發展狀況是否會更加惡劣？這也是我一直在思考的問題。

在我提出「去政治化」的建議後，我也在思考，任何制度、任何觀點如果得不到大多數人的支持和配合，這個制度也無法取得預想的後果。但是我還是提出並堅持自己的觀點，為什麼呢？因為我看到蘇聯的解體給各族人民帶來的困境，我也看到在新疆、西藏和其他各族青年學生中出現的民族主義思潮，所以我非常焦慮中國的發展前景。我總在希望，如果中央領導層的頭腦很清醒，12 億漢族同胞們有比較廣闊的胸懷，少數民族的利益能夠得到充分的尊重和照顧，那我們就有辦法來進行思路的調整。但是，如果這個希望不現實，我期望的做不到，那就沒有辦法了，有壓迫就一定會有反抗。現在中國各民族之間相互滲透，一損俱損，一榮俱榮，既有廣泛的共同利益，同時也存在矛盾和分歧。要看我們的領導幹部和漢族精英、漢族民眾有沒有這樣寬廣的胸懷、這樣的智慧和能力來應付這麼複雜的關係。我曾經講過，在 21 世紀中國能不能繼續保持統一，就取決於站在主導地位的 12 億漢族能不能把廣大的藏族、維吾爾族、蒙古族、哈薩克族、彝族、朝鮮族等少數民族團結和凝聚在一起，共同完成「中華民族」的民族構建。這是我們必須跨越的一道歷史的門檻。至於能不能跨越過去，那就只能由歷史來見證了。在這裏借用諸葛亮《後出師表》結尾的話：「至於成敗利鈍，非臣之明所能逆睹也」。

十
蘇聯解體的教訓

時間：　2013年3月20日

地點：　北京大學法學院

主講人

高放：　著名學者、政治學家、中國人民大學國際關係學院
榮譽一級教授、博士生導師。曾任中國國際共運史學
會副會長、中國科學社會主義學會當代世界社會主
義專業委員會和北京市政治學行政學學會顧問。

張千帆：今天我們非常有幸請來了一位研究國際共運的資深學者。他就是人大一級教授高放老師。高老師 1927 年出生，1946 年進入北大政治系學習。不久後，他就投身革命，1950 年去人大馬列教研室任教。到 70 年代，人大被關閉，高老師有 5 年時間回到北大，改革開放後又回到人大。高老師著作頗豐，最近的一本新著是《蘇聯興亡通鑒》。

中國改革要成功，需要吸取什麼樣的教訓？蘇聯為什麼經歷了興旺之後又走向衰亡？我想對於這些問題，高老師是國內最有發言權的學者。歡迎高放教授。

高放：我長期在中國人民大學教蘇聯共產黨黨史。1956 年後擴大為國際共產主義運動歷史。今天根據我的教學研究經歷，給大家講講「蘇聯解體的啟示」。今天這個題目放在「蘇聯的憲法與憲政」這個背景下面來講。也許有人以為蘇聯這個國家 22 年前（1991年）就已經退出了世界歷史舞台和世界政治版圖。過了 22 年還要講蘇聯的憲法與憲政是不是太脫離實際了？我認為不是。今天來研究蘇聯的憲法與憲政，仍然有非常重要的意義。因為我們國家從 50 年代到 70 年代，甚至可以說，過去六十多年中國的憲法與憲政基本上是照搬蘇聯模式，甚至弊病比蘇聯更加嚴重。今天改革進入了深水區、轉折點，習近平總書記和李克強總理都強調要遵守憲法、依憲治國。所以「蘇聯憲法與憲政」這個題目對當前改革具有非常重要的意義。

蘇聯在歷史上存在了 74 年（1917–1991 年）。在這 74 年中蘇聯制定過四部憲法，即 1918 年憲法、1924 年憲法、1936 年憲法、1977年憲法。列寧是高級知識分子家庭出身，又是彼得堡大學法律系畢業的學生，參加革命後曾在歐洲流亡 15 年之久。所以列寧這個知識精英非常重視法律和法治。1917 年蘇聯共產黨掌握政權後，1918 年7 月就制訂了第一部憲法，叫《俄羅斯社會主義聯邦蘇維埃共和國憲法》。列寧不像中國人講的「和尚打傘，無發（法）無天」。他重視法治，依法治國。

蘇聯四部憲法，列寧時期制定了兩部：1918 年憲法和 1924 年憲法。列寧 1924 年 1 月過世，但第二部憲法 1923 年就已經制訂好，列寧過世後全國蘇維埃代表大會立即批准了這部憲法。所以第一部、第二部憲法都是列寧時期完成的，這兩部憲法是過渡時期的憲法，即從資本主義過渡到社會主義。第三部憲法（1936 年斯大林時期）是建成社會主義的憲法，蘇聯 1936 年宣佈消滅了剝削階級，實現了公有制，建成了社會主義，1936 年的憲法是鞏固社會主義建設成就的憲法。第四部憲法於 1977 年制定（在勃列日涅夫（Leonid Brezhnev, 1906–1982）時期），當時蘇聯在開展全面的共產主義建設，要過渡到共產主義，所以制訂了第四部憲法。

現在看蘇聯的四部憲法有什麼優點和特點，有什麼缺點和弱點？我簡單地概括説一下。蘇聯這四部憲法有五個突出的優點和特點，但也有五個突出的缺點和弱點。

突出的優點和特點：第一，蘇聯四部憲法都肯定蘇聯是民主共和國。蘇聯國家的名稱是共和國。憲法規定蘇聯是民主共和國，不是君主專制國，也不是君主立憲國。民主共和國理應是國家的權力中心在選民選舉產生的代議機關，而不再是世襲的君主個人。

第二，蘇聯四部憲法都是社會主義憲法，憲法名稱上都有「社會主義」字眼，也就是說蘇聯不是資本主義民主共和國，而是社會主義共和國。社會主義和資本主義共和國最大的區別是：社會主義共和國維護城鄉勞動者的利益，資本主義共和國主要維護資本家的利益。

第三，蘇聯國家政權採取蘇維埃形式。在蘇聯國家名稱、憲法名稱裏都有「蘇維埃」，第一部憲法就是《俄羅斯社會主義聯邦蘇維埃共和國》，後來三部憲法叫《蘇維埃社會主義共和國聯盟》。什麼是「蘇維埃」？它是俄文的普通名詞（俄文 cobet; 英文 soviet），不是專有名詞，意為「會議（英文 conference）」的意思。俄國的工農在 1905 年和 1907 年二月革命中，建立了工農代表會議，也就是工農代表蘇維埃，工農選出代表成立一個工農代表會議領導工農罷工、起

義，革命勝利後就把工農代表蘇維埃作為國家政權機關。所以採取「蘇維埃」形式。蘇維埃共和國形式跟資本主義國家三權分立的政治形式有區別：蘇維埃形式把三權（立法、行政、司法）統一於蘇維埃，雖然也有政府負責行政工作、法院管司法工作，但是政府和法院是蘇維埃選舉產生，向蘇維埃報告工作，受蘇維埃監督。

第四，蘇聯是一個聯邦制國家，不是單一的中央集權國家。蘇聯是多民族國家，其民族構成跟中國不同：蘇聯主體民眾（俄羅斯民族）不佔人口多數，只佔人口 43%，其他民族人口總數量加起來超過俄羅斯族，所以蘇聯一建立就是聯邦制，底下有加盟共和國、自治共和國，有自治州、自治省、自治鄉。

第五，蘇聯憲法還是一個國際主義的憲法，具有很廣的包容性。什麼叫國際主義憲法？蘇聯的名稱怪怪的，中文翻譯過來是「蘇維埃社會主義共和國聯盟」，後面幾個字根據意思翻譯而來，唯獨「蘇維埃」根據俄文發音翻譯，如果不是根據音而是根據它的意思翻譯，蘇聯應該叫「會議社會主義共和國聯盟」。但是不論是中文、英文都不用「會議」，而用「蘇維埃」，現在英文裏也有「蘇維埃」這個詞，就是從俄國而來。蘇聯國家採取這個名稱是什麼意思？意思是將來世界各國革命成功了都可以加入蘇聯，都可以成為蘇聯的加盟共和國。意思是「蘇聯」將來要成為世界社會主義聯邦共和國，全世界各國都加入蘇聯，都成為蘇聯的一部分。所以列寧晚年有理想主義、浪漫主義的思想：全世界各國都加入蘇聯。

蘇聯憲法也有五個顯著的缺點和弱點，這是導致蘇聯後來失敗解體的原因。

第一，按憲法規定，全俄蘇維埃代表大會是最高國家權力機關，蘇維埃政權集三權於一身，立法、行政、司法統一於蘇維埃，在全俄蘇維埃代表大會上產生一個中央政府。這個中央政府最初叫人民委員會，1945 年以後改名「部長會議」，相當於中國的國務院。蘇聯憲法的第一個缺點是行政機關的權力太大，蘇維埃很難對行政機關進行監督和約束。行政權太大可以理解，因為很多國家日常工作要處理，不能光靠蘇維埃代表大會開會解決；還有一個原因是黨

最高領袖列寧不是擔任蘇維埃主席，而是擔任人民委會主席，也就是説列寧是黨的領袖兼政府總理，很多緊急的事情都是總理處理，並沒有經過蘇維埃。譬如 1918 年 1 月 17 日，當時的政府把末代沙皇尼古拉二世全家都殺害，不僅是沙皇、皇后，還有子女、僕人、醫生全部處決。這是違法的，沒有經過審判，即便審判也不能將他的兒女、僕人、醫生殺掉。這件事情雖然不是列寧下的命令，但可見行政權力有多大。而且列寧也沒有批評底下人説這個事情做得不對。還有 1918 年蘇聯紅軍進軍烏克蘭，軍委主席托洛茨基（Leon Trotsky, 1879–1940）向列寧報告，説烏克蘭這個地方的妓女很多，腐蝕了軍官，使得軍官沒有鬥志。列寧氣憤極了，向托洛茨基下令「立即把這些妓女全部槍斃」。所以行政權力超過立法機關的權力，這是一個缺點。

第二個缺點是三權統一於蘇維埃，司法不能獨立。蘇聯有最高法院、最高檢察院，但都在共產黨嚴密控制之下。重大刑事案件形式上也有審判，但這個審判都不不經過獨立的司法。特別是 30 年代蘇聯搞大清洗時，經蘇聯法院審判、鎮壓、關禁閉、判徒刑的有 370 多萬人，表面上都經過法院審判，但法院都在黨的嚴密控制之下，甚至黨中央高級領導人季諾維也夫（Grigory Zinoviev, 1883–1936）、加米涅夫（Lev Kamenev, 1883–1936）、布哈林（Nikolai Bukharin, 1888–1938）等都被以捏造的罪名處決。所以司法不獨立造成了大量的冤假錯案，有幾百萬人之多。

第三個缺點是蘇聯憲法以及黨章均未規定最高領導人的任期，這樣就給領導人搞終身制開了綠燈，留下了漏洞。斯大林擔任政府總理 12 年（1941–1953 年）之久（不算他當總書記），如果把當總書記計算在內他當了 31 年之久（1922–1953 年），當到 73 歲。勃列日涅夫當總書記 18 年（終身制），到 76 歲。最高蘇維埃主席加里寧擔任了 27 年之久（1919–1946 年）。憲法對國家領導人沒有做任期的規定，結果搞出了終身制。

第四個缺點是對於黨如何領導國家政權沒有具體的規定，蘇聯第一部和第二部憲法根本沒有寫「黨的領導」，一個字都沒有提到「共產黨」。到 1936 年、1977 年憲法才寫黨的領導，但黨的領導也只

有簡單一條：蘇聯共產黨是國家政權機關和社會團體的領導核心力量。核心力量怎麼領導國家卻沒有具體規定。這樣給蘇聯形成一黨專政、黨政不分體制提供了法律上的漏洞。

第五個缺點和弱點是蘇聯憲法沒有監督憲法執行的機構，沒有違憲審查規定。蘇聯制定了憲法，若共產黨領導人違背憲法，沒有機構來糾正和監督。正因為蘇聯憲法有這樣明顯的缺點和弱點，所以蘇聯在 1974 年中雖有法可依（有憲法可以依據），但很難做到有法必依，實際上是有法難依。更難的是嚴格執法，更做不到的是違法必究。

可以說，蘇聯制定了民主憲法，但沒有完全實現民主憲政。那麼蘇聯實現的是什麼憲政？如果憲法沒有完全實行，那蘇聯人民早就起來推翻這個政權了，所以不能說這四部憲法全是空的。它們都在不同程度上實行了，也贏得了人民的支持，特別是 1936 年 12 月制定了第三部憲法，還把 1936 年 12 月 5 日這一天定為蘇聯「憲法節」，作為全民的節日，因為 1936 年憲法擴大了人民民主權利。1918 年憲法規定 18 歲以上的城鄉勞動者有選舉權，而且享受信仰、言論、集會、結社自由等；但剝削者，譬如城鄉資本家、地主、富農、貴族、僧侶、神父、牧師沒有選舉權。1936 年憲法實現了普遍、平等、直接、秘密投票的民主選舉權。

我認為蘇聯實行的是黨為人民作主、黨替人民作主的憲政。這種憲政我歸結為「黨主憲政」，而不是民主憲政。各級政府領導人都是由黨委定下來，拿個名單在蘇維埃代表大會上舉手通過。國家發展的各種戰略、方針、政策都由黨中央政治局定下，拿到蘇維埃代表大會通過。所以名義上最高蘇維埃是國家最高權力機關，實際上廣大蘇聯人民心目中都知道蘇聯國家最高權力機關是蘇共中央政治局，不是最高蘇維埃。

「黨主憲政」在蘇聯共產黨 74 年中沒有處理好五種權力的關係：黨權、政權、軍權、官權、民權。按憲法規定，蘇聯一切權力歸城鄉勞動者，那麼蘇聯應該是城鄉勞動者當家作主的國家。若蘇聯真正實現民主憲政，城鄉勞動者是核心。要不要黨的領導？當然

要，因為黨的領導是前提，城鄉勞動者當家作主是核心，法律是保證。結果蘇聯共產黨把關係弄成：黨的領導是核心，城鄉勞動者當家作主是陪襯，依法治國是形式。簡單說，蘇聯共產黨壟斷了政權，壟斷了軍權，壟斷了官權，民權沒有得到充分實現，只是一個走過場的陪襯。蘇聯共產黨治國實際上是黨大於法，黨權高於政權，所以實行的是一黨專政、黨政不分的體制。

現在我們簡要考察一下蘇聯歷史，看看它的五權關係是怎樣一步步被扭曲的。蘇聯憲政發展大體上可以分為以下五個階段。

第一階段是列寧執政階段（1917–1923年）。列寧這六年初步實現了民主憲政，但是已暴露出嚴重缺點。這6年，國家政治權力有分工有制約，沒有過度集中。全國蘇維埃代表大會執行委會主席也就是國家主席，長期是加里寧擔任，列寧作為政治局委員只是任政府總理。關於軍隊，蘇聯共產黨從來沒有成立過黨中央軍委。與中國不同，蘇聯共產黨靠工人赤衛隊和起義的軍隊掌握政權後才建立軍隊。蘇聯軍隊一建立就是國家軍隊，但是也有黨的領導。領導軍隊的是政治局委員托洛茨基，因為他有軍事鬥爭的經驗，領導過十月武裝起義，領導過紅軍抗擊帝國主義入侵，所以由托洛茨基擔任共和國軍委主席。國家權力三駕馬車：國、政、軍，國家主席加里寧，政府總理列寧，軍委主席托洛茨基，權力分工，不是集中於一人。

1923年4月，蘇聯共產黨在十一屆一中全會上才設立總書記一職。為什麼要設總書記？是為了讓總書記不在政權機關兼職，專門管黨的工作，主持書記處的工作。斯大林被選為總書記。斯大林曾在政府兼了兩個部長：民族事務部人民委員，監察部人民委員。他當總書記後這兩個部長都不兼了。

黨內設總書記是為了專門管黨的工作，列寧強調集體領導，在黨中央不設主席。我認為黨中央沒設主席是組織上的漏洞。如果列寧擔任黨中央主席，那麼列寧過世後，就要另選一位主席。黨中央不設主席，這樣就便於斯大林作為總書記獨攬黨政軍三大權。還有一個更重要的欠缺是政黨制度。政黨制度起源於現代資本主義市場

經濟的發展和議會，現代民主的政黨制度應該是多黨競爭，不能一黨壟斷國家政權。十月革命之前，俄國有好幾個政黨，有資產階級的立憲民主黨、農民的社會革命黨、工人社會民主工黨。俄國工人政黨跟中國的黨不一樣，俄國工人政黨從 1903 年起分裂為兩派：一派是布爾什維克，一派是孟什維克。布爾什維克俄文是「多數派」的意思；孟什維克俄文是「少數派」的意思。黨內在選舉中央委員時，多數人形成了多數派，少數人形成了少數派。布爾什維克主張激進革命，孟什維克主張緩進改良。

十月革命奪取政權後，資產階級立憲民主黨當然是被取締。當時黨的中央委員加米涅夫提出：我們應該建立清一色的社會主義政府，把孟什維克、社會革命黨等主張社會主義的人都吸收在其中。列寧則主張建立清一色的布爾什維克政府。可十月革命後，列寧還是實行過一段時間的兩黨聯合執政和三黨聯合執政，現在很多人都不知道這段歷史，以為蘇聯從來都是一黨專政，其實不是。1917–1920 年的三年時間裏，蘇聯短期實行過兩黨、三黨聯合執政，起先布爾什維克黨與左派社會革命黨聯合執政。左派社會革命黨分化後又成立兩個小的共產黨（革命共產黨、民粹主義共產黨），所以蘇聯曾有三個共產黨聯合執政時期。可惜，這兩個小共產黨先後都並到大共產黨裏去了，蘇聯成為一黨專政的國家。列寧去世後暴露出弊病：一黨壟斷政權，出現了以黨代政的局面。列寧發現了這個弊病：以黨代政不妥當，應該實行黨政分開。但是他沒有解決好就過世了。列寧時期還出現了對民主選舉和群眾言論的嚴密控制。在奪取政權初期，為了鞏固新生政權，黨對各級蘇維埃代表的選舉加以嚴密控制，對報刊輿論也嚴密控制，連高爾基這樣著名的無產階級作家的很多作品都發表不出來。所以 1922 年高爾基（Maxim Gorky, 1868–1936）就移民到意大利了。

第二階段是斯大林執政階段（1924–1953 年），達 29 年之久。列寧時期一黨專政、控制選舉和言論的弊病到斯大林時期更加嚴重。斯大林時期一黨專政進一步發展為一派專政、一人專政。列寧階段一黨專政還有黨內民主，黨內不同派別、不同主張都可以在代表大

會上發表出來，在代表大會上可以做兩個報告，列寧代表中央做一個報告，其他人不同意列寧的意見可以在大會上做出副報告。這兩種意見供代表審議表決。到斯大林階段搞「一言堂」，把反對斯大林意見者作為敵人驅逐出去，作為帝國主義間諜特務處決。斯大林執政的頭幾年打倒了三個反對派：分別是托洛茨基反對派、托洛茨基和季諾維也夫反黨聯盟、布哈林和李可夫（Alexei Rykov, 1881–1938）反黨集團。這三個集團都是在重大方針政策問題上跟斯大林派有不同意見。斯大林把他們作為敵人處決，把托洛茨基趕到國外，最後還派人在墨西哥將其暗殺。在 30 年代他又搞一個大清洗，最後變成總書記一人專政。

斯大林嚴重破壞了蘇維埃民主。30 年代以後蘇聯雖然實行了普遍、平等、直接、秘密的民主選舉，但是選舉由蘇聯共產黨嚴密控制，搞等額選舉，一個蘇維埃代表最後只有一個候選人。黨替人民挑選出一個代表。

尤其嚴重的是，斯大林開創了「三制」：個人集權制、職務終身制和指定接班制。當年選斯大林為總書記，本來是不讓他在政權機關兼職，專門管黨的工作。斯大林跟列寧不一樣，斯大林素質比較低，列寧是大學法律系畢業生，又在西歐流亡了 15 年，了解歐洲民主政治情況；斯大林是神學學校一個中學生，年輕時就參加革命，文化素質比較薄，政治素質也比較差，而且特別貪權。列寧晚年已經看到他當總書記不合適，要撤換他的總書記，說斯大林性情粗暴，不能團結很多人。可是列寧過世後，一大幫人擁護斯大林。而且他不安心做總書記，嚴密控制政權，要政府總理聽他的話，後來乾脆親自兼總理，還掌握軍權，兼國防委員會主席。所以斯大林到 1941 年 5 月衛國戰爭爆發前完成了權力的過度集中。集黨政軍三大權於一身。

其次斯大林搞終身制，他兼政府總理 12 年，加上總書記（1922–1953 年）當了 31 年。同時他還開創指定接班制，過了 70 歲後他感到精力不足，歲月不長，指定做過他的秘書、後來擔任中央書記處書記的馬林科夫（Georgy Malenkov, 1902–1988）做他的接班人。

斯大林帶頭搞這三制對蘇聯歷史有長久影響，而且有普遍廣泛的國際影響，人們把這三制看成是共產黨執政的社會主義國家正宗的政體。實際上這三制是君主專制的變種。民主共和制區別於君主制就是這三點：民主共和制權力有制約、權力有任期，權力有選舉。斯大林這「三制」明顯違背社會主義民主共和制的原則，蘇聯實行的是黨主立憲制，不是民主共和制。「黨主立憲制」比君主專制和君主立憲更壞，為什麼？因為君主專制和君主立憲制全國只有一個君主，斯大林搞的黨主立憲制，全國不只一個君主，從中央總書記到地方書記，共產黨各級一把手都是大、中、小沙皇，全國有成千上百個沙皇，各級第一把手都是他說了算。

斯大林不僅政治上專制，文化上也專制，搞個人崇拜、全國大力頌揚領袖。限制人民自由，剝奪人民的民主權利。在蘇聯一部小說、一部電影、一首歌曲、一本教科書都要由黨委來審查，甚至由黨中央審查。輿論上對黨只能歌頌，不能批評，更不能容忍尖銳的批評。

斯大林還在少數民主地區推行大俄羅斯主義。他本人不是俄羅斯族，但他在俄國中央能保住統治地位必須依靠大俄羅斯主義的支持。得不到他們的支持，在中央站不住腳。斯大林很可悲，本人是格魯吉亞族，但大力推行俄羅斯主義。在各少數民族地區，大力推行俄語，派俄羅斯幹部到各少數民族地區任職，各少數民族地區黨的第一把手通常用俄羅斯人擔任。更嚴重的是 1940 年時他把西部邊界一些民族兼並到蘇聯領土，成立 5 個加盟共和國。蘇聯本來只有 11 個加盟共和國，1940 年加入了 5 個，變成 16 個。蘇聯策動波羅的海沿岸三國（立陶宛、愛沙尼亞、拉脫維亞）的共產黨起來奪取政權，然後宣佈加入蘇聯。還有併入羅馬尼亞的摩爾多瓦成立一個摩爾達維亞蘇維埃社會主義共和國，在芬蘭邊境又成立了卡累利阿·芬蘭蘇維埃社會主義共和國。一下增加 55 個共和國。實際上是對外擴張，對內壓迫少數民族。

更嚴重的是，斯大林時期開始培植了黨政軍幹部高薪特權集團。按照 1871 年巴黎公社工人革命的原則，工人國家的幹部是人民公僕，人民公僕應該同人民同甘共苦，工資差別不能過大，巴黎公

社的經驗是高低工資差別不超過 5 倍。列寧時期很注意這一點，領導幹部帶頭實行低工資；斯大林時期工資差別擴大，30 年代擴大到 30 倍，50 年代擴大到 50 倍，培植了一個高薪官僚特權集團。蘇聯工資制度還有一個特點：兼職又兼薪。斯大林兼黨政軍三大職務，拿三份工資。實際上他幾十年的工資都沒有用，也不需要用，實報實銷。所以斯大林時期培養了一個高薪官僚特權集團，這是社會主義的掘墓人。

第三個階段是赫魯曉夫（Nikita Khrushchev, 1894–1971）階段（1953–1964 年），共 11 年。這時蘇聯憲法有一個波瀾曲折。赫魯曉夫看到了斯大林體制的弊病，想做一點改革，但是改革不徹底。譬如，赫魯曉夫想把黨政分開，強調集體領導，把總書記名稱改為第一書記，而且赫魯曉夫不兼政府總理、不在政權機關兼職，專門管黨內工作，也把部隊的高薪特權降低了一點，對言論自由放寬了一點，所以赫魯曉夫時期被人稱為「解凍時期」。可是時間不長，赫魯曉夫又恢復到舊樣子。他 1953 年掌權，到 1958 年感覺到不兼政府總理不行，政府總理不聽他的話，所以 1958 年又兼政府總理。赫魯曉夫執政初期因為降低高級幹部的工資，遭到高級幹部的強烈反對。他又搞新的個人崇拜，全國輿論歌頌第一書記。

1956 年，著名詩人、作家帕斯捷爾納克（Boris Pasternak, 1890–1960）寫了一部重要小說《日瓦戈醫生》（*Doctor Zhivago*）。這部小說不能在蘇聯出版，1957 年在意大利出版，出版後在國內遭到猛烈批判，國內「左派」勢力要把他驅逐出國，說「既然欣賞西方就滾到西方去吧」。赫魯曉夫把這個事情壓了一下，沒有採取極端方式，沒有驅逐。可帕斯捷爾納克 1958 年因這本小說得了諾貝爾文學獎，國內極力反對，迫使帕斯捷爾納克不能去領獎，而且發表聲明「我不能接受諾貝爾獎，我愛我的祖國，不想出國。」赫魯曉夫的折衷處理是：你不出國，你就到莫斯科郊區的邊緣地方生活，還要他發表一篇《告人民書》，向人民懺悔、認罪，承認寫這篇小說是錯誤的。過了兩年，他鬱鬱寡歡病故了。

赫魯曉夫還有一個重要的疏忽，他實行黨政分開時黨軍也分開。1964 年 10 月蘇聯舉行了一場宮廷政變，逼迫他辭職。所以赫魯

曉夫只執政了 11 年。為什麼能逼他辭職？是因為赫魯曉夫沒有掌握軍權，沒有像斯大林那樣擔任國防委員會主席或武裝部隊總司令。赫魯曉夫以為軍隊交給國防部就可以了，國防部長馬林諾夫斯基（Bronis aw Malinowski, 1884–1942）是他的妹夫和親信，他以為軍隊不會作亂。結果心腹對他的專橫作風也很不滿意，倒戈轉向了。所以趁赫魯曉夫到黑海邊度假時，勃列日涅夫把人聯絡好後通知赫魯曉夫馬上回莫斯科開會。赫魯曉夫下飛機回到克里姆林宮時發現警衛都變了，就知道情況不妙了。實際上是一場宮廷政變把赫魯曉夫趕下了台。

接替赫魯曉夫的是勃列日涅夫，他從 1964–1982 年掌握 18 年政權，這是蘇聯實行憲法的第四階段。他吸取赫魯曉夫被趕下台的經驗，所以又搞黨政軍三大權集於一身。但做了一個決議，今後黨中央第一把手絕對不能兼任政府總理，一定要實行黨政分開。勃列日涅夫時期又把第一書記改回叫「總書記」。他日益感到總書記不掌握國家政權，意志很難貫徹，出國也不夠神氣、不夠威風。所以他的幕僚給他想了一個新辦法：總書記不再兼政府總理，就去兼最高蘇維埃主席。所以勃列日涅夫是以總書記兼國家主席（最高蘇維埃主席團主席），又兼國防委員會主席，親自掌握軍權。

勃列日涅夫階段又大搞新的個人崇拜。雖然 1977 年憲法規定擴大蘇聯公民的自由權，公民可以給政府機關提供各種各樣的建議和批評。但這只是限於雞毛蒜皮的小事，如果對重大問題提不同意見，就以持不同政見者罪名加以嚴厲取締，包括導彈之父薩哈洛夫（Andrei Sakharov, 1921–1989）院士對政府的批評都不能容忍，把他遷到外地，不允許他在莫斯科居住。勃列日涅夫時期還設了一千多個勞動改造點，囚禁各種政治犯、思想犯。勃氏階段幹部特權愈來愈多，工資差別擴大到一百多倍。有人向政府提出蘇聯蘇聯是不是應該搞市場經濟，都被扣上資產階級反動思想、現代修正主義的帽子。勃列日涅夫多次調動部隊鎮壓中亞各民族的反抗，鼓吹蘇聯各民族已經統一為蘇維埃民族，宣稱民族的差別已經消失，以此掩蓋民族矛盾。

　　勃列日涅夫 1982 年過世後，由他的親信安德羅波夫（Yuri Andropov, 1914–1984）、契爾年科（Konstantin Chernenko, 1911–1985）先後執政一年多，都是 70 多歲的人，老年政治，病夫治國，沒什麼改進。1985 年蘇聯共產黨選出一個 54 歲年富力強的幹部當總書記，即戈爾巴喬夫。當時蘇聯人對戈爾巴喬夫改革抱有很大希望，希望把蘇聯的黨主立憲制改革成真正的民主政治。戈爾巴喬夫農民出身，1952 年大學一年級參加共產黨，1955 年莫斯科大學法律系畢業，在地方工作多年，做過地方的團委書記，後來升為地方黨委書記。1978 年 47 歲時才調到中央擔任黨中央書記，主管農業，有一定的成績。大家對他抱有很大的期望。可戈爾巴喬夫執政 6 年，前 3 年依然延續斯大林體制，集黨政軍三大權於一身，跟勃列日涅夫一樣兼國家主席、國防委員會主席，急於搞加速戰略。經濟加速戰略不成功之後，1988 年轉向政治體制改革。可惜的是到 1988 年蘇聯共產黨已病入膏肓。有人開玩笑說戈爾巴喬夫治不了蘇聯，為什麼？戈爾巴喬夫在中文裏是「鍋巴焦糊」，弊病嚴重得治不了。

　　可惜戈爾巴喬夫這個人不是堅定的馬克思主義者，1988 年以後的指導思想嚴重錯誤。他把蘇聯以往的弊病、蘇聯憲法的缺點和弱點、一黨專政的弊病歸結是是馬克思主義或者科學社會主義錯了。所以 1988 年以後指導思想轉向民主社會主義，想把蘇聯共產黨改名為社會民主黨。在黨內外各種壓力下，他認為要想救蘇聯只有把西方三權分立、多黨競爭的體制引進來。可蘇聯三權統一、一黨專政 70 年之久，一下把西方的體制引進來，政局就被打亂了。1988 年以後戈爾巴喬夫修改了憲法。1989 年 5 月建立蘇聯人民代表大會作為國家最高權力機關，把原來的最高蘇維埃甩在一邊，他建立蘇聯人民代表大會是想把其作為西方議會式的機關。同時 1990 年取消憲法當中規定的共產黨領導地位。當議會中派別對抗很嚴重、難以控制時，他又在蘇聯建立總統制，戈爾巴喬夫當選為蘇聯第一任總統也是末任總統。1990 年 2 月蘇共中央全會一致同意通過實行多黨制，於是全國出現了一百多個政黨，這樣蘇聯政局一下就大亂了。

　　蘇聯社會長期積累着多種矛盾，主要有三種矛盾：急於求成的過左路線和過度集權的政治體制，同社會要求加快發展生產力及自

由民主法治的矛盾，這是一個矛盾。第二，黨政幹部高薪特權集團同工農大眾的矛盾。第三，大俄羅斯主義同各少數民族的矛盾。蘇聯社會長期存在這三種矛盾，戈爾巴喬夫引進的三權分立使這三種矛盾激化。

最後是誰把蘇聯搞跨的？是葉利欽（Boris Yeltsin, 1931–2007），他本是蘇聯共產黨中央政治局候補委員，做過莫斯科市委第一書記，也是高級幹部。他看到蘇聯共產黨病入膏肓，有嚴重的弊病，趁戈爾巴喬夫搞多黨競爭的機遇，在 1990 年蘇共最後一次代表大會二十八大上宣佈退黨，因為他認為蘇聯共產黨已無可救藥。1991 年 6 月，在蘇聯最大的加盟共和國先進行總統的民主選舉，他以無黨籍人士身份參加競選。共產黨也派出候選人跟他競選，派的是曾做過蘇聯政府總理和政治局委員的雷日科夫（Nikolai Ryzhkov, 1929–），結果葉利欽競選成功，得到選民 57.35% 的票；雷日科夫才得 16.85% 的票。為什麼？主要是因為葉利欽看到了共產黨弊病的要害，他在總統競選中高舉「反極權、反特權、反官僚」旗號。反極權是反對共產黨權力極端集中；反對共產黨高級幹部搞很多特權。葉利欽甚至脫下自己的皮鞋說：「我穿的皮鞋是莫斯科出廠的皮鞋，你們看看其他政治局委員誰穿的是莫斯科出產的皮鞋？他們穿的都是意大利進口的皮鞋。」所以葉利欽舉着「反極權、反特權、反官僚」的旗號贏得了多數選民的支持。

葉利欽當選總統後，立即下令限制共產黨在國家機關活動。這樣激起蘇聯黨內保守派堅決反對，所以 1991 年 8 月 19 日，以副總統亞納耶夫（Gennady Yanayev, 1937–2010）為首，吸收了國防部長、克格勃主席成立了一個國家緊急狀態委員會。8·19 事件實際上是保守派舉行的一次政變，宣佈全國在半年內處於緊急狀態，反對葉利欽禁止共產黨活動的措施。國防部長下令調動部隊去抓葉利欽，可調不動。蘇聯共產黨在這時已經失去民心、黨心、軍心，部隊也調不動了，所以政變 2 天多時間就被粉碎了。

葉利欽重新掌權後進一步取締共產黨，這時戈爾巴喬夫為了保住自己蘇聯總統的地位，在 8 月 24 日建議蘇聯共產黨自行解散。他

以為葉利欽要取締共產黨，我讓共產黨解散，那我這個總統位置就可以保下來了。可是，戈爾巴喬夫本來就是共產黨的總書記又當上了總統，沒有了黨，就沒有了根基。非常奇怪的是，8月24日戈爾巴喬夫提出建議共產黨自行解散時，8月25日蘇共中央舉行最後一次中央全會，同意解散。也就是說蘇聯共產黨領導都不想要這個黨了。就這樣垮台了。誰為它掉淚？只有留戀舊體制，從舊體制得到很多特權的人。蘇聯工農大眾並沒有為蘇聯共產黨的滅亡而傷心，工人照樣上班，農民照樣種地。為什麼？蘇聯工農有幾十年的長期體會：蘇聯社會主義公有制跟工農大眾沒有什麼關係，蘇聯公有制實際上是官有制，官員掌握所有制。工人就是上班、拿工資、拿獎金，農民也是這樣。這是蘇聯共產黨滅亡的深刻教訓。

簡單說，蘇聯共產黨實行的黨為人民作主、黨替人民作主的黨主立憲制或者黨主憲政，在落後國家有一定的歷史必然性和歷史合理性，因為這些國家沒有西方的民主議會制傳統。但黨的領導人應該總結歷史經驗，應該看到這種體制的歷史局限性和歷史非理性，應該自覺進行體制內改革。蘇聯共產黨若能及早地實行體制內改革，發展黨內民主，像列寧時期那樣，黨內可以有不同的意見發表出來，黨代表大會實行年會制度（在列寧階段是每年春天召開黨代表大會，斯大林階段不斷延期召開黨代會，蘇共十八大至十九大竟相隔十三年之久，到勃列日涅夫階段規定每隔5年才召開黨代會）；黨的權力中心不在政治局而是在黨代表大會，實行黨政分開；黨的各種方針政策提出來後，允許蘇維埃代表發表不同意見、反對意見；黨提出的候選人應該有差額，讓蘇維埃代表有從中選擇的餘地。這樣，就可以尋找一條體制內由黨主憲政變為民主憲政之路。蘇聯共產黨的悲劇在於一代又一代領導人一再延誤體制內改革，死抱住黨主立憲不放、不改，最後這個體制被人民拋棄。這就是蘇聯憲法、憲政給我們最深刻的歷史教訓。

張千帆：都認為列寧比斯大林好一些，不太有人知道列寧一開始還確實實行過一段「民主」。可惜經過斯大林、經過歷代的蘇維埃領導人，黨內民主蕩然無存。即便赫魯曉夫也實行了一定程度的改革，但根本弊病沒有解決。當然，蘇聯的出發點就有偏誤，一開始

就實行一黨專政，很容易從一黨專制變成一派專制，最後變成一個人的專制。這種國家有沒有可能再回到真正的黨內民主，真正實現憲法所做出的承諾？這類問題對我們今天的中國改革很有啟示。

> 提問：沒有列寧主義會有斯大林主義嗎？今天批評斯大林主義很多，但對列寧主義並沒有很清晰的認識，1917–1920年他所實行的多黨派執政究竟是他主觀的選擇還是被迫的歷史機會主義行為？第二，赫魯曉夫的改革應該有被肯定的地方，在蘇共那麼強大的壓力之下被迫做了很多妥協，才能有改革的外部條件。第三，我個人並不認同你對戈爾巴喬夫的評價，原因有三點：一是他主動削減核彈頭，使人類受核武器的危險大大降低；二是他有充分條件，用華沙條約和蘇聯憲法鎮壓時，個人選擇了放棄，使俄羅斯民族有了新生；三是葉利欽創造了新時代，蘇聯的失敗使中國有了改革開放的必要，不走蘇聯式的道路。去年俄羅斯的經濟取得了正向增長，國內在恢復，東歐各國已經結束了所謂十年轉型的動蕩，政治體制改革闖過了難關，經濟取得了應有的發展活力。我個人覺得蘇聯改革和東歐改革是相當成功的。

高放：你提出的問題很好。對蘇聯、東歐劇變這樣一個重大問題，學術界眾說紛紜，不存在一致意見。我今天所講是我個人長期研究的一家之言，肯定有很多人不同意，這是正常現象。今後對蘇聯與東歐問題我們還要繼續研究，因為這對中國改革事關重大。但從我個人幾十年的從教經驗來看，有一點深信不疑，即隨着科技革命發展，人類社會在不斷地進步，人類社會制度也在不斷地進步，資本主義制度在歷史上起過重大的進步作用，但它有它的局限性。至於社會主義取代資本主義，這不是中國人的發明，這是歐洲有學之士在資本主義發展初期就看到的一點。社會主義什麼時候產生的？1516年產生。歐洲第一個提出社會主義理想的是英國人托馬斯・莫爾，他在1516年出版了名著《烏托邦》，「烏托邦」這個名詞翻譯得非常好，是嚴復先生翻譯的，他把音譯和意譯相結合翻譯成

「烏托邦」，意思是虛無縹緲、無所寄托的地方。《烏托邦》最早揭露了資本主義嚴重的弊病，提出了社會主義理想。現在我們的任務是把社會主義理想變成現實。

五百多年來，世界科技革命經過三個大浪潮：蒸汽化浪潮、電氣化浪潮、信息化浪潮。我相信本世紀、下個世紀還會有一個新浪潮，就是基因革命的浪潮。人類遺傳基因工程的大發展將使人類變得更善良、更智慧、更長壽、更俊美。隨着世界科技革命的新浪潮，世界不斷進步，天下一家、世界大同的趨勢在不斷增強。所以人類社會遲早要從資本主義過渡到社會主義、共產主義。在探索社會主義和共產主義進程中會遇到很多挫折。將來世界社會主義絕不是蘇聯模式的社會主義，一定要比蘇聯模式好很多，社會主義要實現自由、民主、法治、公平、平等、正義，使人人得到全面自由的發展，這是社會發展的規律。所以蘇聯、東歐是一段插曲，中國可以吸取經驗教訓，打破個人崇拜、個人專制，這是一個長期的過程。我是一個平民教授、民間學者，總結蘇聯經驗，目的在於推進我們國家改革，避免重蹈蘇聯覆轍，希望中華民族振興，「中國夢」實現。

張千帆：有些問題看起來大家判斷不一樣，其實還是有很多共同點。譬如我們去年年底提出中國改革共識的六項建議，其中第一項就是高老師一直強調的黨內民主。高老師也加入了我們，並且提出了很有建設性的修改意見。在中國這樣的社會中，需要一條比較現實的路徑。前蘇聯的前車之鑒就擺在我們面前。無論是從中國自己還是前蘇聯的經驗教訓來看，黨政軍三權合一不利於國家健康發展。在這些問題上，我們其實有很多共同點。高老師最後給我們指路，指出黨政分離和黨內民主，希望能夠為中國的領導所重視，也希望中國改革能儘快走上這條路。